国家民委重点研究基地
——西藏民族大学中国共产党治藏方略研究中心成果

新时代西藏高高原
现代化经济体系构建研究

陈爱东　李蕴　毛阳海　著

中国金融出版社

责任编辑：刘红卫

责任校对：刘　明

责任印制：张也男

图书在版编目（CIP）数据

新时代西藏高高原现代化经济体系构建研究/陈爱东，李蕴，毛阳
海著．—北京：中国金融出版社，2020.12

ISBN 978 - 7 - 5220 - 0875 - 2

Ⅰ.①新…　Ⅱ.①陈…②李…③毛…　Ⅲ.①青藏高原—区域经济
发展—研究—西藏　Ⅳ.①F127.74

中国版本图书馆 CIP 数据核字（2020）第 207669 号

新时代西藏高高原现代化经济体系构建研究
XINSHIDAI XIZANG GAOGAOYUAN XIANDAIHUA JINGJI TIXI GOUJIAN YANJIU

出版
发行　**中国金融出版社**

社址　北京市丰台区益泽路 2 号
市场开发部　（010）66024766，63805472，63439533（传真）
网 上 书 店　http://www.chinafph.com
　　　　　　（010）66024766，63372837（传真）
读者服务部　（010）66070833，62568380
邮编　100071
经销　新华书店
印刷　北京市松源印刷有限公司
尺寸　169 毫米 × 239 毫米
印张　18.5
字数　246 千
版次　2020 年 12 月第 1 版
印次　2020 年 12 月第 1 次印刷
定价　45.00 元
ISBN 978 - 7 - 5220 - 0875 - 2
如出现印装错误本社负责调换　联系电话（010）63263947

前　　言

党的十九大报告指出，"中国经济已由高速增长阶段转向高质量发展阶段，正处在转变发展方式、优化经济结构、转换增长动力的攻关期，建设现代化经济体系是跨越关口的迫切要求和中国发展的战略目标"。这是新时代完成"两个一百年"战略目标的经济基础，也是全面建设社会主义现代化国家最重要的任务。2018年4月西藏自治区党委副书记、自治区主席齐扎拉在中国藏学研究中心作了题为《贯彻习近平新时代中国特色社会主义思想加快建设高高原现代化经济体系》的报告，齐扎拉深入阐述了加快建设高高原现代化经济体系提出的历史背景和时代命题，提出西藏建立现代化经济体系，必须用好习近平新时代中国特色社会主义思想这个伟大武器，必须立足高高原这个现实基础，必须坚持中国特色、西藏特点、高质量发展这条路子，做大做强西藏"七大特色产业"，即提速发展高原生物产业，全域发展特色旅游文化产业，规模发展绿色工业，壮大发展清洁能源产业，整体发展现代服务业，创新发展高新数字产业，跨越发展边贸物流产业。

西藏民族大学财经学院长期致力于西藏特色产业的研究，并于2018年8月在学校的大力支持下，成立了西藏高高原经济研究所，集中科研力量，聚焦西藏高高原现代经济产业，尤其是西藏最有特色和发展优势的七大产业的研究。两年来，研究所先后发表了一系列论文，承担了西藏自治区"2011协同创新计划"

重点培育和建设项目——西藏文化传承发展协同创新中心的委托课题《西藏高高原现代化经济体系构建路径研究》，召开了新时代西藏现代化经济体系建设研究专题座谈会，取得了一定的研究成果。本书作为西藏高高原经济研究所主要成果的集成，大体反映了以下学术观点：新时代必须大力推进西藏建设现代化经济体系，加快推动西藏转变发展方式、优化经济结构、转换增长动力，坚持走中国特色具有西藏特点的社会主义道路，实现西藏经济的高质量发展；西藏现代化经济体系要立足于西藏高高原的特殊区情和西藏经济社会突出的发展不平衡不充分的现实问题，必须要坚持新发展理念，加强区域联动性、协同性、整体性，优化区域发展格局，大力发展生态友好特色产业，实现生态西藏和小康西藏的和谐发展。

本书作为一部专门研究西藏高高原现代化经济体系建设的著作，能够顺利完成，离不开研究所同仁和课题组成员的共同努力。书稿的出版，离不开中国金融出版社刘红卫编辑的辛勤付出。至此，对所有参与本书写作和出版的老师表示衷心的感谢。

由于研究能力和资料搜集的局限性，本书的出版还有诸多不足，我们将继续探究，进一步在深入调研的基础上，围绕西藏七大产业的可持续发展，立足西藏高高原的特色经济，探求中国特色西藏特点的现代化经济体系建设之路。

目录

导　　论

一、选题背景与研究意义

（一）选题背景

党的十九大报告指出，"中国经济已由高速增长阶段转向高质量发展阶段，正处在转变发展方式、优化经济结构、转换增长动力的攻关期，建设现代化经济体系是跨越关口的迫切要求和中国发展的战略目标"。这是新时代完成"两个一百年"战略目标的经济基础，也是全面建设社会主义现代化国家最重要的任务。2017 年 12 月召开的中央经济工作会议强调，中国特色社会主义进入了新时代，我国经济发展也进入了新时代。中央第六次西藏工作座谈会上，习近平总书记强调，同全国其他地区一样，西藏和四省藏区已经进入全面建成小康社会决定性阶段。要牢牢把握改善民生、凝聚人心这个出发点和落脚点，大力推动西藏和四省藏区经济社会发展。因此，必须扎实推进西藏建设现代化经济体系，加快推动全区转变发展方式、优化经济结构、转换增长动力，走出具有西藏特色社会主义道路，实现西藏经济高质量发展。

（二）研究意义

中国特色社会主义进入新时代的历史定位对西藏的经济发展提出了新的要求，同时也提供了新的发展思路。2018 年，西藏地区生产总值、固定资产投资等多项主要经济指标增幅位居全国前列，特别是生产总值连续 26 年、农牧民可支配收入连续 16 年保持两位数的高增长，西藏发展进入了历史最好时期。西藏经济发展长期向好的基本面没有改变，但作为全国宏观经济运行的缩影，西藏同样面临增长速度换挡下行的压力。同时西藏经济社会发展长期存在着经济实力底子薄、产业支撑能力差、内生增长动力弱、公共服务能力低、基础设施根基浅等困难与问题。加之受独特的区位环境和资源禀赋限制，西藏在贯彻落实新发展理念，建设现代化经济体系道路上面临比国内其他地区更多的矛盾与制约。

建设现代化经济体系的目标是为了实现西藏经济高质量发展，确保我国全面建成小康社会和现代化强国如期实现，这也是西藏工作的着眼点和着力点。西藏现代化经济体系要立足于解决经济发展不平衡不充分问题，加强区域联动性、协同性、整体性，优化区域发展格局，打造优势产业，推动西藏经济的协调发展，实现交通、贸易、金融、旅游、能源、物流等领域的跨越式升级，促进社会经济的快速发展。因此，在准确判断西藏发展态势和所处历史方位的基础上，构建富有西藏高高原特色的现代化经济体系，是事关西藏经济实现高质量发展、小康社会建设和西藏社会稳定发展的现实问题。该课题的研究对实现区域协调发展、引导和发展现代产业体系，强化创新驱动内生动力等方面，具有积极的应用价值和较好的现实研究意义。

二、国内文献综述

党的十九大报告首次提出"建设现代化经济体系"后，引发了国内广大学者全方位、多角度、深层次的研究解读。国内学术界普遍认为这一概念具有重要的理论意义和现实意义，现有研究主要集中在现代化经济体系的内涵、基本要素、重大意义、实现路径这四个方面，力图全面系统把握现代化经济体系这一重大命题。

（一）现代化经济体系的内涵

现代化经济体系是一个综合性的概念，包含了多维度、多层次的内容，目前学界讨论的焦点在于科学合理界定其内涵。张存刚（2017）认为，现代化经济体系是一个由经济发展目标、主线、驱动力、支撑条件、体制基础和着力点等组成的经济发展体系或系统。刘志彪（2017）认为，现代化经济体系这一概念在一定程度上融合了经济现代化和现代产业体系的内涵，是指整个国家的相互联系、相互影响的经济系统，在经济总量、发展速度、水平和质量、经济体制运行、开放程度等诸多方面的现代化水平和状态。黄群慧（2018）认为，现代化经济体系是一个由产业、区域和城乡等相互协调的子系统组成的有机系统。王志伟（2018）认为建设现代化经济体系在结构上应包含：所有制系统、经济发展动力系统、经济运行体制、产业结构系统、区域结构系统、金融系统、国家（政府）管理协调系统、国际经济与贸易系统。而且他认为这些系统的构建和完善程度会直接关系到新时代攻关期重大任务的完成。赵昌文（2018）等认为现代化经济体系是适应建设富强民主文明和谐美丽社会主义现代化强国的经济体系；现代化经济体系是贯彻和体现新发展理念的经济体系，不是粗放发展不可持续的经济体系；现代化经济体系是生产力现代化和生产关系现代化良性互动的经济体系，不是孤立的、静态的经济体系。

（二）现代化经济体系的基本要素

现代化经济体系的基本要素能更加直观反映其基本框架，学界对这一问题的研究存在两种观点。第一种从经济发展本身的角度进行分析。刘志彪（2017）认为，新时代中国现代化经济体系的基本框架主要由经济总量和发展速度、发展水平和发展质量、现代化产业体系和结构、现代化空间布局结构和协调程度、现代市场经济的体制机制以及高水平的开放经济体系六个要素构成。胡鞍钢（2017）也认为，现代化经济体系的基本要素应包括经济发展质量、效益、速度、城乡结构、地区结构、市场经济体制以及对外开放格局七个方面。同时，陈剑（2017）认为，市场诚信体制和竞争力水平也是其基本要素。

第二种从现代化经济体系基本特征和表现形式的角度进行分析。吴晓求（2017）认为，现代化经济体系应该包含五大要素：一是体现现代产业进步的新兴产业，必须要在现代化经济体系中占据主导地位；二是现代化经济体系应该是绿色的，能够体现生态文明；三是应该更多地追求经济增长质量，也就是说现代化经济体系追求的将是质量和效率；四是现代化经济体系一定是非政府主导的市场化；五是要构建起核心作用现代金融体系。杨宜勇（2017）指出，建设现代化经济体系的要素主要有着力实现更多的技术红利、广泛增进社会公平、增强社会主义市场经济体制支撑、坚守绿色发展、坚持开放发展、坚持共享发展六个方面。张占斌（2017）认为建设现代化经济体系，要深刻体现新发展理念，一是以新发展理念为指导，二是坚持质量第一、效益优先，三是推动质量、效率、动力变革，四是提高我国经济创新力和竞争力。

（三）建设现代化经济体系的意义

关于建设现代化经济体系重大意义的研究，学者主要从两个层面展开。一部分学者着眼于建设现代化经济体系可以解决中国自身发展所面临的问题展开研究。宁吉喆（2017）认为，建设现代化经济体系是开启全面建设社会主义现代化国家新征程的重大任务，是紧扣中国社会主要矛盾转化推进经济建设的客观要求，是适应中国经济已由高速增长阶段转向高质量发展阶段的必然要求。王志伟（2018）认为，在"创新、协调、绿色、开放、共享"的新发展理念下建设好现代化经济体系，是全面开启建设社会主义现代化国家新征程的重大任务，紧扣着我国社会主要矛盾转化、推进经济建设的客观要求，也是适应我国经济由高速增长阶段转向高质量发展阶段的必然要求。何立峰（2018）也指出，建设现代化经济体系是实现新征程新目标的必由之路，是应对中国社会主要矛盾变化的迫切需要，是适应经济发展新特征新要求的主动选择。

　　另一部分学者着眼于中国建设现代化经济体系对世界发展意义重大展开研究。毕监武（2017）认为，只有建设现代化经济体系，才能提供更高水平更高质量的供给，才能进一步促进人的全面均衡发展，才能构建人类命运共同体。迟福林（2017）指出，作为世界第二大经济体，中国的经济转型升级在推动自身转型发展的同时，也正在促进全球的经济复苏与经济增长，为全球经济转型发展和全球经济治理变革注入新活力。王军（2017）指出，通过建设现代化经济体系，中国经济将深度融入世界经济，一个全面开放的中国将对全球市场和制造业格局产生更加深远的影响。总的来看，建设现代化经济体系有利于中国转变经济发展方式、优化发展结构、实现巨大发展，同时也对全球经济转型和发展有着巨大的推动作用。

（四）现代化经济体系的实现路径

　　现代化经济体系的实现路径是学者研究集中的领域。张占斌（2017）认为建立现代化经济体系需要做到：一是大力发展实体经济，二是加快实施创新驱动发展战略，三是积极推动城乡区域协调发展，四是着力发展开放型经济，五是要深化经济体制改革。胡鞍钢（2017）指出，贯彻新发展理念，建设现代化经济体系，还需要推动农村建设事业大发展、继续加强基础设施网络建设。郑尊信（2018）也指出建设现代化经济体系，需要优化要素市场化配置，构建技术与知识创新体系，构建现代化金融体系，完善社会主义市场经济体系，加大乡村振兴力度。李佐军（2017）指出要想实现现代化经济体系：一要设计科学合理的发展目标体系；二要培育高素质的行为主体体系；三要构建现代化产业体系；四要建设现代化区域体系；五要形成全面持续创新体系；

六要建立现代市场经济制度体系；七要推动形成全面开放体系。

（五）西藏现代化经济体系

由于西藏特殊的地理位置和自然环境，经济发展与其他区域有较大的差异，对西藏现代化经济体系研究的文献较少。陈朴（2015）认为西藏属于非典型二元经济结构，相较于以前的典型二元经济结构有了明显进步，但要向现代化、市场化程度更高的经济结构演进，一方面加快农牧区经济发展，特别是特色农牧产业的发展，把农牧产业现代化作为二元经济转型的基础；另一方面依靠现代工业部门扩张，建设和发展符合西藏特征的第二、第三产业。李国斌（2018）根据当前西藏宏观经济运行状况，从解决新时代西藏社会矛盾、西藏经济转方式调结构、建设社会主义现代化西藏等角度分析了建设西藏现代化经济体系的必要性，最后提出了加快完善市场经济体制、深化供给侧结构性改革、实施区域协调发展战略、积极构建现代产业体系、强化创新驱动内生动能、树立美丽绿色安全理念六个建设西藏现代化经济体系的战略要点。

总的来看，现有对现代化经济体系的研究取得了一定的成果，对如何建设现代化经济体系发挥了很好的指导作用。但是理论界对西藏现代化经济体系方面的研究还不够深入，系统性研究匮乏，尤其是对如何构建有西藏特色的现代化经济体系还需要进一步积极探索。

三、本书的结构

本书的核心内容是新时代西藏高高原现代化经济体系构建，通过对西藏当前经济、产业发展状况的分析，准确定位西藏现代化经济体系构建的目标，提出具有西藏特色的高高原现代化经济体系构建的思路及路径。具体包括：

1. 现代化经济体系相关理论。本部分主要对现代化经济体系的意义、特征、关键点及实施路径进行分析，以全面勾画出我国所要构建的现代化经济体系的主体框架。

2. 西藏当前经济、产业发展状况及特征。本部分分析了西藏当前经济快速发展，产业优化升级的良好状况，同时指出在发展中仍然存在发展不平衡不充分的问题亟待解决。

3. 构建西藏高高原现代化经济体系的意义、目标及内涵。本部分深入研究了构建西藏高高原现代化经济体系的意义，并结合十九大报告与《西藏自治区"十三五"时期产业发展总体规划》等文件，讨论西藏高高原现代化经济体系的理论内涵和现实目标。

4. 构建西藏高高原现代化经济体系的优劣势分析。通过 SWOT 分析法分析构建西藏高高原现代化经济体系的优势在于有利的自然文化资源优势、中央的特殊关怀、比较充足的财政来源、良好的西藏形象、技术力量支持、法律政策的相关优待；而劣势部分在于交通和区位限制、高端人才不足、研究开发落后、缺少关键技术等。

5. 我国西部省份现代化经济体系的实践与启示。借鉴我国贵州、云南和四川等西部省份现代化经济体系构建的理论与实践，希望对西藏自治区现代化经济体系的构建有所启发。

6. 西藏特色旅游业发展及高原农牧业发展案例分析。本部分对西藏最为重要的两个行业——特色旅游业和高原生物产业进行了分析，深入研究了旅游业与区域经济发展的耦合度，日喀则国家农业科技园区的运作，以探寻更好的产业发展之路。

7. 构建西藏高高原现代化经济体系构建的整体思路及路径。结合西藏实际情况，借鉴其他省市经验，提出构建西藏高高原现代化经济体系的整体思路及路径。以处理好"十三对关系"为方法，加强统筹引导，聚焦特色产业发展，深化简政放权、放管结合、优化服务改革，走出一条富民兴藏固边，推动特色产业高质量发展，构建西藏高高原现代化经济体系的新路径。

四、本书创新点

1. 在我国构建现代化经济体系的大背景下，专题梳理及研究了构建西藏高高原现代化经济体系的意义、目标及内涵。由于西藏高高原特殊的地理位置和自然环境，经济发展与其他区域有较大的差异，因此准确地定义构建西藏高高原现代化经济体系的目标，明确其意义及内涵，具有非常重要的学术价值。

2. 对西藏当前经济、产业发展状况及运行特征进行系统分析，并通过 SWOT 方法探讨构建西藏高高原现代化经济体系的优劣势。并对西藏最具特色旅游业与西藏区域经济发展的耦合度、西藏利用日喀则国家农业科技园区发展现代农牧业的案例进行深入研究，探讨发展西藏高高原现代产业的方式。

3. 在现代化经济体系相关理论的基础上，借鉴西部省份现代化经济体系构建的实践经验，结合西藏的地理、制度和文化等特殊环境，探寻既符合我国经济发展阶段和世界经济运行规律，又符合区域实际的西藏高高原现代化经济体系的构建之路。

第一章　现代化经济体系相关理论

　　现代化经济体系是党的十九大创新性提出的一个重要经济范畴。从中国特色社会主义已经进入新时代这一历史方位和我国社会主要矛盾已经发生历史变化的立论出发，着眼于实现"两个一百年"的奋斗目标，建设现代化经济体系的顶层设计和重大部署，不仅提出了诸多重大实践任务，而且蕴含着重大理论创新。

　　党的十九大报告强调，"坚持质量第一、效益优先""着力加快建设实体经济、科技创新、现代金融、人力资源协同发展的产业体系，着力构建市场机制有效、微观主体有活力、宏观调控有度的经济体制，不断增强我国经济创新力和竞争力""深化供给侧结构性改革""加快建设创新型国家""实施乡村振兴战略和区域协调发展战略""加快完善社会主义市场经济体制""推动形成全面开放新格局"等，这些任务和要求清晰地勾画出我国所要构建的现代化经济体系的主体框架。围绕上述内容，本章我们就现代化经济体系的基本逻辑进行深入分析，以探寻现代化经济体系的建设路径。

一、建设现代化经济体系的意义

　　在新时代的历史方位中，我国社会主要矛盾发生变化，经济由高速增长阶段转向高质量发展阶段，确立了开启全面建设社会主义现代化国家新征程的目标，这些都对我国建设现代化经济体系提出了紧迫要求。人类社会迄今已经历过三次比较大的现代化浪潮，西欧、北美各国以及日本等国家抓住机遇，相继实现了现代化转型，成为发达国家。从这些国家的发展历程可以发现，经济体系的现代化是国家现代化最重要的支撑，没有现代化经济体系的国家不可能是现代化国家。

（一）建设现代化经济体系是确保我国全面实现现代化的需要

改革开放四十多年以来，我国在经济发展上取得了举世瞩目的成就。在党的十九大报告中，描绘了我国社会主义现代化建设从现在到本世纪中叶的宏伟蓝图：从现阶段到 2020 年，实现第一个百年奋斗目标，即全面建成小康社会；从 2020 年到 2035 年，在全面建成小康社会的基础上，再奋斗十五年，基本实现社会主义现代化；从 2035 年到本世纪中叶，在基本实现现代化的基础上，再奋斗十五年，把我国建设成富强、民主、文明、和谐、美丽的社会主义现代化强国。这一宏伟蓝图站在历史和时代的高度，提出了中国社会主义未来发展道路上的三个奋斗目标，且都有明确的时间期限，是引领我们党、国家和人民迈进新时代、开启新征程的行动指南。

党的十八大以来我国综合国力持续提升，2016—2018 年经济总量连续跨越了 70 万亿元、80 万亿元和 90 万亿元的大关，占世界经济比重接近 16%，稳居世界第二。我国实现全面建成小康社会的目标已经近在咫尺，人民生活富足。但我们也深刻认识到，我国仍处于并将长期处于社会主义初级阶段的基本国情，仍是世界上最大的发展中国家的国际地位，决定了我们仍然要坚持以经济建设为中心，促进经济发展，优化经济结构。只有加快建设现代化经济体系，才能为全面建成社会主义现代化强国奠定坚实的基础。

（二）建设现代化经济体系是顺应我国新时代社会主要矛盾转化的需要

新时代我国社会主要矛盾的变化具有非常重大的意义，原有的社会主要矛盾已经被新的社会主要矛盾所替代，标志着中国特色社会主义取得重大历史性成就，也标志着中国特色社会主义进入了新时代。从求温饱到求环保，从求生存到求生态，从先富带后富到共建共享，从高速增长阶段转向高质量发展阶段，诸如此类的要求都是新的社会主要矛盾的具体表现，也是新时代的具体特征。

1. 从需求侧来看，人民对美好生活的需要更加多样、更加全面

随着我国经济结构发生的深刻变化，如城镇化率提升到较高水平、农业劳动力就业比下降了一半左右、第三产业占比超过了工业、"后工业化"结构特征越来越明显等，人民生活较之以往出现了前所未有的巨大改变，全社会物质产品极大丰富。我国已经稳定解决了十几亿人的温饱问题，形成了世界上人数最多的中等收入群体，城乡居民恩格尔系数明显下降。2017 年，食品消费支出在城镇居民总支出中只占 28% 左右，在农村居民总支出中也只占 32% 左右，消费支出增长愈来愈转向别的消费领域。旅游、文化、体育、养老、家政这些服务消费十分活跃，一直保持快速增长。根据国家商务部信息，2018 年全国居民人均可支配收入达到 2.8 万元，服务消费占居民消费比重是 49.5%，比 2012 年提高了 5.5 个百分点。从国际上看，2018 年美国服务消费占比达到 68.9%，其他发达国家依次是日本 59.4%，英国 58%，法国 54%，德国 52%。我国已经接近德国和其他欧洲大陆发达国家。特别是近年来在信息技术大潮的影响下，我国社会的消费升级趋势越来越明显。广泛兴起的互联网、大数据、人工智能等技术和升级的经营理念方法，打通了产品流通中的信息不对称，加速了消费信息的传播，助力了消费升级。2018 年上半年，我国社会消费品零售总额达到 18 万亿元，同比增长了 9.4%，最终消费对经济增长的贡献率为 78.5%，比上年同期提高了 14.2 个百分点，成为经济增长的主要拉动力。

更为重要的是，除了在物质文化生活方面得到了充分满足外，我国居民精神生活水平也得到极大提升。无论是在民主、法治还是在公平、

正义，或是在安全、环境等层面均出现了更高的诉求。甚至可以说，对于精神文明的诉求已经超过了对物质文明的诉求，这说明人民对美好生活的需要更加多样、更加全面，也说明当前社会的主要矛盾已经悄然发生转化。

2. 从供给侧来看，新的发展瓶颈与约束尚待突破

在过去四十年的发展中，我国准确找到了供给侧发展的瓶颈和约束在于缺资本、缺技术，并且成功找到了解决这些瓶颈和约束的方法。我国在经济基础薄弱的情况下加快了资本原始积累的过程，依靠市场和政府两大力量，将资源、资本、人力有机结合起来并激发了其活力，促使市场、企业充分竞争发展，同时引进先进技术，从而大大提高了生产力。这一过程最大的特点是投资驱动，通过投资增加经济社会总产出，提高居民和社会的储蓄率，储蓄再转化为投资，实现循环发展。有了强大的资本积累，就有了强大的投资驱动，就有了不断地生产产品和服务，如此良性循环下我国实现了经济规模的显著扩张。

但是这种投资驱动、粗放扩张的发展过程，不能无限地发展下去，到了一定阶段或一定规模后，动力开始减退。此时，旧动能减弱、新动能不足，经济的长期高速增长难以持续。近年来，我国经济要素成本呈现出显著上升的趋势。无论是劳动力成本、土地成本还是自然资源成本，都较之于以往社会大幅度提升。加之高速发展带来并累积了大量的新问题，如资源破坏与环境保护问题、城乡地区发展不平衡问题、产业转型升级问题等，这些问题将制约经济发展从而导致发展过程放慢甚至停滞。

需求侧的快速转变和供给侧的发展放慢使我国经济发展过程中需求和供给之间的矛盾越来越突出，基于成本上升推动的隐性通胀问题和需求疲软导致的经济下行问题同时出现。因此，加快建设现代化经济体系，满足人民对美好生活的需求，突破新的发展瓶颈和约束，才能顺应我国新时代社会主要矛盾的转化。

（三）建设现代化经济体系是推动我国经济高质量发展的需要

随着我国社会主要矛盾的变化，经济发展阶段也在变化。我国经济长期向好的趋势不变，但当前面临着新的下行压力，质量和效益替代GDP规模和增速成为经济发展的首要问题和优先目标。只有在建设现代化经济体系上着力攻坚克难，实现高质量发展，才能推动经济建设再上新台阶。

1. 解决当前我国发展不平衡不充分的问题

我国经济的高质量发展必须要解决好当前我国发展不平衡不充分的问题。我国发展不平衡不充分主要表现在以下五个方面：

一是区域经济增长不平衡。由于经济梯度发展战略，以及各个区域资源禀赋、发展基础差异等原因，我国经济在不同地区的发展不平衡，总体上呈现出东部、中部和西部逐步降低的梯度差距。

二是产业发展结构不平衡，创新能力和高端产业发展不充分。在高速增长阶段发展方式是粗放的，一方面是高度依赖能源土地、廉价劳动力的投入，是高消耗、高排放、高污染的，经济结构当中工业，特别是重化工业、劳动密集型行业、房地产业、矿业比重比较高，产业链价值主要为中低端；另一方面，高端产业发展不够和产业价值链高端环节占有不足，关键装备、核心零部件和基础软件等严重依赖进口和外资企业。

三是实体经济与虚拟经济发展不平衡，高质量实体经济供给不充分。这主要体现在近年来经济出现"脱实向虚"趋势，虚拟经济脱离实体经济过度膨胀，有可能较大程度引发过度投机和金融泡沫，也会对经济增长产生副作用。制造业总体处于全球价值链的中低端，产品档次偏低，标准水平和可靠性不高，高品质、个性化、高复杂性、高附加值的产品供给不足，缺乏世界知名品牌。

四是经济增长速度与资源环境承载力不平衡，绿色经济发展不充分。我国经济快速增长客观上给资源环境造成了巨大压力，环境污染问题突出，资源约束日趋紧张。虽然我国一直倡导实施环境友好型的新型工业化道路，但客观上资源环境还是难以承受如此快速的大国经济增长。

五是城乡发展不平衡，社会民生领域发展不充分。这表现在城乡收入分配差距依然较大，脱贫攻坚任务艰巨，民生领域还有不少短板，群众在就业、教育、医疗、居住、养老等方面面临不少难题。

2. 应对我国经济要素成本显著上升的困境

我国的劳动力市场对我国过去长达 30 多年的经济高速增长起到了十分重要的作用，长期以来劳动力供给充足且价格低廉。但是受中国人口结构的变化，适龄劳动人口（16～59 岁）占总人口的比例在 2010 年达到峰值，近年来劳动人口的绝对量开始下降，剩余劳动力无限供给的时代结束。劳动力供求关系的变化使得企业用工成本快速上升。根据统计数据显示，中国单位就业人员平均工资从 2004 年的 15920 元上升至 2014 年的 56360 元，年均上涨 13.5%。与其他国家相比，中国劳动力成本上升速度不仅显著快于美日欧等发达经济体，而且快于南非、巴西等发展中国家。2008—2014 年，中国单位就业人员平均工资年均名义增长率达到 11.8%，扣除物价因素，实际增长 9% 左右。而同期美国工资实际增长率仅为 1.9%、欧元区为 0.5%、日本为 -0.8%；南非和巴西的实际工资增长率分别为 3.2% 和 5.7%。人口红利逐渐消失与人口加速老龄化使得劳动力成为稀缺资源，劳动力成本上升让资本无法像过去那样轻易获得超额回报，对劳动密集型产业是一个严峻的挑战。

此外，随着我国城镇化快速推进以及商品房市场井喷式增长，房价与地价相互拉抬，土地价格不断上涨，企业用地成本明显提高。从全国主要城市土地出让监测价格来看，2008 年开始出现加速上升态势，虽然 2012 年以来有所放缓，但是土地出让价格仍然呈现出上升趋势。同时，受交易税费、定价机制、流通费用、原料来源等因素影响，中国能源原材料成本高于美国、俄罗斯、巴西等主要能源市场。经济要素成本价格的上升对中国制造业竞争力带来抑制作用，经济发展动力亟待转换。

人口红利消失、土地价格上涨、能源材料成本上升，表明支撑过去经济高速增长的基础条件发生了变化。加快建设现代化经济体系，转变发展方式、优化经济结构、转换增长动力，对于应对当前挑战、坚定发展信心、夯实高质量发展的坚实基础具有深远意义。

（四）建设现代化经济体系是适应经济全球化发展和参与全球治理的需要

从世界经济发展新格局看，建设现代化经济体系对应的是国际视野、国际标准、国际规则、国际平台，是我国经济高质量"走出去"的迫切需要，更是提升中国在世界经济舞台话语权和参与全球经济治理的需要。不同于小国经济可以通过嵌入全球经济实现专业化分工和合作，从而建立起依赖外部关系的开放型现代化经济体系，对于我国这样一个大国经济必须清醒地认识到，参与国际分工合作是建设现代化强国的必然选择，但是依据不断增长的、规模巨大的内需优势，去建设独立自主的、开放的现代化经济体系，才是我国发展战略目标的最重要的选择。

当前，发达国家纷纷实施"再工业化"战略，重塑制造业竞争新优势，部分发达国家逐步走出世界金融危机的"阴霾"，经济复苏迹象明显；新兴市场国家和发展中国家正在快速发展，积极参与全球产业再分工，承接产业及资本转移，拓展国际市场空间，国际影响力也与日俱增。国际形势和竞争力量正在发生深刻变化，我国面临发达国家和新兴市场国家"双向挤压"的严峻挑战，必须放眼全球，加紧战略部署，化挑战为机遇，抢占新一轮竞争的制高点。因此，建设现代化经济体系，对于提升对外开放发展质量、积极参与全球经济治理显得重要而迫切。

二、现代化经济体系的特征

现代化经济体系是一个复杂的经济系统，从总体来看各个组成部分目标同向、步调一致、动作协同；从结构来看社会经济各个环节、各个层面、各个领域形成纵向和横向的相互关联；从内部关系来看这种关联是内生的有机关联，而不是机械性的简单链接。建设现代化经济体系，必须以"创新、协调、绿色、开放、共享"的新发展理念为引领，将新发展理念贯彻落实到现代化经济的各个环节、各个层面、各个领域。现代化经济体系的特征主要有以下六个方面：

（一）更高效的经济水平和经济增速

现代化经济体系，意味着更高效的经济水平和经济增速。按照测算，在 2027 年左右我国的经济总量有可能会超过美国成为全球第一大经济体，我国的人均 GDP 有可能达到 1.3 万美元。按照世界银行 2017 年公布的划分标准，人均 GDP 在 1006 美元至 3955 美元属于下中等收入经济体；人均 GDP 在 3956 美元至 12235 美元之间的属于上中等收入经济体；人均 GDP 超过 12236 美元则属于高收入经济体。以此标准来衡量，我国 2019 年人均 GDP 突破 10000 美元，已经处于上中等收入经济体的中上水平，即将迈入高收入国家的行列。

从国际经验看，一些国家在进入中等收入国家行列之后，经济却陷入数十年停滞不前的窘境，典型的如拉丁美洲的巴西、阿根廷、墨西哥、智利等，东南亚的菲律宾、马来西亚，都长期落入"中等收入陷阱"之中。在进入中等收入国家行列之后，由于公众需求升级、经济结构固化、国际经济环境变化等因素的影响，通常是风险因素较多的发展阶段，很容易出现金融、经济危机乃至社会动荡，最终使实现经济现代化的努力功亏一篑。因此，现代化经济体系意味着我国成功跨越中等收入陷阱，经济水平和经济增速上升到一个新台阶，成为稳定的高收入国家。

（二）更高质量的增长动力和经济结构

以创新为增长动力，是现代化经济体系的重要特征。现代化经济体系改变了之前依赖增加要素投入与出口拉动的粗放型模式，让经济发展向着创新驱动的方向转变，借助创新引领让我国经济社会获得持续健康发展的机会，并在这一过程中，全面打造新引擎、构建新支撑。通过创新，特别是科技创新来促进现代化产业体系发展，确保现代产业在经济体系中占据主导地位。在 2030 年左右，我国创新投入总量会进入全球前五位的创新型国家的行列，而且技术进步对经济发展的贡献率也会明显地提升。这就意味着我国将进入全面创新时代、绿色发展时代，将成为包括科技强国、质量强国、航天强国、网络强国、交通强国、数字国家、智慧社会等在内的创新型国家。

现代化经济体系必须是资源节约、环境友好的绿色发展体系。发展不仅要讲速度讲效益，要告别粗放型经济，走与自然和谐共处之路，更要在发展与保护、局部与整体、当前和长远之间，找到最佳平衡点。必须坚决摒弃损害甚至破坏生态环境的发展模式和做法，形成绿色发展方式和生活方式。抓住以新一代信息技术为核心的产业革命发展机遇，降低产业发展对资源环境的依赖和破坏。牢固树立绿色发展理念，坚持节约优先、保护优先、自然恢复为主的方针，形成节约资源和保护环境的空间格局、产业结构、生产方式、生活方式，还自然以宁静、和谐、美丽。将建立以绿色发展为导向的考核评价体系，建立健全形式多样、绩效导向的生态保护补偿机制，努力实现绿色循环低碳发展、人与自然和谐共生，牢固树立和践行"绿水青山就是金山银山"理念，形成人与自然和谐发展现代化建设新格局。

（三）更完善的现代化产业体系

现代化产业体系应该是由处于全球价值链中高端、高附加值、技术和知识密集型的产业组成，具备国际市场竞争力，代表着未来产业升级和消费结构转变的方向。我国改革开放以来，建成了门类齐全、独立完整的产业体系，有力推动工业化和现代化进程。然而与世界先进水平相比，我国在自主创新能力、资源利用效率、产业结构水平、信息化程度、质量效益等方面有明显差距。按照我国规划的宏伟蓝图，至 2025 年我国会迈入制造强国的队列；至 2035 年，我国制造业要在整体上进入世界制造强国的阵营，达到中等偏上的水平；尤其到 21 世纪中叶，我国现代化经济体系将顺利建成，制造业综合实力会因此而进入世界制造强国的前列。

现代化经济体系意味着全面构建稳固的现代农业基础、发达的制造业，尤其是高级装备制造业以及门类齐全、迅速发展的现代服务业，总体特征是技术进步在发展中的贡献份额不断得到提高，产业国际竞争力不断得到增强。从产业来看，更多的依靠是新产业、新产品，新技术、新业态来推动，依靠绿色、低碳、循环等产业来推动，产业链、价值链更加完整而且主要居于中高端。从要素来看，一方面将以科技、人力资本、信息、数据等新的生产要素来推动，另一方面以劳动、资本、土地、资源、能源、环境等传统要素的效率提高来提升。建立这样的现代化产业体系，是现代化经济体系的物质基础。

（四）更平衡的区域和城乡发展格局

现代化经济体系中，国家战略规划、跨地区战略规划、区域性战略规划衔接有序、配合有效。区域协调发展机制更加成熟，生产要素的配置和流动更为有效，跨地区的转移和互助机制逐步成型，形成以城市群为主体的大中小城市和小城镇协调发展的城镇格局，具有较高的农业综合生产能力、完善的现代农业产业体系、融合的城乡发展体制、现代化的农业科学技术，农村居民收入与城市居民收入同步增长并较快提高。从我国未来一个阶段的发展来看，城市化率会逐步提升，城乡之间的经济差距会有明显缓解。估计在 2030 年左右，我国的城市化率会上升到 70% 左右。未来大城市和经济核心区将以智能服务、科技研发设计、数据信息、数字经济与公共品生产为主；中小城市以工业物理化学经济、劳动服务经济为主；乡村以生物经济和生态经济为主，形成新的三者交换关系。这不仅为各种劳动力要素提供了更广泛的就业空间，而且形成了更细化、更精巧的专业分工关系，城乡和区域交换关系的内容更多样、发展空间也更大。同时，城市与城市轨道交通的发展为城市间的分工协作提供了更大便利，城市间的"通勤"现象日益频繁，意味着服务劳动可贸易性进一步增强，同时为服务业的改造提升创造了新的基础和条件。

（五）更全面的对外开放

对外开放是我国的基本国策，构建现代对外经济体系必须坚定不移地推进对外开放。2018 年，我国稳居世界货物贸易第一、服务贸易第二的地位。2018 年，我国企业的对外投资稳定在 1200 亿美元，海外投资存量达到 19295 亿美元，已经成为世界上对外投资额第三大经济体。目前，我国已经设立了 12 个自由贸易试验区，实行更开放的贸易、投资便利化措施，并进一步扩大服务贸易领域开放，同时为全国的深化改革探索新的路径，复制和推广新的经验，这将成为我国与开放型世界经济联系的新枢纽。

我国所构建的现代化经济体系绝对不是封闭的，而是沿着更加开放的方向使中国经济与全球经济融为一体，成为全球经济中的重要组成部分。现代化经济体系下，在走出去方面，我国将以"一带一路"建设为重点，拓展经济合作新空间；在引进来方面，将扩大对外开放范围，放宽市场准入，提升开放发展的层次和水平，形成与经济发展新形势相适应的对外开放和国际合作新模式，加快形成陆海内外联动、东西双向互济的全面开放新格局；在对外贸易方面，将具备一批全球贸易中心、研发中心，以及面向全球的创新合作、产能合作、服务合作、投融资合作网络，届时我国不仅是货物贸易强国，也是全球服务贸易强国。

（六）更完善的市场经济体制

完善的市场经济体制是现代化经济体系运行的基础保障。我国社会主义市场经济体制的确立，为经济发展取得历史性成就提供了重要的制度基础。经过 40 多年的快速发展，这个体制已经显示出它的显著优越性和强大生命力。但是，这个体制还远不完善，还存在诸多不适应的地方和薄弱环节。这些问题不仅影响当前，对长期发展影响更大，与建设现代化经济体系的要求不相适应，难以适应国内外形势变化和高质量发展的要求，必须努力加以突破。加快完善能够促进和支撑经济持续高质量发展的机制体制，是建设现代化经济体系面临的关键任务。

在现代化经济体系中，市场经济体制更加尊重市场决定资源配置这一市场经济的一般规律，具有更成熟、更高效的配置资源市场化体制机制，政府宏观调控政策科学有度、国有资产管理体制更具有竞争力、政府服务体系更有效率、宏观调控与政策协调机制更加安全有效，以此促进和保障体系内各类市场主体公平竞争、具有活力。

三、建设现代化经济体系的关键点

现代化经济体系既包含发展质量、发展结构、空间布局、机制体制、开放程度等方面的现代化水平和状态，又涉及产业体系、市场体系、收入分配体系、城乡区域发展体系、绿色发展体系、全面开放体系等具体内容。建设现代化经济体系的关键点有两个：一是科技创新体系，构建与我国现代化经济体系相匹配的现代化科技创新体系，使之成为现代化经济体系的强劲动力；二是现代产业体系，尤其是培育具有核心竞争优势的产业体系，使之成为现代化经济体系的重要支撑。

（一）构建现代化科技创新体系

现代化经济体系要求的创新是全方位、多层次、多维度的创新活动和过程，既包括技术创新也包括制度创新，既包括理念创新也包括管理创新，既包括组织创新也包括模式创新等，要不断推进理论创新、实践创新、制度创新、文化创新以及其他各个方面的创新，以创新来推动新旧动能转换、优化升级经济结构、增强实体经济竞争力。现代化经济体系要有现代化创新作为增长动力。

1. 构建现代化科技创新政策体系

随着世界各国越来越重视科技创新在国家发展中的作用，科技创新政策在政府系统中地位越来越高，科技创新政策越来越多样化。美国分别于 2008 年、2011 年和 2015 年发布三版《美国创新战略》，强调"对科技创新的支持是经济竞争力的关键"，力图保持领先优势和对全球经济的领导地位；欧盟提出要建立创新型欧洲，探索欧洲复兴之路，德国分别于 2006 年、2010 年、2014 年、2018 年发布了四版《德国高技术战略》；日本、韩国也出台了"未来开拓战略"和科技发展长远规划。我国改革开放以来，伴随着科技事业快速发展和科技体制改革不断深化，在不同时期研究制定了大量的科技创新政策，尤其在 21 世纪以来更是密集出台了大量政策措施。2006 年为落实《国家中长期科学和技术发展规划纲要（2006—2020 年）》，各部门颁布了 70 多项配套政策及其实施细则。2012 年以来，为落实《深化科技体制改革加快国家创新体系建设的意见》，共制定了 200 多项改革政策措施。2015 年，《深化科技体制改革实施方案》制定了 10 个方面 32 项改革举措 143 条政策措施。与此同时，各地方也根据国家发布的政策要求和精神，出台 2000多个相关政策文件。当前，我国已形成了多层次、多类别、多批次的庞大政策工具包，亟须构建一个条分缕析的政策体系框架以提升政策落实和执行效率。

2. 加大科技创新投入，提升科技创新质量

在各类创新中，科技创新是全面创新的"牛鼻子"，具有强大的引领和牵引作用，也是推进我国经济高质量发展的重中之重。近年来，我国对科技创新的投入与日俱增。自2000年以来，我国的研发经费以每年平均22.6%的速度在增长，远高于同一时期我国GDP的增长率。根据科技部和中国科学技术发展战略研究院长期监测，我国国家创新指数2000年处于世界第38位，2012年上升到第20位，2017年进一步上升到第17位。总体上看，我国已接近世界创新国家的第一集团。2017年，我国独角兽企业数量位居世界第二位，占全球总数的38.9%，仅次于美国。独角兽企业是市值10亿美元以上的创新企业，是引领全球创新创业的重要力量。我国科技创新的供给质量不断提高，科技进步对经济增长的贡献率从2012年的52.2%上升到2017年的57.5%。相关数据显示，在世界上二十多个创新型国家中，科技创新对GDP的贡献率高达70%，美国、德国更是高达80%。

3. 抓住全球创新发展机遇，实现技术重大突破

在2008年国际金融危机后，发达国家纷纷投资于高技术领域与科技创新领域，以期通过创新来引领经济走出低谷，稳定经济增长。当前，新一轮科技革命和产业变革迅猛发展，国际产业分工格局正在重塑，我国经济转型升级、创新发展迎来重大机遇。新一代信息技术与制造业深度融合，引发影响深远的产业变革，形成新的生产方式、产业形态、商业模式和经济增长点。各国都在加大科技创新力度，推动三维（3D）打印、移动互联网、云计算、大数据、生物工程、新能源、新材料等领域取得新突破。基于信息物理系统的智能装备、智能工厂等智能制造正在引领制造方式变革；网络众包、协同设计、大规模个性化定制、精准供应链管理、全生命周期管理、电子商务等正在重塑产业价值

链体系；可穿戴智能产品、智能家电、智能汽车等智能终端产品不断拓展制造业新领域。我国在发展科技创新与产业创新的过程中屡屡遭受到发达国家的技术封锁，因此，创新成为冲破发达国家技术封锁的重要途径，创新驱动和价值驱动已经成为我国转变经济发展方式及经济增长方式的重要战略举措。

（二）培育具有核心竞争优势的产业体系

现代产业体系是现代化经济体系的重要支撑。近年来，持续的技术创新大大提高了我国产业体系的综合竞争力，制造业新动能在逐步增强，具有核心竞争优势的产业体系正在形成。

1. 加大重点产业的培育与扶持力度

国家高度重视具有核心竞争优势的产业培育与扶持，2018 年国家发改委发布了《增强制造业核心竞争力三年行动计划（2018—2020 年）》，在轨道交通装备、高端船舶和海洋工程装备、智能机器人、智能汽车、现代农业机械、高端医疗器械和药品、新材料、制造业智能化、重大技术装备等重点领域，组织实施关键技术产业化专项行动。2017 年 7 月，国务院正式印发《新一代人工智能发展规划》；2018 年 11 月，工信部发布的《新一代人工智能产业创新重点任务揭榜工作方案》则提出，到 2020 年，我国在关键技术、计算能力、通信能力、车辆智能化平台相关标准等领域都将达到或接近国际先进水平；2019 年 3 月 19 日，中央全面深化改革委员会第七次会议审议通过了《关于促进人工智能和实体经济深度融合的指导意见》，提出构建数据驱动、人机协同、跨界融合、共创分享的智能经济形态。这意味着我国推动人工智能为传统产业赋能升级的步伐大大加快。可以预见，人工"智能＋"将成为未来制造业发展的重要方向，也将成为促进新兴产业加快发展的新动能新引擎。

2. 新兴产业快速发展，产业集群逐步形成

2018 年我国高技术产业、装备制造业、战略性新兴产业增加值同

比分别增长 11.8%、8.3% 和 8.8%，成长性均快于规模以上工业产出。新动能推动传统经济动能结构优化，2018 年高技术制造业占规模以上工业的比重达 14.4%，同比提高 1.4 个百分点；高技术制造业投资同比增长 16.1%，增速比全部制造业投资高 6.6 个百分点。载人航天、载人深潜、大型飞机、北斗卫星导航、超级计算机、高铁装备、百万千瓦级发电装备、万米深海石油钻探设备等一批重大技术装备取得突破，以高铁、大飞机为代表的高端装备制造业，以信息技术为代表的高新技术产业保持快速增长态势，形成了若干具有国际竞争力的优势产业和骨干企业。此外，以互联网、物联网、大数据、云计算等新技术为基础的应用日益进入社会生产和交换，产生了数字媒体、电子商务、电子金融服务，出现了许多新产品、新行业、新业态。中国在在线娱乐（长短视频和移动游戏）、新零售、移动支付等方面都取得进一步发展，正在成为全球互联网巨头中心。

3. 以优势产业带动产业体系整体升级

近年来，我国产业结构持续优化，质量和效益明显提升，但与高质量发展的要求相比，仍然存在产业档次不高等诸多问题。用常规方式推进梯度差异大的产业升级和整体跨越难度较大，而围绕优势产业谋篇布局，利用新经济和科技发展步伐加快的机遇，选择易于促进互联网、大数据、人工智能和实体经济深度融合的产业，或者选择能够利用新技术、新业态、新模式整合、改造的传统产业作为重点发展对象，有效带动我国产业体系整体升级。

四、建设现代化经济体系的实施路径

我国在建设现代化经济体系的过程中，需要严格遵循以下的基本发展路径：在转变发展方式的同时实现经济动能的转换，在构建和完善产业体系的同时实现区域经济协调发展，在深化改革的同时奠定经济现代化的坚实基础。除此之外，还应在社会建设和生态文明建设等方面作出更多努力——强化乡村振兴、优化要素市场化配置、构建技术与知识创新体系、构建现代化金融体系、完善社会主义市场经济体系等。

（一）加快科技创新的体制机制建设

创新是引领发展的第一动力，要把创新摆在建设现代产业体系的优先位置。实施创新驱动发展战略，最根本的是要增强科技创新的自主能力，最大限度地解放和激发科技作为第一生产力所蕴藏的巨大潜能。

1. 强化以科技创新为核心的全面创新

科技创新是一个链条，从基础研究到应用基础研究再到研发成果的产业化和市场化是一个完整的链式过程。在这一过程中，重点是要提高创新链和产业链的一体化程度，真正建立起以企业为主体、以市场为导向、产学研深度融合的科技创新体系，提高科技成果的产业化、市场化水平，提高科技进步对经济增长的贡献率。

强化以科技创新为核心的全面创新，统筹推进、系统部署创新链、产业链、资金链、政策链。瞄准世界科技前沿，强化基础研究，增加源头技术供给，实现前瞻性基础研究、引领性原创成果重大突破，从而带动关键核心技术、战略性技术产品的重大突破，实现科技对国民经济发展各重要领域的全方位战略支撑。

2. 加强科技人才机制创新建设

科技创新关键是人才，第一，要加大国内人才的培养，打造一支与科技创新、产业转型升级相匹配的大规模、多层次、高素质人才队伍，加强基础教育，培养创新意识；第二，深化人才发展体制机制改革，完善人才培养、评价、流动、激励机制，最大限度地支持和帮助科技人员创新创业；第三，既注重引进国际人才，又注重加大本土人才培育力度，加快优化人才结构，围绕基础学科、前沿技术领域以及新兴产业领域，培养造就一大批具有国际水平的战略科技人才、科技领军人才和高水平创新团队。

（二）以实体经济为着力点，推动产业转型升级

建设现代化产业体系，把发展经济的着力点放在实体经济上，化解过剩和淘汰落后产能，推进产业体系智能化、绿色化改造，实施企业成长培育促进行动，促进生产性服务业的发展，以形成高端化、智能化、绿色化、融合化的新型产业体系。

1. 重视产业的运行效率、运营质量和经济效益

从产业、企业和产品三方面入手，重视产业的运行效率、运营质量和经济效益。在产业层面，以提高制造业创新能力和促进制造业产业结构高级化为目标，提高制造业智能化、绿色化、高端化、服务化水平，建设现代制造业体系。不仅要加快发展先进制造业，推动互联网、大数据、人工智能和实体经济深度融合，还要形成若干世界级先进制造业集群，加快形成新的现代产业优势。

在企业层面，以提高企业素质和培育世界一流企业为目标，积极培育具有核心竞争力的、居于国际领先地位的领军企业，积极有效处置"僵尸企业"、降低制造企业成本和深化国有企业改革，完善企业创新发展环境，培育世界一流企业。同时，积极建立有利于各类企业创新发展、公平竞争的支撑体系，努力创造公平竞争环境、促进各类所有制的大中小企业共同发展。

在产品层面，以提高制造产品附加值和提升制造产品质量为基本目标，以激发企业家精神与培育现代工匠精神为着力点，全面加强技术创新和全面质量管理，提高制造产品的供给质量。现代化经济体系的建设需要打造和维护"中国标准"，通过"中国智造"提升"中国品质"，这在将来势必成为中国产品和服务的重要标签。

2. 形成符合融合化、信息化、国际化大趋势的新的现代产业体系

加快建设实体经济、科技创新、现代金融、人力资源协同发展的产业体系，着力提升我国产业发展的层次和水平，推动我国产业发展迈向

全球产业链价值链中高端。虽然目前我国已经建立了比较完备的产业体系，但产业体系中的人力资源、资本和技术要素有机组合的质量效益都亟待提高，人才和资本脱实向虚的趋势还没有根本逆转，技术创新和科技成果转化为生产力的周期过长、转化率还不高。解决这些问题，需要将实体经济作为经济建设和产业协同发展的主体，以科技创新带动产业升级，通过金融体系源源不断地为现代化经济体系供血。不断提升人力资源的素质，充分提高劳动、资本、技术三要素协同投入的质量和效率，努力实现实体经济、科技创新、现代金融、人力资源协同发展，使科技创新在实体经济发展中的贡献份额不断提高，现代金融服务实体经济的能力不断增强，人力资源支撑实体经济发展的作用不断优化。

3. 深入推进服务业供给侧结构性改革，加快生产性服务业改革开放

现代产业体系是协调协同发展的经济体系，包括一、二、三产业的协调发展，包括产业集群的发展和产业链有效整合，还包括支撑现代产业发展最重要因素之间的协同发展。我国已经进入了工业化中后期加速发展阶段，在这个阶段制造业转型升级必须依靠大力发展生产性服务业来推动。要通过知识密集型服务要素对制造业的嵌入，提高制造业的附加值含量，实现智能制造、柔性制造、协同制造，提升至价值链的中高端。在工业化发展较高阶段，服务业与制造业的界限日益模糊，需要彼此支撑、互助共赢，推进中国制造和中国服务互促共进和双赢发展。因此，选择制造业和服务业双向融合的发展模式，是一种"双赢"战略，既为制造业转型升级、建设现代制造业强国找到了新动能、新路径，也为现代服务业特别是生产性服务业扩展了新空间、新出路。

（三）完善区域发展机制，促进东西部区域协调发展

我国是一个幅员辽阔、人口众多的发展中大国，各地自然、经济、社会条件差异显著，区域发展不平衡是我国的基本国情。国家一直十分

重视区域协调发展，在不同的历史时期分别作出了重要战略部署。从全国范围内来看，要促进东、中、西、东北四大区域协调发展，推进京津冀地区、长江经济带、"一带一路"的建设，优化经济发展格局；从各区域范围内来看，要建立以中心城市引领城市群发展、城市群带动区域发展的新模式，推动区域板块之间融合互动发展；从区域协调发展的机制来看，要构建区域联动发展新机制，包括编制实施城市群规划、中心城市规划、专业特色小镇规划等重点培育发展城市群和新生中小城市，推进新型城镇化建设等。

在区域产业协调发展方面，应该根据各地实际情况，分门别类制定差别化经济政策。东部地区要加快推动产业升级，打造全球先进制造业基地，引领新兴产业和现代服务业发展，打造具有国际影响力的创新高地；中部地区和西部地区则有序承接产业转移，发展产业集群，使我国产业发展展现全面的创新力和竞争力。

（四）强化乡村振兴力度，促进城乡区域协调发展

根据党的十九大提出的振兴战略，要坚持农业农村优先发展，按照产业兴旺、生态宜居、乡风文明、治理有效、生活富裕的总要求，建立健全城乡融合发展体制机制和政策体系，加快推进农业农村现代化。

乡村振兴战略是新时代"三农"工作的总抓手。第一，要实行农业经营专业化，培育现代化新型农民队伍。鼓励新型农民积极参与合作、信贷和互助组织建设，使之成为现代化高效率的商品农业劳动者和农业生产经营者。第二，要支持农业科研推广，建设稳定的科技支撑体系；科研支撑和人才培养是现代农业的基础，是解决资源要素瓶颈约束的重要途径，需要长期不断积累。第三，乡村整治是促进乡村振兴的重要举措。随着城市化的发展，乡村土地利用的结构、布局、功能都在发生急剧变化，单纯靠土地市场难以适应这种急剧变化，需要政府以法律、规划、建设项目等方式介入。应赋予我国乡村整治更完整的功能，

将其作为实施乡村振兴战略的重要平台，推动土地整治与农业规模经营、乡村旅游、基础设施建设、景观和环境保护等相结合。第四，做活中小城镇"新节点"。要创造"在乡村生活、在城镇就业"的人口迁移模式，带动乡村地区的发展。今后应在基础设施投资、医疗和教育资源布局、土地指标分配等方面为县城和小城镇发展创造条件。把小城市和镇这个节点做活。第五，建设美丽乡村，发展生态经济，实行"村庄更新"，提升乡村生活品质，使乡村形成特色风貌和生态宜人的生活环境，并推动生态经济发展。

（五）建设更优的体制环境，更好发挥政府作用

党的十九大报告明确提出，经济体制改革必须以要素市场化配置和完善产权制度为重点，实现要素自由流动、产权有效激励、价格反应灵活、竞争公平有序、企业优胜劣汰。

必须加快建设统一开放、竞争有序的市场体系，使市场在资源配置中起决定性作用。要全面实施市场准入负面清单制度，清理废除妨碍统一市场和公平竞争的各种规定和做法，加快要素价格市场化改革，清除市场壁垒，提高资源配置效率和公平性，实现市场准入畅通、市场开放有序、市场竞争充分、市场秩序规范，加快形成企业自主经营公平竞争、消费者自由选择自主消费、商品和要素自由流动平等交换的现代市场体系。同时，应着力健全市场监管体系，深化"放管服"改革，实施科学治理、协同治理，营造安全规范、鼓励创新、包容审慎的发展环境，支持新模式新业态持续健康发展。此外，应健全产业生态体系及政策体系，推动构建大企业与中小企业协同创新、共享资源、融合发展的产业生态，加快形成推动高质量发展的指标体系、标准体系、统计体系、绩效评价体系、政绩考核体系，增强政策前瞻性、针对性、协同性。

（六）推动发展成果共享

共享发展是全面建成小康社会的根本标志。增进民生福祉是发展经济的根本目的，也是建设现代化产业体系的根本目的。经济合作与发展组织（OECD）研究表明，在推动缩小收入差距方面，税收政策的贡献约占四分之一，而公共服务的贡献约占四分之三。均等化的公共服务使中低收入群体也可以享有高水平的教育、卫生、交通、社会治安，从而为其支撑起了高质量的生活。

因此，推动公共服务均等化是发展成果共享的重要内容。而实现基本公共服务均等化的关键是推进基本公共服务的标准化。国家基本公共服务涵盖幼儿服务、公共教育、劳动就业、医疗卫生等领域，聚焦人民最关心最直接最现实的利益问题。以标准化手段优化资源配置、规范服务流程、提升服务质量、明确权责关系、创新治理方式，确保全体公民都能公平可及地获得大致均等的基本公共服务，从而切实提高人民群众的获得感、幸福感和安全感。

第二章 西藏当前经济发展状况及运行特征

西藏民主改革60年来，在党中央的正确领导和全国人民的大力支持下，西藏在政治、经济、社会、文化、生态文明建设等方面取得了举世瞩目的辉煌成就，开创了西藏经济快速发展、社会事业全面进步、群众生活水平明显提高、社会大局持续稳定的局面。中国特色社会主义进入了新时代，西藏的发展也站在了新的历史起点上。2017年，西藏地区生产总值、固定资产投资等多项主要经济指标增幅位居全国前列，特别是地区生产总值连续25年、农牧民可支配收入连续15年保持两位数的高增长。新时代西藏经济社会的发展基础稳固、发展势头强劲、发展前景广阔。

一、西藏当前经济发展状况

近年来，西藏的经济发展总量持续增加，西藏地区生产总值由2012年的701.65亿元增加至2017年的1310.92亿元，并在2015年突破了1000亿元大关。党的十八大以来，我国经济发展进入新常态，在从追求增长速度转变为追求高质量发展的过程中GDP增长速度逐渐放缓，但西藏始终保持两位数的增长速度，地区生产总值增长率居全国前列。

表2-1　　　　　　　西藏2012—2017年地区生产总值　　　　单位：亿元

年份	2012	2013	2014	2015	2016	2017
地区生产总值	701.65	816.57	921.73	1027.43	1151.41	1310.92

数据来源：《西藏统计年鉴（2018）》。

（一）发展质量和经济效益不断提升

近年来，国家对于西藏的投资不断增长，是西藏地区生产总值增长的主要因素之一。"十二五"3305亿元和"十三五"6576亿元中央支持西藏的一大批重点建设项目先后确定。2016年，西藏落实中央预算内投资277亿元，全年招商引资项目615个，到位资金228亿元，援藏落实项目433个，落实援藏资金38.3亿元。2017年，西藏200个重点项目中，在建132个，已完工25个，累计完成投资资金1618亿元。2017年，西藏自治区的主要经济指标增幅位居全国前列，其中地区生产总值增长10%，全社会固定资产投资增长23.9%，地方财政收入增长25.6%，城乡居民人均可支配收入达到30671元、10330元，分别增长10.3%、13.6%。

投资不断增长的同时，消费也在同步增长。西藏经济个性化、多样化的发展满足了城镇居民的消费需求，西藏地区消费率由2012年的64.6%上升到2016年的78.2%，其中，2015年达到最高水平79.9%。网络基础设施建设的逐渐广泛，带动了城乡电子商务行业的发展，也带动了物流业的发展。与内地相比，西藏电子商务发展起步晚，但乘扶持电商东风，发展很迅速。2015—2016年，西藏山南市贡嘎县、那曲地区班戈县、林芝市工布江达县等9个县被纳入国家电子商务进农村综合示范县。截至2017年5月末，9个示范县共计上线销售各类西藏特色产品120余种，实现农牧区网络销售额1571万元，其中，农畜产品网络销售额1447万元，民族手工艺品、工业品网络销售额124万元。西藏消费的稳步上升，使经济增长由投资的单纯拉动转变为投资和消费的双向驱动，促进了西藏经济高质量的发展。

西藏外贸形势总体平稳，略有起伏。2016年，西藏进出口总额51.67亿元，与2015年相比下降8.6%，其中，出口总额31.24亿元，下降13.8%；进口总额20.44亿元，增长0.6%。2017年，西藏进出口总额59.19亿元，与2016年相比增加了14.55%，其中，出口总额

29.85 亿元，下降 4.45%；进口总额 29.34 亿元，增长 43.54%。

（二）产业优化不断升级

党的十八大以来，西藏的产业发展不断壮大，产业结构不断优化升级，产业质量和效益不断提升，一、二、三产业的发展为西藏经济深化供给侧结构性改革作出了突出的贡献。三次产业产值分别由 2012 年的 80.38 亿元、242.85 亿元、377.8 亿元，增加到 2017 年的 122.80 亿元、514.51 亿元、673.32 亿元，分别年均增长 8.85%、16.2%、12.25%。其中，工业产值由 2012 年的 55.35 亿元增加到 2017 年的 103.02 亿元，年均增长 13.2%，高于第一产业和第三产业增速。

同时，三次产业结构呈现出不断优化的态势。三次产业结构由 2012 年的 11.5:34.6:53.9 优化调整为 2017 年的 9.4:39.2:51.4，第一产业产值占比不断下降，第二产业占比不断上升，尤其是工业占比呈现增长态势。三次产业就业结构也得到不断优化，由 2012 年的 46.3:13.4:40.3 优化调整为 2017 年的 37.3:17.7:44.9，第一产业就业占比不断下降，第二、第三产业就业占比不断上升。从而可以看出，第二、第三产业的发展规模和发展速度不断提升，就业吸纳能力较第一产业不断增强，产业发展质量越来越高，产业结构效益和经济效益不断优化提升。

表 2-2　　　　　　西藏 2012—2017 年三次产业结构　　　　单位：%

年份	三次产业产值结构占比				三次产业就业结构占比		
	第一产业	第二产业		第三产业	第一产业	第二产业	第三产业
		—	工业				
2012	11.5	34.6	7.9	53.9	46.3	13.4	40.3
2013	10.4	35.9	7.5	53.7	45.1	14.1	40.8
2014	9.9	36.6	7.2	53.5	43.7	14.7	41.6
2015	9.4	36.6	6.8	53.9	41.2	13.3	45.5
2016	9.2	37.5	7.7	53.3	37.7	16.4	45.9
2017	9.4	39.2	7.9	51.4	37.3	17.7	44.9

数据来源：《西藏统计年鉴（2018）》。

从表2-2中可以看出，西藏的产业结构效益不断上升，第二、第三产业结构较为均衡，产业发展趋势良好，所吸纳的就业人数相对于第一产业较多，且第二、第三产业就业结构相差不大。第一产业由于生产技术、生产力水平、生产人员素质等诸多因素的影响，从产业结构和就业吸纳人数上与第二、第三产业相差较远，发展速度较为缓慢，农业作为农牧区的主导产业，发展快慢决定农牧区经济发展的好坏和城乡差距的变化。

党的十八大以来，党中央、自治区党委和政府不断加大对西藏农牧区经济社会的投入，西藏的产业结构不断优化升级，通过大力实施"第一产业上水平、第二产业抓重点、第三产业大发展"以及乡村振兴战略的实施，西藏的农牧区发生了巨大变化，第一产业在三次产业的贡献率由2012年的6.21%上升至2017年的10.91%，对西藏经济的拉动增长由2012年的0.042提升至2017年的0.052。自治区党委和政府加大特色优势农牧产业发展力度和政策支持，重视农业生产园区、生产基地建设，大力发展乡村旅游业，集约化生产和生产资源的优化配置，使得西藏农牧区供给侧结构性改革不断深入推进，农作物种植面积和产量不断增加，畜牧业占第一产业的比重不断提升，2017年实现粮食总产量103.02万吨，比2012年的96.15万吨增长了7.3%，2017年肉、奶产量为30.03万吨、42.27万吨，比2012年的29.21万吨、32.52万吨分别增长了2.8%、3%。科技对西藏农牧业发展起到很大的助推作用，示范推广"藏青2000"和黄牛改良使得农牧业产业化经营率不断提升。

以旅游业为主导的第三产业保持稳步发展的趋势，近两年"冬游西藏"作用发挥明显，使得西藏旅游旺季更旺、淡季不淡。2017年，西藏接待国内外旅游者2561.43万人次，比2012年增长了142%，旅游总收入379.37亿元，比2012年增长了199%，在旅游业的不断带动下，西藏的餐饮、住宿、交通、通信、娱乐、金融等行业也实现了又好又快的发展，快递、物流、家政和中介服务、电子商务等产业的发展促使西藏产业结构不断完善和优化。

（三）城乡居民收入和消费不断增长

党的十九大指出，我国的主要矛盾是人民日益增长的美好生活需要和不平衡不充分的发展之间的矛盾。随着精准扶贫和精准脱贫、乡村振兴战略等政策的实施，使西藏人民尤其是贫困人民的收入大幅增长。随着收入的不断增长，居民消费水平也在不断提升。全区居民消费水平由2012年的5340元增加到2017年的10990元，年均增长14.08%。其中，农村、城镇居民消费水平由2012年的3098元、12958元，增加到2017年的6676元、20643元，年均增加16.6%、10.2%，城乡消费比由2012年的4.18:1下降到2017年的3.15:1。西藏农村居民消费水平与农村居民收入水平成正比，增长明显。

表2-3　　　　2012—2017年西藏居民及城乡可支配收入

年份	全区居民人均可支配收入		农村居民人均可支配收入		城镇居民人均可支配收入		城乡收入比
	绝对值（元）	增长率（%）	绝对值（元）	增长率（%）	绝对值（元）	增长率（%）	
2012	8587	14.0	5697	16.6	18362	11.3	3.22
2013	8740	13.5	6553	15.0	20394	11.1	3.11
2014	10730	10.2	7359	12.3	22016	7.9	2.99
2015	12254	14.2	8244	12.0	25457	15.6	3.09
2016	13639	11.3	9094	10.3	27802	9.2	3.06
2017	15475	13.3	10330	13.6	30671	10.3	2.97

数据来源：《西藏统计年鉴（2018）》。

（四）区域协调发展战略稳步实施

区域协调发展战略是习近平新时代中国特色社会主义思想的重要内容之一，也是党的十九大报告中提出的构建现代化经济体系的战略之一。在西藏，发展不均衡体现得更加明显。针对发展不充分不均衡这一问题，西藏采取了大量的政策措施，积极处理"十三对关系"，促进城乡区域间均衡协调发展、实施乡村振兴战略等方针政策。

党的十八大以来，西藏积极统筹新型城镇化发展和新农村建设以及小康村建设，按照要素向重点开发区域适度集中，构建"一圈两翼三点两线"的城镇化空间格局。目前初步建立了以拉萨为中心、以其他地市所在城镇为轴、以中心县城为支点、以边境和民族小康城镇为特色的城镇网络，形成了结构合理、层次有序、辐射力强、功能互补的城镇体系。2017年，城镇化率达到30.9%，比2012年提升了8.15个百分点，农村人口转移市民化人口成效显著。此外，还积极推进城乡协调发展，按照"一个中心、六个支撑、一批镇群、若干小镇"的总体布局，发展规划向农牧区覆盖、基础设施向农牧区延伸、公共服务向农牧区拓展，构建产业联动、以城带乡、城乡协调的城乡关系。

表2-4　　　　　　　2012—2017年西藏城镇化率　　　　单位：%

年份	2012	2013	2014	2015	2016	2017
城镇化率	22.75	23.71	25.75	27.74	29.56	30.9

数据来源：《西藏统计年鉴（2018）》。

图2-1为2012—2017年西藏城镇化率的柱状差异图，显示出西藏2012—2017年城镇化率逐步提高。

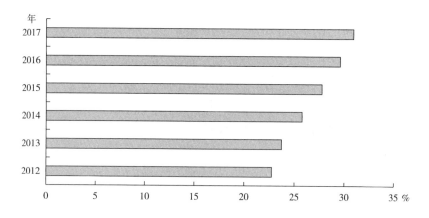

图2-1　西藏2012—2017年城镇化率

（资料来源：《西藏统计年鉴（2018）》）

针对区域发展不充分不均衡的问题，西藏采用协调推进藏中南、藏北、藏西、藏东发展的方式，提出"拉萨—山南"一体化，打造"一小时经济圈"，以藏中南引领带动藏东、藏北、藏西协调发展，在基础建设上实现互联互通，发挥区域联动、辐射带动作用。从 2012 年以来，西藏藏北、藏东、藏西在地区生产总值、固定资产投资、人均收入等方面都不断增加，并且占全区比重值也不断增加。藏西地区生产总值比重由 2012 年的 3.66% 增加到 2017 年的 3.76%，藏东地区生产总值比重由 2012 年的 12.8% 增加到 2017 年的 12.96%。三大经济发展区地区生产总值占全区比重的增加，表明区域协调发展能力不断增强。

二、西藏经济运行特征分析

党的十八大以来，西藏经济发展牢牢把握"稳中求进、稳中求好、补齐短板"的工作总基调，正确处理"十三对关系"，全区经济运行持续平稳、健康。

（一）经济总量持续增加，但人均指标增速呈下降趋势

"十二五"时期，西藏经济总量呈小幅度下降的趋势，"十三五"时期，西藏经济增速保持了两位数的增长。2016 年，西藏地区生产总值达到 1151.41 亿元，增速为 10%，为"十三五"打响了一个好的开头，2017 年，西藏地区生产总值 1310.92 亿元，增速 13.85%。在全国速增放缓的阶段，西藏经济仍保持两位数的增长，这与长期形成的投资拉动经济增长模式紧密相连。但同时也应看到，随着经济总量增速的小幅下降和西藏人数的小幅增长，全区人均生产总值增速有所下降。2016 年，全区人均生产总值为 35184 元，与 2015 年相比增加 3153 元，增速 8.9%，增速下降了 0.4 个百分点；2017 年，全区人均生产总值为 39267 元，与 2016 年相比增加了 4083 元，增速 11.6%，增速增长了 2.7 个百分点，但与 2011 年"十二五"开局之年相比，增速下降了 6.3

个百分点。长期投资拉动西藏经济发展虽具有明显经济成效，但也存在一定弊端，不能带动人均经济效益增长。从长期看，只有深入推行供给侧结构性改革，刺激经济内生动力增长，才能实现西藏经济可持续性发展。

（二）投资拉动作用显著，消费带动经济发展动力仍显不足

随着西藏基础建设力度不断加大，西藏填补了无铁路、无高速公路、无夜航的空白，实现了用水安全、通电通信、人人有房住。2017年，西藏完成社会固定资产投资总额2051.04亿元，比2016年增长23.9%。其中，第一产业完成78.21亿元，比2016年下降19.6%；第二产业完成413.44亿元，比2016年增长40.2%；第三产业完成1559.38亿元，比2016年增长23.4%。由此看出，第二、第三产业固定资产投资增速较大，从而带动第二、第三产业相关行业的增长，拉动了经济总量的增加。从消费方面看，2017年，西藏社会消费零售总额523.32亿元，比2016年增长13.9%，城乡消费、限额以上批发零售额均与2016年相比有所上涨。

从投资和消费两方面分析，投资率逐步减缓，消费率逐渐增加，经济增长以投资拉动转为投资和消费的双驱动。但要看到消费带动经济增长的动力仍显不足。2017年西藏固定资产投资对地区生产总值贡献率为246%，拉动经济增长2.46个百分点，与2016年相比分别下降0.7%和0.007个百分点，消费品零售总额对地区生产总值的贡献率为39.8%，拉动经济增长0.4个百分点，与2016年相比分别下降1.3%和0.013个百分点。虽然下降幅度不明显，但仍能说明西藏经济发展动力不均衡，投资与消费总量存在明显差异，消费带动经济发展动力仍显不足。

（三）产业结构优化调整，特色产业持续发展

2019 年，西藏继续坚持走特色发展之路，围绕特色旅游资源，打响"世界第三极""天上西藏"品牌，发掘绿色净土的独特优势，打造净土健康品牌。围绕民族手工业技术改造和新产品开发，藏族音乐、出版、影视、演艺的开发，打造藏民族文化品牌，确立西藏产品在全国乃至世界独特的形象。2017 年，西藏第一产业增加值 122.8 亿元，增长 4.3%，农业综合生产力稳步提升。农牧业生产基础不断夯实，全力推动青稞增产、牦牛育肥工作，青稞良种推广面积达到 185 万亩，粮食产量突破 100 万吨，建设牦牛短期育肥示范县 7 个，农产品自给率明显提高，农畜产品加工企业总产值达到 36 亿元。第二产业增加值 514.51 亿元，增长 11.9%，全区工业固定资产投资超过 300 亿元，同比增长 40% 以上，其中技改投资同比增长两倍多。设立 110 亿元政府投资基金，加快推进旅游文化、清洁能源、净土健康、天然饮用水、绿色建材、高原生态等特色产业发展。第三产业增加值 673.32 亿元，增长 9.7%。2017 年全区累计接待国内外游客 2561.43 万人次，实现旅游总收入 379.37 亿元，分别同比增长 10.6% 和 14.7%，十多万农牧民吃上了旅游饭，走上了致富路。全区金融机构本外币各项贷款余额 4043.64 亿元，比年初增长 32.6%。第一、第二、第三产业增加值所占比重为 9.4%、39.2%、51.4%，与 2016 年相比，第一产业比重提高了 0.2 个百分点，第二产业提高了 1.7 个百分点，第三产业下降了 1.9 个百分点，产业结构进一步优化。

（四）发展环境良好，脱贫成效显著

党的十八大以来，西藏的社会大局持续和谐稳定，各族群众安全感满意率持续保持在 99% 以上，各民族交流交融交往不断深化，宗教事务和谐发展，社会主义核心价值观深入人心，生态环境持续良好，美丽

西藏建设工作取得显著成效。发展环境的持续向好，促进了西藏经济的不断发展，各类投资主体、市场主体增加。西藏脱贫攻坚战全面打响以来，脱贫成效显著。经过三年来的不断努力，西藏累计实现 55 个贫困县（区）摘帽，4813 个贫困村退出，47.8 万建档立卡贫困人口脱贫，贫困发生率从 25.2% 降至 6% 以下。在党中央、自治区党委政府的大力支持下，扶贫产业得到迅猛发展，以青稞、牦牛、藏猪、藏羊、奶牛、饲草、蔬菜等的生产为依托，大力发展农畜产品加工业等重点产业，拓展产业功能，推进乡村旅游和商贸流通等新产业、新业态，创新产业扶贫机制，强化企业、专合组织与贫困户的利益联结机制。截至 2018 年底，全区累计实施产业扶贫项目 2142 个，完工率达 65.4%，完成投资 214.24 亿元，产业脱贫 19.6 万人。

第三章　西藏资源分布、产业发展及人才培育状况

一、西藏资源分布概况

西藏山川地貌奇特多姿，自然条件千差万别，物产和自然资源十分丰富。结合《西藏年鉴（2016）》《西藏统计年鉴（2018）》、西藏自治区环境质量报告书及西藏自治区自然资源厅的相关介绍，将西藏资源分布概况整理如下。

（一）土地资源

西藏全区面积120.223万平方公里，约占全国总面积的1/8，在全国各省、市、自治区中仅次于新疆。其自然条件复杂多样、区域差异明显，各地土地资源分布不均，大致可分为六个区域：

一是藏东高山峡谷农林牧区，这是西藏土地开发利用历史最悠久的地区之一。二是西藏边境高山深谷林农区，位于西藏自治区南部边境地带。境内山高、谷深、河窄，气候、植被、水、热、土壤等条件优越，森林资源丰富，农产品种类较多，是西藏独特的热带、亚热带经济植物区。三是中南部高山宽谷农业区。该区包括拉萨市、日喀则和山南地区各一部分，人口稠密，经济相对发达，是西藏自治区政治、经济、文化的中心区域，产业结构较齐全，产值比重最大。四是高山湖泊盆地农牧区。位于西藏中南部高山宽谷农业区以南，喜马拉雅山脉主脊线以北，

是一个东西狭长的地区。该区多夜雨，属高原温带半干旱气候区。主要灾害性天气有干旱、霜冻，冬、春季多大风、沙暴等，农作物主要有青稞、小麦、豌豆、油菜等。五是藏北高原湖泊盆地牧区。位于西藏自治区北部，该区地势高旷、地形复杂、气候干旱、草原辽阔，大部分为纯牧区，是西藏最大的牧业区。六是藏北高原未利用区。位于西藏北部，该区高寒、干旱、荒凉，局部草地初步开发为临时性牧场。

2017 年，西藏农用地共 130845.3 万亩，占全区土地总面积的72.56%，其中，耕地面积有 665.9 万亩，人均耕地面积 1.98 亩，高于我国 1.46 亩的平均水平；建设用地 235.8 万亩，占全区土地总面积的0.13%，其中居民点工矿用地 160.05 万亩，占总建设用地的 67.59%；未利用地 49253.72 万亩，占全区土地总面积的 27.31%。

（二）农牧业资源

1. 天然草场资源

西藏是我国天然草场面积最大的省区，有天然草地 12.65 亿亩，约占全区总面积的 70%。其中，可利用天然草地面积 10.6 亿亩，分布于西藏东部地区海拔 4300 米以上和中部、西部 4500 米以上的高原和高山。在这些高度以下，除有限的耕地和林地以外，无论是高山还是河谷，也都以草场为主要利用方式。

西藏拥有的草地类型亦为全国各省、市自治区之首，拥有 17 个草地类型。从热带、亚热带的次生草地到温带地带性草原，直到高寒草原，从湿润的沼泽、沼泽化草甸到干旱的荒漠，各种草地类型丰富多彩，是我国草地资源的缩影。如此众多的草地类型是我国重要的绿色基因库、景观资源和畜牧业基地。

2. 畜产品资源

西藏是全国五大牧区之一，家畜品种不仅资源数量多，而且质量好，在全国占有重要地位。畜牧以牦牛、藏绵羊、藏山羊、黄牛为主，其中牦牛、藏绵羊数量最多。牦牛是高原上特有的畜种，乳肉产量高，兼具乘、驮、运等多种功能，有"高原之舟"之称。藏绵羊饲养经济效益高，饲养数量大、分布广。藏山羊为自治区首要的畜种，兼有牦牛、藏绵羊的适应能力，在不同海拔高度和气候条件下均有分布，多作为搭配的畜种。西藏牦牛、藏绵羊、藏山羊等具有西藏特色的优良牲畜品种在区内外闻名遐迩，为西藏发展绿色产品奠定了优良的资源基础。

2017 年底，西藏全区牲畜总存栏 1756 万头（只），其中大牲畜 627 万头、羊 1087 万只、猪 42 万头。畜产品资源十分丰富，其产品构成如图 3－1 所示。

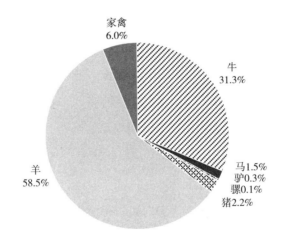

图 3－1　2017 年西藏主要畜产品构成情况

（数据来源：《西藏统计年鉴（2018）》）

3. 农业资源

西藏农业资源丰富、潜力极大，具有低海拔地区所没有的大优势。有青稞、小麦、玉米、油菜、豆类等品种以及约 20 个科、110 余种的蔬菜。西藏农业属于典型的高原农业，农作物分高原和低地农作物两种，高原农作物主要有青稞、荞麦等；低地农作物种类较多，具有区域性特色，如稻谷、玉米。除此之外，西藏还种植多种水果及经济作物，农业结构丰富，如图 3 - 2 所示。

西藏现有粮食作物播种面积约 665.9 万亩。2017 年，粮食总产量 106.5 万吨，比 2016 年增加 2.6 万吨。由于海拔高，太阳辐射强，昼夜温差大，有利于农作物营养物质的积累。西藏农作物品质较好，麦类作物千粒重一般在 45 克以上，小麦亩产千斤，远远高于内地。不少在低海拔地区产量低的作物，反而在西藏能获得高产，如油菜、甜菜和部分水果等。

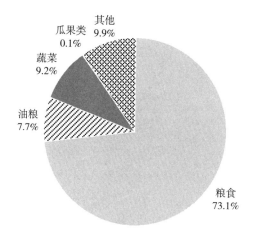

图 3 - 2　2017 年西藏主要农作物播种面积构成

（数据来源：《西藏统计年鉴（2018）》）

（三）生物资源

1. 森林资源

西藏是我国重要的国有林区之一，承担着建设和保护森林生态系统、管理和恢复湿地生态系统、改善和治理荒漠生态系统、维护和发展生物多样性的重要职责。西藏林地几乎拥有北半球从热带到寒温带的各种森林类型，是全球森林生态系统中生物多样性丰富和典型的地区。西藏生态类型和生态系统独特丰富，多数地方处于自然或近自然的状态，是我国目前为数不多的、基本未受人为影响的、面积最大的原始森林带。西藏有林地面积 1783.64 万公顷，占全国的 5.83%，居全国第 5 位。林地面积占西藏国土面积的 14.52%。西藏森林面积 1471.56 万公顷，覆盖率 11.98%，人均森林面积与人均森林蓄积面积都高于国家均等水平，如表 3 - 1 所示。森林中天然林占比 99.23%，其群落结构完整，资源大部分处于自然、原始、顶级群落状况。西藏经济林总面积 0.42 万公顷，占森林面积的 0.03%。其中，乔木经济林 0.27 万公顷，灌木经济林 0.15 万公顷，分别占 63.45% 和 36.55%。经济林在发挥经济效益的同时，也具有一定的木材使用价值和生态效益。

西藏建立森林、湿地、荒漠化、野生动植物等类型自然保护区 61 处，总面积41 万平方公里，占西藏国土面积的33.38%，占全国林业系统自然保护区总面积的33.33%，居全国第 1 位。森林生态系统在空间分布上的差异性和垂直方向的梯度性特征明显，生态类型和生态系统独特而丰富，极为珍贵。

表 3 - 1　　　　　　西藏森林资源与全国森林资源比较

类别	森林面积（hm^2）	森林蓄积（m^3）	人均面积（hm^2）	人均森林蓄积（m^3）	覆盖率（%）
全国	2.08×10^8	151.37×10^8	0.15	10.85	21.63
西藏	1471.56×10^4	22.62×10^8	4.37	671.22	11.98
西藏占全国（%）	7.07	14.94	—	—	—
西藏人均占全国人均的倍数	—	—	29.13	61.86	—

数据来源：《中国环境统计年鉴（2018）》。

2. 植物资源

西藏是中国植物最富集的省区之一，也是中国森林资源和药用植物资源的一大宝库。目前已知的高等植物有 6600 多种，隶属于 270 多科、1510 余属，其中有多种我国独有或西藏独有的植物。西藏植物中几乎包含了北半球从热带到寒带的各种植物物种科属和生态类型，同时还保留了一部分古老的子遗植物种群，是最丰富、最独特的野生植物宝库。目前已知的野生植物有 6897 种，其中，苔藓植物 62 科、蕨类植物 44 科、裸子植物 7 科、被子植物 163 科。在这些野生植物中既有药用植物、树脂树胶类植物、纤维植物和淀粉植物，又有珍稀植物和特有植物。

西藏药用植物有 1000 多种，其中，常用的中草药 400 多种，具有特殊用途的藏药 300 多种，较著名的药材有天麻、贝母、三七、黄连、大黄和鸡血藤等；菌类有 200 多种，其中，虫草、灵芝、茯苓是珍贵的中药材，松茸、猴头、獐子菌是名贵食用菌。西藏珍稀植物很多，被列为国家重点保护的野生植物有 39 种。其中，西藏长叶松、西藏白皮松和喜马拉雅长叶云杉，是喜马拉雅山南坡特有的树种，中国仅在西藏吉隆和札达两县有分布。目前列入自治区重点保护植物有 40 种，且 214 种被列入《濒危野生动植物种国际贸易公约》附录内。

3. 动物资源

西藏动物资源丰富，到目前为止在西藏已发现野生脊椎动物共计 799 种，有昆虫近 3759 种、水生浮游动物 760 多种。其中，125 种为国家重点保护野生动物，占全国重点保护野生动物种类的 1/3 以上。在野生脊椎动物中，野生哺乳动物 145 种，鸟类 492 种（有 22 种西藏特有），爬行类 56 种，两栖类 45 种，鱼类 68 种。有 196 种为西藏特有野生脊椎动物，虎、豹、猴、野牦牛等 123 种野生脊椎动物被列为国家重点保护动物，占全国重点保护动物的 1/3 以上。滇金丝猴、孟加拉虎、云豹等 45 种野脊椎动物是濒危灭绝或西藏特有的珍稀保护动物。陆生无脊椎动物在西藏有 2307 种，其中，中华缺翅虫、墨脱缺翅虫是中国的重点保护动物。西藏的有益昆虫繁多，例如，蜜蜂有 103 种，昆虫中的蝙蝠蛾类有 9 种。由于西藏河流湖泊较多，其水生生物物种同样丰富。根据各种研究资料表明，西藏已发现的浮游动物有 760 多种，其中，原生动物 458 种，昆虫 208 种，鳃足类 56 种。西藏全区大中型野

生动物数量居全国第一位，藏羚羊数量占世界上整个种群数量的 80%
以上，黑颈鹤越冬数量占世界上整个种群数量的 80%，野牦牛数量占
世界上整个种群数量的 78%。

（四）矿产资源

西藏拥有特殊的地质构造，被学界公认地处全球三个重要的成矿带，
具有很好的成矿条件。西藏已经探明的矿种多达 102 种，探明矿产地 185
处，探明储量的矿床达 132 个。其中，铬、铜、铁、硼、黄金不仅是目前
中国短缺的矿产资源，也是今后一个时期此类矿产的重要后备基地。在
已经发现的矿产资源中，西藏有 17 种矿产储量位居全国各省（区、市）
前 9 位。其中，铬铁矿已探明的储量居全国之首；锂的远景储量居世界
前列，是中国锂矿资源的基地之一；铜的远景储量居全国第二位。除此
之外，西藏的金、铅、锌、钼、锑、铁、铂族金属以及石油、天然气等
非金属矿产也都具有广阔的勘查前景。西藏矿产资源的潜在价值在 6000
亿元以上。另外，西藏现有盐湖 2000 多个，面积 6 万平方公里，盐湖中
的矿产资源高达十几种，仅日喀则地区的大扎布盐湖，其潜在开发价值
就高达数千亿元。在有色金属和稀有金属矿中，西藏锂的远景储量居全
国第二位。在非金属矿中，硼的储量大、分布广，已探明的储量在国内
名列第三位。此外，冶金辅助原料菱镁矿，探明的储量居全国第三位；
化学工业需要的重晶石、砷，储量分别居全国第三、第四位；建材工业
上广泛利用的石膏、陶瓷土，储量分别居全国第二、第五位；国防、电
子工业不可缺少的白云母，储量居全国第四位。能源矿产的蕴藏量也有
新的发现，已探明的泥炭储量达 800 多万吨，居全国第四位。

（五）能源资源

1. 太阳能资源

西藏地区位于青藏高原腹地的中心，其空气稀薄、气压低、含氧量

少，平均空气密度为海平面空气密度的 60% ~ 70%，高原空气含氧量比海平面少 35% ~ 40%。但是西藏太阳辐射强烈、日照时间长，特殊的地理位置使其成为世界上太阳能资源最富有的地区之一，有每年太阳日照时间高达为 1600 ~ 3400 小时，275 ~ 330 天日照小时在 6 小时以上的资源优势。同时，西藏地区太阳辐射强度较大，每年的平均辐射总量可达 7000 兆焦/平方米。

由于西藏不同地区不同的地理与气候条件，西藏各地太阳能资源的分布差距大，西藏地区太阳能资源由东向西逐渐增加。西藏地区丰富的太阳能资源按照地理区域进行划分，可分为四个区域：喜马拉雅山西翼—那曲中、东部—昌都是西藏相对太阳能资源较为丰富的地区，这里有着 6250 ~ 7000 兆焦/平方米的年总辐射与 2250 ~ 2900 小时的年日照时数。西藏地区的东南部是太阳能资源比较贫乏的地区，每年有着 5850 ~ 6250 兆焦/平方米的总辐射数与 2000 ~ 2250 小时的年日照时数。太阳能最为贫乏的地区则位于雅鲁藏布江的下游，太阳能年总辐射数在 5850 兆焦/平方米以下，太阳年日照时数小于 2000 小时。

2. 风资源

西藏是全国风能资源较丰富的地区之一。西藏有两大主风带，第一条主风带分布在藏北至阿里地区，与山脉延伸基本一致，这一区域海拔超过 4500 米，地势开阔；第二条主风带在喜马拉雅山脉和冈底斯山脉的山谷地带东段。这两大主风带的年平均风速在 4.0 ~ 4.3 米/秒，推测年风能储量 930 亿千瓦时。受高原高海拔的影响，西藏全区的风速不高，年平均风速不超过 5.0 米/秒；全区风速最小的地点位于昌都芒康，因其地势位于河谷，年平均风速在 2 米/秒左右。除藏东地区风能资源较贫乏外，大部分地区属于风能较丰富区和可利用区域。风能资源最丰富的是藏北地区，年平均有效风能密度为 200 瓦/平方米左右；其次为喜马拉雅山脉地区，年平均有效风能密度为 140 瓦/平方米左右。

（六）水资源

西藏是我国乃至南亚、东南亚地区的江河源和生态源。亚洲的著名河流如长江、黄河、布拉马普特拉河、恒河、湄公河、萨尔温江、印度河、伊洛瓦底江等，都源于或流经西藏，有"亚洲水塔"之称。西藏共有流域面积 50 平方千米及以上河流 6418 条，总长度 17.73 万千米；常年水面面积 1 平方千米及以上湖泊 816 个，水面总面积 2.89 万平方千米（不含跨国界湖泊境外面积）。同时，西藏还有大量的冰川，其面积和储量分别占到了全国的 48.2% 和 53.6%，冰川水资源总量约 3000 亿立方米。全区多年平均地表水资源量达到 4394 亿立方米，约占全国地表水资源量的 17%，人均拥有水资源量、水资源总量、亩均占有量均居全国各省自治区、直辖市之首。

另外，西藏由于区域高差大、江河落差大、水流湍急，水能资源十分丰富。水能资源理论蕴藏量达 2.01 亿千瓦，技术可开发量 1.15 亿千瓦，占全国的 20.3%，是全国乃至世界上少有的水能资源"富矿"。水能资源绝大部分集中于藏东南地区。雅鲁藏布江水能蕴藏量相当丰富，干流与五大支流的天然水能蕴藏量近 1 亿千瓦，仅次于长江流域，居中国第二位。

（七）旅游文化资源

西藏独特的高原地理环境和历史文化，催生了数量众多、类型丰富、品质优异、典型性强、保存原始的旅游资源。全国 165 个旅游资源基本类型中，西藏有 110 个，占到了类型总量的 2/3，在全国旅游资源系统中处于不可替代的重要地位。

西藏共有各级各类风景名胜资源点 1424 处，优良以上资源点 99 处，可供旅游者游览的景点 300 多处。其中，已开发中 A 级景区 116 处，包括国家 5A 级景区 4 处、国家 4A 级 12 处、3A 级 54 处、2A 级 32

处、1A 级 14 处。由于地形、自然条件和文化等多方面不同，西藏各地市旅游资源也存在不同程度差异。以特色的宗教文化为主的人文旅游资源占比较多，近年西藏政府工作报告中对于西藏旅游业的发展规划也篇幅增多，政府重视之下旅游产业得以飞速发展，无论是景点开发抑或相关服务设施升级。表 3 - 2 为搜集整理得到的西藏旅游资源概况汇总。

表 3 - 2　　　　　　　　　西藏旅游资源概况

旅游景区		景点名称
A 级景区 116 处	5A 级景区 4 处	布达拉宫、大昭寺、扎什伦布寺、巴松措
	4A 级景区 12 处	珠穆朗玛国家公园、哲蚌寺、牦牛博物馆等
	3A 级景区 54 处	娘热民俗风情园、秀色才纳、兵器博物馆等
	2A 级景区 32 处	思金拉措湖、仓姑寺、伊日峡谷景区等
	1A 级景区 14 处	卓玛拉康、孜东曲德寺、热龙寺等
世界文化遗产 1 处		布达拉宫—大昭寺—罗布林卡
国家地质公园 3 处		易贡、札达土林、羊八井
国家级风景名胜区 4 处		纳木错念青唐古拉山、雅砻河、唐古拉山怒江源、土林古格
国家森林公园 9 个		巴松措、班公湖、热振、尼木、比日神山等
中国优秀旅游城市 1 座		拉萨市
国家历史文化名城 3 座		拉萨、日喀则、江孜
历史文化名镇 2 处		山南地区昌珠镇、日喀则市萨迦镇

资料来源：《西藏年鉴（2016）》。

根据西藏自治区"十三五"旅游业发展规划，结合西藏当前旅游业发展实际和未来五年发展趋势，构建了西藏未来的旅游空间布局为：一心（以拉萨为中心）、两区（林芝国际生态旅游区、冈底斯国际旅游合作区）、三廊（茶马古道、唐竺古道、西昆仑廊道）、四环（东、西、南、北四条精品环线）、五圈（珠峰生态文化旅游圈、雅砻文化旅游圈、康巴文化旅游圈、羌塘草原文化旅游圈、象雄文化旅游圈），加快由景点旅游发展模式向全域旅游发展模式转变。西藏旅游产品目前除了传统形式下的休闲度假旅游方式之外，更多的特色旅游方式，如以高原风光生态游和民俗风情生态游为主的生态观光旅游产品、探险类的专项旅游产品、徒步旅游、科考旅游以及冬季旅游等逐渐受到关注。

二、西藏主要产业发展状况

2018 年，在习近平总书记和党中央、国务院的亲切关怀下，自治区党委、政府团结带领全区各族干部群众，坚持以习近平新时代中国特色社会主义思想为指导，全面贯彻党的十九大和十九届二中、三中全会以及中央第六次西藏工作座谈会精神，认真贯彻习近平总书记关于治边稳藏的重要论述和一系列重要指示批示精神，按照自治区第九次党代会和全区经济工作会议决策部署，贯彻新发展理念，坚持以人民为中心的发展思想，坚持稳中求进、进中求好、补齐短板的工作总基调，以供给侧结构性改革为主线，以处理好"十三对关系"为根本方法，全力打好"三大攻坚战"，着力推进"十大工程"，聚力发展"七大产业"，坚持推动高质量发展，认真落实稳增长、促改革、调结构、惠民生、防风险等各项措施，经济结构进一步优化，发展活力不断增强，人民生活持续改善。

（一）高原生物产业稳健起步

西藏独具特色的藏医药产业已有 2000 多年的历史。"九五"期间，西藏藏医药业开始将传统优势与现代科技、生产工艺结合起来，逐步走出西藏、走向全国、走向世界，年产值已逾 3 亿元。此后，西藏坚持改善条件和内涵建设并重、突出藏医药特色与完善服务功能并举，加强藏医药人才培养，全面促进藏医药产业的快速发展。大力推进藏药企业向规模化、集团化方向发展，通过引进现代标准加快传统藏药的剂型改良，广泛采用生物工程等高新技术，实现了藏红花等传统藏药材的人工繁育栽培，建立了全国最大的藏药材基地等，形成了全国藏医药研究开发生产中心。同时，积极推动藏医药"申遗""藏医药浴法"列入联合国教科文组织人类非物质文化遗产代表作名录等项目的进展。

西藏野生动植物资源种类丰富，西藏将进一步发挥生物多样性的优势，大力发展高原食用菌、红景天、人参果等具有高原特色的绿色食品加工业；充分利用西藏饮用水资源蕴藏量大、微量元素丰富的优势，大力发展矿泉水、啤酒、植物保健品，建成国家级绿色饮料生产基地；逐步建立藏东野生菌类开发基地、藏东野生生物食品生产基地和藏北野生生物食品开发基地，建立绿色食品生物资源种子库，并形成一定的加工能力和品牌效应。

截至 2018 年底，西藏农作物种植面积 268.53 千公顷。其中：青稞面积 139.58 千公顷，比上年增加 5.56 千公顷；小麦面积 31.73 千公顷，减少 7.62 千公顷；油菜籽面积 22.43 千公顷，增加 0.44 千公顷；蔬菜面积 24 千公顷，增加 0.73 千公顷。实现粮食总产量 104.40 万吨，其中：青稞 77.72 万吨，增长 2.2%；油菜籽 5.82 万吨，下降 1.6%；蔬菜 72.57 万吨，下降 0.5%。牲畜存栏总数 1726.46 万头（只、匹），其中：牛 606.73 万头，增加 14.11 万头；羊 1046.07 万只，减少 59.18 万只。猪牛羊肉产量达 27.80 万吨；奶类产量 40.87 万吨。累计认证"三品一标"农产品 208 个，新增了 43 个。

（二）绿色工业健康发展

西藏矿产资源丰富，截至 2009 年已探明的矿产资源潜在价值达 6500 多亿元，矿业开发总产值占全区国内生产总值的 4%。从"十五"期间开始，西藏有重点地发展矿业，加强地质勘查，重点开发有市场需求的铬、铜、黄金、铅、锌、硼、锂等矿产资源，对玉龙铜矿、扎布耶湖资源等重大开发项目，运用市场机制，吸引国内外资金、技术入股，合作开发，提高矿产资源开发的附加值。"十三五"期间西藏将抓住西部大开发机遇，按照培育强势企业、规范市场行为、提高建筑建材质量的总体要求，实现了建筑建材业的快速发展，建筑建材业日益成为西藏重要的支柱产业。

截至 2018 年，西藏全部工业实现增加值 114.51 亿元。在规模以上工业中，从经济类型看，国有控股企业增长 21.7%，股份制企业增长 13.1%，外商及港澳台商投资企业下降 23.7%。规模以上工业企业实现利润总额 17.41 亿元，其中，国有控股企业利润总额亏损 0.04 亿元，股份制企业实现利润 14.76 亿元，外商及港澳台企业实现利润 3.01 亿元。规模以上工业企业产品销售率 101.5%。规模以上工业企业完成水泥产量 913.03 万吨；发电量 60.84 亿千瓦时，其中：水力、太阳能、地热等清洁能源占比达 96.3%；啤酒 13.34 万吨；中成药（藏医药）2350 吨；自来水 13597 万吨；包装饮用水 61.74 万吨；铬矿石 6.59 万吨。

（三）清洁能源产业壮大发展

近年来，在国家的大力支持下西藏各项用电指标显著改善，能源消费结构不断优化，其中清洁能源消费比重不断上升。西藏作为国家"西电东送"接续基地和清洁能源基地，水能资源理论蕴藏量为 2 亿千瓦，约占全国的 30%，居全国首位，也是世界上太阳能、风能最丰富的地区之一。西藏不断推动能源产业发展，综合能源体系建设进入"快车道"，以水电、光伏为主的清洁能源产业初具规模，全区电力装机达到 309 万千瓦，其中水电装机 176.9 万千瓦，太阳能光伏电站装机 87.39 万千瓦。2014 年历史性实现电力供需平衡，2015 年首次实现清洁电量外送。藏中和昌都电网联网工程、阿里电网与藏中电网联网工程有序推进，2015 年以来累计外送电力 21.8 亿千瓦。与此同时，清洁能源的开发与利用也惠及更多的高原百姓。以地热资源为例，西藏是我国地热活动最强烈的地区，地热蕴藏量居我国首位，各种地热显示几乎遍及全区，有 700 多处，其中可供开发的地热显示区 342 处，地热资源发电潜力超过 100 万千瓦。西藏各地蕴藏丰富的地热发电潜力，总发电潜力 40 多万千瓦。此外，加快推进电源点建设，截至 2018 年，羊易地热发电项目（一期）建成投产，措美风电工程开工建设。积极拓展电力外送通道和消纳市场，跨省（区）电力交易迈出坚实步伐，先后与山西、河北、重庆、山东等 12 个省（市）签署藏电外送协议。

（四）特色旅游文化产业全域发展

西藏拥有举世无双的自然景观和人文资源，旅游业是全区发展最快、潜力最大的特色产业。近年来西藏围绕建成国际精品旅游胜地的目标，采取了一系列的举措：实现与欧、美、日、尼泊尔等国家、港澳台地区及国内其他主要旅游城市的旅游联网，形成观光、探险、休闲、度假齐全的大旅游产业体系；建成以拉萨为中心、连接 6 个地区、5 个周边省区和尼泊尔的旅游线路；坚持把旅游产业作为经济社会发展的先导产业，推动旅游与特色文化深度融合，促进旅游文化创意产业集聚发展；落实降低重点国有景区门票价格政策，研究出台涵盖 A 级景区、星级酒店、航空等领域的系列优惠措施；借助藏博会、国际旅游交易会等活动，集中开展"冬游西藏"等旅游产品宣传推广等。

截至 2018 年底，全年接待国内外旅游者 3368.73 万人次。其中：接待国内旅游者 3368.73 万人次；接待入境旅游者 47.62 万人次。旅游总收入 490.14 亿元；旅游外汇收入 2.47 亿美元。旅游文化产业实现增加值 177.4 亿元。西藏 2013—2018 年旅游情况对比如图 3 - 3 所示。

（五）现代服务业蓬勃发展

近年来，西藏的现代服务业发展迅速，全区旅游业、信息传输、批发零售、信息咨询服务等行业保持了一定的增速。西藏研究制定了加快发展健身休闲产业的实施意见和进一步扩大旅游文化体育健康养老教育

图 3-3　西藏 2013—2018 年旅游情况对比

（数据来源：《西藏统计年鉴（2018）》与《西藏自治区国民经济和社会发展统计公报（2018）》）

培训等领域消费的实施方案，提升了服务品质，增加了服务供给，不断释放潜在消费需求。西藏成功举办了自治区第十二届全运会暨第四届民族传统体育运动会、首届环喜马拉雅自行车极限赛、拉萨半程马拉松等重大赛事。金融业对与小微企业、民营企业相关的涉农金融精准扶贫、基础设施建设等重点领域和薄弱环节的服务力度不断加大，信贷投向重点突出，涉农贷款余额 1429.4 亿元。

（六）高新数字产业创新发展

截至 2018 年底，西藏高新技术企业数量增长 55%，组织完成 75 家科技型中小企业入库工作，增长 1.4 倍。信息化投资达 54 亿元，信息消费规模近 60 亿元。12 家企业被列为国家级"两化融合"管理体系贯彻试点企业，其中 3 家企业通过国家级认证。截至 2018 年底，西藏气象系统共有 260 个自动气象站，其中，有人值守气象站 39 个，无人值守气象站 221 个；天气雷达站 8 个，其中，多普勒雷达站 7 个，数字化雷达站 1 个。

（七）边贸物流产业稳步发展

积极推进吉隆边境经济合作区和拉萨综合保税区申建工作，大力发展电商物流。截至 2018 年底，全区 27 个县为国家电子商务进农村综合示范县，建成 11 个电子商务公共服务中心、10 个电商物流配送中心、77 个乡级服务站、218 个村级服务点，实现农牧区特色产品网络销售额 7065 万元。积极有效落实与京东集团、顺丰集团签订的"互联网＋物流"全面战略合作框架协议。全区进出口总额累计实现 48 亿元。

西藏 2013—2018 年对外贸易总额对比如图 3-4 所示。2018 年西藏全年进出口总额 47.52 亿元，其中，出口总额 28.57 亿元，进口总额 18.95 亿元。在进出口贸易中，边境小额贸易 24.12 亿元，占 50.8%，其中，出口总额 23.85 亿元，进口总额 0.27 亿元。2018 年西藏自治区与 80 个国家和地区开展了双边贸易，尼泊尔联邦民主共和国为最主要的贸易伙伴，与其贸易总额达到 24.98 亿元，占进出口总额的 52.6%。除尼泊尔外，与西藏自治区外贸交易总量居前三位的是法国、美国和中国香港，贸易额分别为 11.70 亿元、2.98 亿元和 1.14 亿元。[①]

西藏自治区 2019 年政府工作报告指出，"七大产业"支撑作用日益显现。高原生物产业，粮食产量稳定在百万吨以上，达到 104.9 万吨，其中青稞产量达到 81.4 万吨，提前两年完成"十三五"规划目标；农畜产品加工业总产值增长 15%。旅游文化产业，"冬游西藏"成效显著，全年接待游客 3368.7 万人次，增长 31.5%；实现旅游收入 490 亿元，增长 29.2%；建成文化产业示范基地（园区）234 家，文化产业产值达 46 亿元。清洁能源产业，预计电力总装机容量达 333 万千瓦，与 14 个省市签署藏电外送协议，全年外送电量 8.7 亿千瓦时。绿

[①] 西藏自治区人民政府. 西藏自治区 2018 年国民经济和社会发展计划执行情况与 2019 年国民经济和社会发展计划草案报告 [N]. 西藏日报, 2019-01-28.

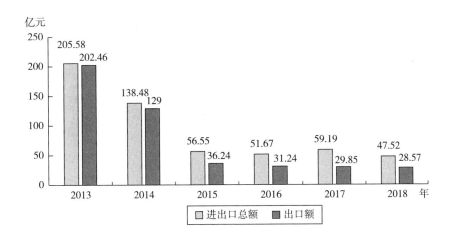

图 3 - 4　西藏 2013 年至 2018 年对外贸易总额对比

（数据来源：《西藏统计年鉴（2018）》与《西藏自治区国民经济和社会发展统计公报（2018）》）

色工业，预计全年规模以上工业增加值增长 14%；天然饮用水等绿色产品加工业增加值 53 亿元，增长 14.3%。现代服务业，信贷及社会融资规模保持合理增长，本外币各项贷款余额达到 4555.7 亿元，增长 12.7%；农牧区实现网络零售 7065 万元。高新数字产业，27 个县被确定为国家电子商务进农村综合示范县；全社会信息化建设直接投资完成 54 亿元，数字行业实现增加值 20.2 亿元，增长 25.1%；电商达 3 万多家。边贸物流产业，全年进出口贸易额实现 48 亿元，边民互市贸易额增长 1.8 倍。

2018 年，西藏发展新动能逐步增强，创业创新活力迸发。对口援藏合作不断强化，实施援藏项目 707 个，完成投资 44 亿元。"央企助力西藏脱贫攻坚"活动签约项目 15 个，资金 73.8 亿元，全国工商联系统签约招商引资和精准扶贫项目 40 个，涉及 180 多亿元。全面落实减税降费各项政策措施，全年减免税 219.1 亿元，自治区级行政事业性收费项目实现清零。此外还推进了电价改革，一般工商业电价降低 11.8%；设立了民营战略新兴产业贫困基金。西藏现有各类市场经营主体达到

27.5 万户，第二、第三产业从业人数 165 万人以上。实施招商引资项目 1450 个，累计到位资金 630.8 亿元。民间投资增长 20% 左右，实现了近年来第一次高增长。西藏自治区科技研发投入 3.7 亿元，增长 8.8%，高新技术企业增长 55%，科技型中小企业增长 142%。重视人才第一资源的作用，完善人才的培养、使用、激励政策机制；建成众创空间、科技企业孵化器、大学生创新创业基地等载体共 74 家，吸纳创新团队和初创企业 1338 家，吸纳高校毕业生 2100 余人。

三、西藏人才培育状况

当今世界的综合国力竞争，归根到底是人才特别是高素质创新型人才的竞争。随着新知识、新技术、新工艺、新材料、新模式雨后春笋般地迅猛发展，特别是信息技术、生物技术的突破，正在从根本上改变人们的思维方式、生产方式和生活方式。科学技术真正变为"第一生产力"，人才资源成为"第一资源"，并转化为人力资本。党的十九大报告明确提出："建设教育强国是中华民族伟大复兴的基础工程，必须把教育事业放在优先位置，加快教育现代化，办好人民满意的教育。"教育决定着人类的今天，也决定着人类的未来。

习近平总书记指出，改变藏区面貌，根本要靠教育。党的十八大以来，在以习近平同志为核心的党中央的特殊关怀下，西藏教育系统紧紧抓住中央特殊关心、全国无私支援这一特殊优势，认真贯彻落实中央第六次西藏工作座谈会精神，认真贯彻落实习近平总书记"治国必治边、治边先稳藏"的重要战略思想，特别是关于教育工作的一系列重要指示精神，始终将党的领导贯穿教育工作全过程，始终把教育作为第一民生，切实落实教育优先发展战略和教育强区战略，奋力推动教育事业迈上新的台阶。300 多万各族群众享有更优质更公平的教育梦正逐步成为现实，教育保障经济社会发展的基础更加牢固，为藏区长足发展和长治久安提供了有力支撑。

改革开放 40 年来，在党中央、国务院的亲切关怀和区党委、政府的坚强领导下，西藏教育乘风而起、顺势而为，教育改革向着民生关切的热点、难点问题持续发力，一幅学有所教、人人出彩的"教育画卷"灿然展开：2000 年，顺利攻克"两有八零"；2011 年，西藏全面完成"两基"攻坚任务；2012 年，全面启动义务教育均衡发展，教育从追求"基本供给公平"走向"优质均衡"……一项项优异成绩的背后，彰显了党中央对西藏各族人民群众的特殊关心关怀和社会主义制度的优越性；一栋栋新建或正在建设的校园，蕴含着区党委、政府始终把教育放在优先发展的战略地位，把教育作为第一民生工程坚守与努力；一声声琅琅的读书声，诠释着雪域高原教书育人的付出与收获。

（一）坚持党的领导，落实立德树人的根本任务

"才为德之资，德为才之帅"。40 年来，全区教育系统全面贯彻党的教育方针，坚持教育为人民服务、为中国共产党治国理政服务、为巩固和发展中国特色社会主义制度服务、为改革开放和社会主义现代化建设服务，着力解决"培养什么人、怎样培养人、为谁培养人"这一根本问题，培养德智体美劳全面发展的社会主义建设者和接班人。

党的领导是根本保证。全区教育系统始终坚持党对教育工作的全面领导，坚持教育系统"八五三四"党建工作模式，构建"大思政"工作体系，不断完善德育工作机制，真正做到每位老师都是德育教师，每门课程都是德育课程，每个学生都成长为社会主义建设者和接班人。截至 2017 年底，全区教育系统有党组织 1970 个，党员 3.5 万名。中小学在职教职工党员比例 49%，高校教职工党员比例 68.3%，大学生党员比例 13.4%，少数民族学生党员比例 48.9%。

思想政治工作从根本上说是做人的工作，必须眼中有"人"。改革开放以来，尤其是党的十八大以来，西藏坚持把政治合格作为育人的首要标准，大力实施"灵魂塑造工程"，坚持用马克思主义中国化最新理

论成果武装师生头脑，把社会主义核心价值观融入教育教学全过程，坚持不懈开展爱国主义、民族团结和反分裂斗争教育，突出加强马克思主义"五观""两论"教育、新旧西藏对比教育和感党恩教育，帮助学生"扣好人生第一粒扣子"。保障思想政治工作专项经费，从 2010 年起西藏设置思想政治教育工作专项经费，高校年生均 300 元，中小学年生均50 元。

知之愈深、信之愈笃、行之愈实。一次又一次浸润洗礼，一个又一个理解和提升，随着西藏德育和思想政治工作的深入推进，全区各族师生"四个意识""四个自信""五个认同""三个离不开"进一步增强。

（二）加大教育资金投入，"有学上"到"上好学"的梦想变为现实

昌都市实验小学，是国家在西藏创办的第一所现代学校，标志着西藏现代教育的起步。建校之初，学校只有 3 个教学班、10 多名老师和60 多名学生，几排简陋的平房就是教室，占地面积几百平方米。而现在，学校每个班都有电子白板，还有网络直播教室和多媒体阅览室等，建起了智慧化校园管理平台，在线阅卷和电子教案设计系统等，教育信息化建设走在全市前列。昌都市实验小学的变化，是改革开放 40 年西藏教育事业长足发展的一个缩影。

40 年间，西藏通过财政投入、教育援藏等途径，不断加大经费投入力度，强化教学楼、学生宿舍、运动场馆等基础设施建设，为全区学生的健康成长提供了较好的物质保障。据统计，40 年间西藏教育投入保障力度不断加大，尤其是党的十八大以来，财政对教育的总投入超过 1234 亿元，创历史之最，极大地推动了西藏教育向现代化迈进的步伐。得益于教育投入的不断加大，40 年间西藏走上了教育协调发展、快速发展、科学发展的道路。一组数字印证了西藏教育的发展：1978 年全区有幼儿园 412 所、小学 6212 所（含教学点）、初中 40 所、

高中 12 所、普通高等学校 4 所。截至 2017 年底，全区共有各级各类学校 2200 所，其中，幼儿园 1239 所（不含附设幼儿班 206 个）、小学 806 所、中学 132 所、中等职业学校 11 所、普通高等学校 7 所、特殊学校 5 所。

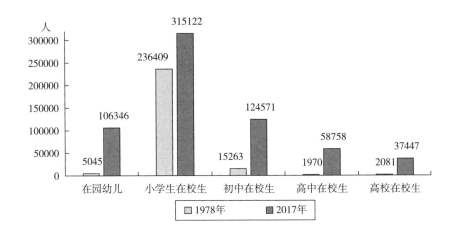

图 3 - 5　西藏 1978—2017 年在校学生对比

（数据来源：《西藏统计年鉴（2018）》）

1978 年，小学适龄儿童入学率 66.6%，初中毛入学率 6.5%，高中毛入学率 5.3%。截至 2017 年底，小学净入学率 99.5%，初中、高中、高等教育毛入学率分别达到 99.3%、80.3%、34.4%。西藏 1978—2017 年在校学生人数对比如图 3 - 5 所示。

（三）教育发展从弱到强，建立起了比较完整的现代教育体系

教育是现代文明的基石，是一个民族最根本的事业。一个国家、一个地区综合实力的强弱，经济发展的快慢，在很大程度上取决于劳动者素质的高低和各类人才的数量、质量，取决于科技进步和知识创新的水平，归根到底取决于教育。改革开放为教育发展注入了强大生机和活力，西藏教育发展迎来了新的春天。1980 年 3 月，全区教育工作会议

提出了"以藏族为主，以中小学为主，以公办为主，以助学金为主"的办学方针。20 世纪 90 年代，自治区全面落实教育优先发展战略，提出了"两有八零，三六九"的发展目标，开始分阶段有步骤地推行九年义务教育。

进入新世纪，西藏教育又实现了新的跨越，2001 年 6 月，中央第四次西藏工作座谈会召开，将教育列入对口支援范围。2010 年，中央第五次西藏工作座谈会研究了"援藏先援教，发展先育人"的援藏工作思路。2011 年，西藏提出了"优先发展，育人为本，改革创新，促进公平，提高质量，求真务实"的教育方针。

教育改革发展进入新的历史阶段。改革开放 40 年，西藏形成了涵盖学前教育、基础教育、职业教育、高等教育、继续教育、特殊教育的现代教育体系，走出了一条具有中国特色、西藏特点的教育发展路子。一是西藏的基础教育蓬勃发展，目前全区所有县区全面完成九年义务教育普及，实现了从学前到高中阶段 15 年公费教育，62 个县义务教育均衡发展通过国家评估认定。西藏基础教育正稳健、阔步地走在"全面提高教育质量"的奋斗路上。二是西藏职业教育快速发展，建立了以中职为基础、高职为重点，学历教育和职业培训并举的现代职业教育体系，近五年来，已累计为全区培养输送技术技能型人才 5 万余人。三是西藏特殊教育体系基本形成，发展特殊教育是推进教育公平、实现教育现代化的重要内容。自 2000 年拉萨成立西藏第一所特殊教育学校后，山南、日喀则、昌都、那曲也先后建立了特殊教育学校。四是西藏高等教育内涵式发展，围绕高原科学与技术和民族优秀文化两大学科群，按照"优势、特色、急需"三个层次，不断加强学科专业建设，积极调整优化学科专业结构，服务经济社会发展能力进一步增强。西藏大学进入部区合建高校行列，生态学成为世界一流建设学科。西藏民族学院更名为西藏民族大学，西藏藏医学院更名为西藏藏医药大学并成为博士授权单位。建立了高校联盟协作机制，优质教育资源共享工作进一步推进。"2011 协同创新中心"蓬勃发展，产生了一批标志性重大成果。高校空间布局不断优化，西藏大学、西藏民族大学、西藏藏医药大学、拉萨师范高等专科学校新校区建设稳步推进，高等教育服务经济社会发展的能力和水平不断提高。

（四）加强师资队伍建设，用优秀的人培养更优秀的人

教育大计，教师为本。没有一支素质高、责任心强的教师队伍，教育的发展就只能是一句空话。40 年来，自治区党委、政府贯彻落实党中央、国务院决策部署，将教师队伍建设作为教育工作的重中之重，实施"强师德、补数量、提质量、重管理、保待遇"五大工程，教师职业吸引力显著增强。广大教师长期从教、终身从教的积极性显著提升，教师数量、结构、能力等都发生了实质性变化。2017 年底，全区教职工数由 1978 年的 13624 人增加到 59916 人，增长 3.4 倍；在职专任教师数由 1978 年的 11647 人增加到 44130 人，增长 2.8 倍。教师队伍总量稳步增长，为保障西藏各族人民群众获得公平有质量的教育打下了坚实基础。教师培养补充机制不断完善。按照"常规培养＋专项计划"的思路，加大师范生培养数量。通过公开招录、免费师范生和定向生就业、人才引进、聘用、支教等方式拓宽教师补充渠道，教师数量持续规模增长，"十二五"以来共补充各级各类学校教师 1.6 万余人，全区教师总量不足和结构性短缺问题得到有效缓解。

实施乡村教师支持计划，按照海拔高度和艰苦程度，实施差别化乡村教师生活补助制度，并逐年提高补助标准，目前已提高到月人均 832 元，惠及 1.7 万名乡村教师。将教师周转宿舍建设纳入自治区各级住房保障体系，投入资金 8.5 亿元，建设高寒偏远艰苦地区教师宿舍 6600 余套。加快"教工之家"建设力度，覆盖面达到 80% 以上。自治区每三年开展一次教师大表彰活动，对乡村从教满 20 年、25 年教师分别给予一定表彰。一系列举措，让乡村学校教师工作生活条件进一步改善，

一支政治和师德过硬、素质优良、甘于奉献、扎根乡村的教师队伍正在形成。

深化中小学教师职称制度改革，将幼儿园教师纳入中小学职称评审范围，设置了从学前教育到高中教育的评价体系，更加注重思想政治、师德、实绩和实践经历，并向农牧区和高寒边远地区教师倾斜。将学校职称评审权下放至各高等院校，由高校自主评价，按岗聘用。提高了中小学校初、中级教师职称比例，进一步拓宽中小学教师职业发展通道，有效调动了广大中小学教师投身教育改革发展的积极性。

（五）完善教育资助体系，绝不让一个学子因贫困失学

党中央、国务院和区党委、政府高度重视家庭经济困难学生就学问题，建立健全国家学生资助政策体系，保障所有家庭经济困难学生都有平等接受教育的机会，努力促进教育公平。

2011 年，西藏在全国范围内率先实现了学前至高中阶段教育（含中职教育）15 年公费教育政策全覆盖，其间免除学费、住宿费、杂费、教科书费、幼儿保教费、交通费等，并对各学段民办学校也实施了免费教育定额补助政策。同年，西藏还将义务教育"三包"（包吃、包住、包基本学习费用）及助学金政策扩大到学前和高中阶段教育所有农牧民子女和城镇困难家庭子女，实施了学前教育阶段农牧民子女补助政策、中小学农牧民子女"三包"政策和学前、中小学城镇困难家庭子女助学金制度，政策覆盖面达政策对象的 100%，并按照不同地区、不同海拔高度分类区调整和逐年提高政策标准，至 2018 年秋季学期"三包"标准已连续 18 次提高，达到年生均 3720 元。

两个"十五年"全覆盖，有效调动了农牧民群众送子女上学的积极性，让更多学子有了通过教育改变人生命运的机会。为解决贫困家庭子女上大学的问题，在高等教育阶段建立以"奖、贷、勤、助、补、免"六位一体的家庭经济困难学生资助体系。其中，解决学费、住宿

费问题以国家助学贷款为主，以国家励志奖学金为辅；解决生活费问题，以国家助学金为主，以勤工助学为辅；"建档立卡大学生"免费教育补助政策从全方位给予资助，政策覆盖所有建档立卡贫困家庭子女和农村低保家庭子女，免除项目包括学费、住宿费、书本费，并补助生活费；师范及农牧林水地矿类相关专业免费教育补助政策针对相关专业类学生，可以获得每年 6600 元（含学费、住宿费和生活补助）免费教育补助资金。如果毕业后到西藏基层就业、到区内外企业就业及愿意自主创业，只要就业或创业满三年即可获得在校期间缴纳的学费或国家助学贷款补偿或代偿。

通过政府资助让每一个家庭经济困难学生都能成为有用之才，是有效阻断贫困代际传递的重要途径。40 年间，西藏先后出台实施了覆盖学前至研究生教育的学生资助政策体系，目前各类资助政策和项目已达40 项，2017 年教育资助资金达到 32.19 亿元、受益学生达到 170.19 万人次，实现了"应助即助"。

（六）教育援藏，一份来自全国人民的深情厚谊

2016 年，组团式教育人才援藏工作正式启动，由 17 个省市和 30 所教育部直属高校附属中小学选派 800 名教育人才组成 20 个团队进藏对口支教。同时，每年从西藏选派往内地接受跟岗学习、挂职锻炼和集中培训的教师及干部增至 400 人。

截至 2017 年底，全国 17 个省市在基础设施建设、人才队伍建设、教育教学质量等方面对口支援西藏 7 个地市，实现全区 74 个县全覆盖，落实援助资金 12.74 亿元，援建校舍 48.57 万平方米，赠送图书资料 49万册，援建实验室 50 个，派进援藏人才 5400 人次，涵盖了学前教育到高等教育各个阶段。两年来，共选派 1276 名教育管理干部和专任教师进藏支教，选派三批共 1179 名教育管理干部和骨干教师赴内地跟岗学习，培训教师和管理干部 8300 人次，全区 4.39 万名学生直接受益。截

至 2018 年底，西藏已建立起了高等教育团队式、职业教育对口帮扶、基础教育组团式、教育部直属单位对口援助的全方位、多层次、全覆盖的教育支援体系。

早在 1985 年，党中央就举全国之力支援西藏教育事业发展。1984 年，中央作出"在内地为西藏办学培养人才"的重大战略决策，1985 年开始在内地 16 个省市开办西藏班（校）。2010 年起，国家决定在 12 个省市 48 所中职学校举办内地西藏中职班。到 2017 年底，有 20 个省市、75 所学校举办内地西藏班，在校学生 16436 人；12 个省市、33 所学校举办内地西藏中职班，在校学生 3430 人。内地办学 33 年来，为西藏培养输送了中专以上各类人才 5.6 万名。内地办学已成为西藏教育的重要组成部分、培养优秀人才的重要基地。送子女上内地西藏班（校）、共享内地优质教育资源、接受更好教育，已是西藏各族群众的强烈愿望。

近年来西藏教育规模和质量均取得了显著成绩，为西藏培育了大量高素质人才，在促进西藏长足发展和长治久安进程中，发挥了基础性、先导性、全局性作用。接下来，要牢固树立"人才资源是第一资源"的理念，下大力气培养造就一支能够站在科技前沿、勇于开拓创新的高素质人才队伍，为西藏现代化经济体系的加快建立提供强大的智慧源泉和人才支持。

第四章 构建西藏高高原现代化经济体系的意义

在党中央和其他兄弟省份的殷切关怀和西藏人民自力更生、艰苦奋斗下，西藏用了短短几十年时间实现了人类跨越上千年的成就。1959年西藏实现了从腐朽黑暗的封建农奴制度向富裕文明的社会主义制度的伟大历史跨越，通过六十年的发展，西藏在社会、经济、文化、教育、医疗卫生、城镇建设上都取得了令世人瞩目的成就，人民生活水平显著提高、人民生活幸福指数位居全国前列。但西藏在发展过程中出现的地区发展不平衡问题也日益显著，尤其是在进入社会主义新时代后，西藏在经济发展上有了新的进步、新的要求，必须要有与之发展相适应的经济体系来解决西藏经济发展不平衡不充分的问题。构建西藏高高原现代化经济体系，加强西藏各地区之间的整体性、协同性、联动性，优化地区间发展格局，推动西藏经济的协调发展，有利于西藏全面建成小康社会，有利于西藏高质量经济发展和有利于西藏快速实现现代化。

一、构建西藏高高原现代化经济体系是西藏全面建成小康社会的关键

以习近平同志为核心的党中央在 2017 年 12 月中央经济工作会议上，根据国内、国外环境的变化，特别是依据我国发展阶段变化和发展条件作出了我国进入新时代的重大判断。我国的经济发展也进入了新时代，进而西藏的发展也迎来了新时代。在我国全面建设现代化经济体系

的大背景下，西藏要积极构建具有西藏特色的高高原现代化经济体系。高高原是指海拔高度在 2438 米或 8000 英尺及以上的地区。由于海拔、气候与生态关系，高高原地区比平原、盆地、丘陵等地区在资源禀赋上更加脆弱和匮乏，经济发展条件相对更为艰苦。西藏的平均海拔在 4000 米以上，发展高高原地区经济更显迫切与充满挑战。

2019 年是中华人民共和国成立 70 周年，西藏民主改革 60 年，是西藏全面建成小康社会和实现第一个百年奋斗目标的关键之年，在西藏构建高高原现代化经济体系有利于优化西藏经济体系发展方式和经济结构，解决西藏经济增长动力的问题。西藏的现代化建设是一个包含经济、政治、社会等各个方面的现代化，高高原现代化经济体系，是以发展产业为核心，以政府宏观调控为主导，以创新为基础的现代化经济体系。西藏高高原现代化经济体系是要用最先进的科学技术贯穿到流通、管理、生产、销售等活动中，建立西藏技术最先进的新兴产业群。西藏的高高原现代化经济体系有利于明确西藏社会经济的发展方向、优化内部结构，使西藏社会经济发展过程中的各个环节和部门更加合理地形成一个整体。总之，构建西藏高高原现代化经济体系有利于促进西藏在关键产业和先进科学技术领域实现突破。

西藏建设高高原现代化经济体系的目标是为了经济持续发展，确保全面建成小康社会和现代化强国如期实现，这也是西藏工作的着眼点和着力点。西藏有着勤劳智慧的各族人民、广阔的土地和富饶的资源，有优越的社会制度和特殊的政策保障，有供应充足的物质财富和高速发展的社会经济形势，西藏在政治、经济、文化、旅游、教育、医疗、民生等方面取得了重大的成就，西藏的发展也进入了历史发展的最好时期。但西藏发展的总体水平和发展模式与国内其他地区还是有一定的差距。构建高高原现代化经济体系有利于加快西藏现代化的速度，解决西藏当前发展中遇到的问题，使各族人民过上尽可能富裕的生活。对西藏而言，在新时代背景下必须牢牢守住社会稳定、生态环境和经济发展的底线，围绕比较优势和竞争优势，加快构建具有西藏特色、符合西藏经济发展规律、高质量发展的现代化经济体系，为实现 2020 年西藏全面建成小康社会奠定物质基础。

二、构建西藏高高原现代化经济体系是西藏实现高质量发展的主要抓手

西藏进入了历史发展的新时期，经济发展也步入了新时代。构建西藏高高原现代化经济体系是推动西藏经济高质量发展的主要抓手，这既是保持西藏经济持续健康绿色发展的必然要求，是西藏扎实推进乡村振兴战略的要求，也是适应西藏全面建成小康社会和社会主要矛盾变化的必然要求，是顺应西藏经济发展的时代潮流。党的十九大报告首次提出高质量发展的新表述，主要体现在创新力、竞争力和经济活力，进行高质量发展最根本的是要进行供给侧结构性改革，进一步推动西藏经济发展的动力变革、质量变革和经济变革，因此构建西藏高高原现代化经济体系成为新时代西藏现代化建设的主要抓手。

西藏高高原现代化经济体系是实现西藏高质量发展的有力抓手，有利于保持西藏经济发展的持续健康，要深化国有企业改革和完善各类国有资产管理体制，给西藏高质量经济发展创造良好的市场环境，要支持民营经济和民营企业发展，打破行政性垄断，形成统一开放、竞争有序的现代化市场体系。西藏构建高高原现代化经济体系是西藏高质量发展的内在要求，也是西藏经济转型升级的目标和路径。现代化经济体系对当前以及未来的西藏发展具有重要意义。

西藏高高原现代化经济体系要以实体经济为主，以质量为评价标准，并伴随着与之相适应的消费方式。西藏构建高高原现代化经济体系有利于提高产品质量，我们知道经济体系的根本功能就在于提供实现人的生活、发展和生存的物质产品。深入推进供给侧结构性改革是释放现代化经济体系的市场力量，有助于提高市场的供给、需求的灵活性和适

应性。构建高高原现代化经济体系有利于西藏实体经济的发展，实体经济是西藏经济发展的立身之本、西藏经济的重要支柱和财富源泉。同时，在发展实体经济中要注重传统产业优化升级，尤其是传统手工业的发展，加快发展现代服务业。

构建西藏高高原现代化经济体系有利于加快西藏实施创新驱动发展战略，强化现代化体系在西藏的战略支撑，西藏必须要有自己的核心技术，核心技术是市场换不来的，也是钱买不到的，必须依靠自己创新。尤其是西藏的藏药产业一定要加强应用基础研究，突出关键技术的同时推动科技创新与社会经济发展深度融合。

构建西藏高高原现代化经济体系要推动城乡区域协调发展，优化西藏现代化体系的空间布局。解决好"农牧业、农牧区、农牧民"问题始终是西藏工作的重中之重，构建西藏现代农业体系对实现西藏农牧业现代化、解决好农牧民和农牧区存在的问题具有十分重大的意义。西藏社会主要矛盾已经转化，要建立健全城乡融合发展的政策体系和现代化的体制机制。坚持把乡村振兴战略扎实推进，确保广大农牧区和城市同步实现现代化，没有农牧区、农牧业和农牧民的现代化就没有西藏的现代化。另外还要把打赢脱贫攻坚战作为困难地区实现现代化的突破口，着力解决好城乡发展不平衡不充分的问题。

西藏构建高高原现代化经济体系中的现代农业体系是以坚持新发展理念为指导，在党的领导下走自主创新发展的路子，它们有利于扎实推进西藏乡村振兴战略。建设现代化农业经济体系，推进其向高效精致型的现代农业转型升级，以青稞产业深加工、生态畜牧业、蔬菜产业、中药材等产业为重点发展对象，促进一、二、三产业融合和农业裂变式发展，把西藏的高效农业提升到一个新阶段。同时，有利于加快西藏旅游经济、绿色经济、新兴产业、数字经济、共享经济、智能经济等的发展，加快培育西藏经济新的增长点。西藏发展现代化农业经济体系有利于提高经济发展质量和效益、实施创新驱动发展战略、形成现代农业化农牧业体系、完善西藏地区的发展机制，促进西藏经济的均衡发展。

西藏高高原现代化经济体系主要的着力点体现在西藏高质量发展。西藏要坚持以改革开放为动力，坚持"走出去"战略，只有"走出去"才能有竞争，有了竞争才能更好地促进西藏的高质量发展。西藏高高原现代化经济体系就是要实事求是的发展，因为发展是解决西藏所有问题的关键，才能落实好总书记治边稳藏的任务，实现人们对美好生活的期望。西藏按照高质量发展的要求，科学把握高高原现代化经济体系的发展规律，统筹推进稳增长、促改革、调结构、惠民生、防风险各项工作，调动一切可以调动的力量，推动社会事业全面进步、西藏经济发展提质增效，努力走好一条具有中国特色、西藏特点的高质量发展路子，让西藏各族人民群众更好地共享改革开放带来的发展成果。

三、构建西藏高高原现代化经济体系是西藏实现现代化的重要途径

西藏由于特殊的自然环境、地理位置和资源禀赋，经济发展水平与国内其他省市有较大的差异。未来的三十年是西藏现代化发展的黄金期、关键期和战略期，加快构建高高原现代化经济体系有利于推进西藏快速实现现代化。西藏在促进现代化经济体系转型升级的同时，也为我国经济转型发展注入新活力。

构建高高原现代化经济体系是当前西藏加快现代化经济体系建设的重要途径。一方面建立高高原现代化经济体系有利于缓解西藏要素供给的限制，优化西藏经济发展结构、打破体制性的瓶颈，有利于加快实现农牧区的现代化进而缩小城乡差距。另一方面构建高高原现代化经济体系有利于西藏融入国家"一带一路"的发展战略。西藏地处我国西南边陲，加快现代化建设才能更好地成为面向南亚开放的重要通道，加大对外开放程度。"走出去"才能形成西藏新的对外开放格局，实现西藏旅游、交通、贸易、物流等领域的跨越式升级，促进西藏社会经济的快

速发展。因此构建富有中国特点西藏特色的高高原现代化经济体系，是事关西藏 2020 年全面建成小康社会和本世纪中叶基本实现现代化的重要途径，是西藏社会稳定发展的重要途径。构建现代化经济体系更是对西藏现代产业体系形成、创新驱动发展等方面有重要意义。西藏的经济是我国经济的重要组成部分，发展好西藏现代化经济有利于我国整体经济的健康发展。

构建高高原现代化经济体系对西藏的可持续健康发展和现代化经济体系形成具有决定性的意义。这是站在西藏全局发展的高度上提出的，它本身是以新发展理念作为引导。西藏民主改革 60 年以来经济高速增长，创造了从奴隶制度直接转向社会主义制度的奇迹，在市场化、工业化、信息化、城市化等方面的快速推进，使得西藏的现代化水平与国内的发达省份之间的差距不断缩小。但是西藏城乡二元结构和区域发展不平衡的问题突出。西藏在经济高速增长过程中由于发展方式粗放，体制机制改革不完善，导致发展不协调、不平衡。西藏现在正处于全面建成小康社会和脱贫攻坚的决战期，建设高高原现代化经济体系，才能实现经济由量的增长转向质的提高，产业结构才能迈向中高端，显著提高整体经济效益和全要素生产率。西藏发展高高原现代化经济体系是适应新时代我国社会主要矛盾转化的必然要求。解决人民日益增长的美好生活需要和不平衡不充分的发展之间的矛盾，中心任务是贯彻新发展理念，建设高高原现代化经济体系，以此促进产业体系发展，提高供给体系效率和质量，不断满足人民群众个性化、多样化、不断升级的需求，提供更好、更新的商品和服务。建设高高原现代化经济体系，也是建设环境友好型和资源节约型的绿色发展体系，建设体现效率、促进人民共同富裕、公平的收入分配体系。因此，建设高高原现代化经济体系是实现西藏现代化经济体系的主要途径。

第五章 西藏高高原现代化经济体系的内涵和目标

党的十九大报告提出贯彻新发展理念，建设现代化经济体系。从政治经济学的理论逻辑来看，经济体系指的是一个国家在社会生产、交换、分配、消费过程中，因为各种经济技术关系、体制机制关系、数量比例关系而构成的有机整体。具体包括生产能力、产业结构、城乡结构、区域关系、开放水平、分配关系、消费行为等所有经济活动。由于现代是一个动态的、与时俱进的概念，所以现代化经济体系是一种既具有现阶段的竞争优势、引领当代人的需求，又能体现未来发展趋势的国民经济体系。本章拟在现代化经济体系相关理论的基础上，根据西藏目前经济发展现状，结合党的十九大报告与《西藏自治区"十三五"时期产业发展总体规划》等文件，讨论西藏高高原现代化经济体系的理论内涵和现实目标。

一、西藏高高原现代化经济体系的内涵

高高原经济是指海拔高度在 2438 米或 8000 英尺及以上的经济生态。西藏地处高原，平均海拔 4000 米以上，其经济符合典型的高高原经济。立足于这样的高高原现实基础，不能完全复制粘贴我国内地的产业体系，必须建立适应西藏地区大环境的特色经济体系，即西藏高高原现代化经济体系。这是由西藏社会经济活动的各个环节、各个层面、各个领域的相互关系和内在联系构成的一个有机整体。

根据党的十九大精神与西藏社会经济的发展形势，可将西藏高高原现代化经济体系的内容概括为以下八个部分。

（一）维护稳定，促进民族团结的社会发展体系

维护稳定，促进民族团结的社会发展体系是西藏高高原现代化经济体系的基本前提。习近平总书记指出，"社会稳定是西藏社会发展的前提和保障"。西藏社会政治的稳定，是一切事务的首要前提，也是完成各项任务的重要基础。做好西藏工作，是深入贯彻落实科学发展观、全面建设小康社会的迫切需要，是实现可持续发展的迫切需要，是维护民族团结和社会稳定的迫切需要。一方面，西藏位于我国边疆，与印度、尼泊尔、不丹、缅甸及克什米尔地区接壤，存在较多国际争端问题。另一方面，西藏地处反分裂斗争第一线，以十四世达赖为首的分裂集团不断进行分裂破坏活动，甚至实行制造暴乱等极端行为。这些国际国内因素共同构成了影响西藏地区社会安全稳定的潜在隐患，解决这些潜在隐患是西藏高高原经济良好运转的前提，西藏高高原经济的发展离不开和谐稳定的社会环境和各民族团结奋斗的磅礴力量。要站在全面建成小康社会、实现中国梦的战略高度，领会建设稳定西藏的重大意义和深刻内涵。

（二）创新引领，协同发展的产业体系

创新引领，协同发展的产业体系是西藏高高原现代化经济体系的基础和核心。改革开放以来，西藏产业结构不断优化，三次产业产值结构趋于合理，但经济发展的初级性、依赖性、粗放性特征仍然明显，产业总体层次低、规模小。优质文化旅游业资源开发利用不足，金融业主要依靠国家特殊金融政策，投资外溢现象明显。当前西藏高高原经济发展面临难得机遇，中央第六次西藏工作座谈会制定了一系列特殊优惠政策，为西藏产业发展提供了强大的后援保障。国家加快西部大开发和促

进边境地区加快发展为西藏高高原经济发展提供战略支撑；"一带一路"倡议的实施为西藏加速对内对外开放提供了广阔的空间；供给侧结构性改革的深入推进，为西藏加速产业结构调整，实现经济平稳健康发展提供了强大动力。要认清发展大势，牢牢把握战略机遇，积极应对风险挑战，促进西藏高高原经济的发展迈上新台阶。

（三）统一开放、竞争有序的市场体系

统一开放、竞争有序的市场体系是西藏高高原现代化经济体系资源配置的主要机制。统一开放、竞争有序的市场体系包含四项基本原则，即坚持竞争优先，深入推进政府简政放权，最大限度地减少对微观经济干预的原则；坚持统筹兼顾，着力打破地区封锁和行业垄断，促进商品和要素在全国范围内自由流动的原则；坚持分步实施，加强整体规划，在实践中分阶段、分步骤推进和完善的原则；坚持依法审核，加强与现行法律体系和行政管理体制的衔接，强化责任追究的原则。要按照加快建立统一开放、竞争有序的市场体系的要求，确保西藏各级人民政府维护公平竞争秩序，保障各类市场主体平等地使用生产要素、公平地参与市场竞争，以此提高资源的配置效率。着力营造有利于大众创业、万众创新的良好市场环境，促进西藏经济持续健康发展。

（四）体现效率，促进公平的收入分配体系

体现效率，促进公平的收入分配体系是西藏高高原现代化经济体系的激励和平衡机制。经济新常态下，建立公平合理的收入分配制度，不仅是改善民生和维护社会和谐稳定的需要，也是进一步解放社会生产力、提高全要素生产率的需要。加快收入分配制度改革，使发展成果更多更公平的惠及全区人民，是以人民为中心的发展思想的集中体现，有利于增强区内人民的获得感、公平感，有利于为西藏高高原经济发展营造一个稳定的环境。要抓住供给侧结构性改革的重大机遇，加快体制机

制创新，为规范收入分配秩序创造体制机制保障。

（五）彰显优势、合理可行的城乡发展体系

彰显优势、合理可行的城乡发展体系是西藏高高原现代化经济体系在空间布局方面的体现。西藏幅员辽阔，地广人稀，各地区联动因素有待加强。协调是新发展理念的重要组成部分，重点体现在城乡区域协调发展。城乡区域协调发展是建设现代化经济体系的重要内容和发展目标，也是评判现代化经济体系的重要标准。建设西藏高高原现代化经济体系，要求城乡区域协调可持续发展。既要破解城乡分割的二元结构，改变农村贫困落后面貌，缩小城乡居民收入差距，实现城乡一体化协调发展，也要消除地区分割，化解区域间发展的不平衡矛盾，以优化现代化经济体系的空间布局。积极贯彻区域协调发展战略，在这个基础上形成具有特色的西藏城乡区域发展体系。

（六）资源节约，环境友好的绿色发展体系

资源节约，环境友好的绿色发展体系是西藏高高原现代化经济体系的生态环境基础。西藏素有"世界屋脊"和"地球第三极"之称，是中央确定的重要国家安全屏障和重要生态安全屏障。保护好西藏的生态环境，对中华民族的永续发展意义重大。中央第六次西藏工作座谈会进一步明确了西藏"确保生态环境良好"的目标任务。西藏地域辽阔、资源丰富，但其生态环境脆弱。因此保护自然资源的再生能力，改善生态环境质量，确保生态安全和经济、社会、生态的协调发展，是西藏现代化发展的重要内容和可持续发展的战略选择。建设生态文明是推进西藏长治久安、可持续发展的重要战略决策，也是保护西藏蓝天碧水的必然选择。要正确处理好保护生态和富民利民的关系，坚持在保护中开发、在开发中保护的方针，执行最严格的环境保护制度，坚持任何产业发展都不能以牺牲生态环境为代价，推动形成绿色发展新方式。

（七）多元平衡、安全高效的全面开放体系

多元平衡、安全高效的全面开放体系是西藏高高原现代化经济体系与外部世界的联系机制，也是西藏高高原经济发展的必由之路。开放是发展的前提和必由之路。在经济全球化和区域一体化迅猛发展的今天，没有哪个国家或哪个地区能在一个封闭的状态里自我发展。西藏地区的对外开放是促进祖国统一和社会稳定的需要，是贯彻落实科学发展观的必然要求，是民族地区实现跨越式发展的有效途径。习近平总书记在致"2019·西藏发展论坛"贺信中强调要"实施更加积极的开放政策，广泛开展对外交流合作"。结合现实情况，西藏具有扩大开放的良好地理优势和基础条件，从地理优势而言，西藏地处我国西南边疆，与多个国家接壤，处在"一带一路"交汇对接的重要节点和面向南亚的关键区域；从基础条件而言，改革开放40多年来，中央根据西藏工作的实际情况，先后召开了六次西藏工作座谈会，不断加大对西藏经济社会发展的投入，西藏扩大开放的基础条件越来越扎实。在良好地理优势和基础条件的背景下，要进一步建好开放平台，在新时代形成新的全面开放格局、新的经济开放体系。

（八）充分发挥市场作用、更好发挥政府作用的经济体制

充分发挥市场作用、更好发挥政府作用的经济体制是西藏高高原现代化经济体系的制度基础。在西藏高高原现代化经济体系建设过程中，政府的重要作用不可忽视，建立一个强有力的、以民为本、为民服务的政府主导型的治理模式是发展经济、解决贫困问题的最佳治理途径。改革开放以来，西藏经济水平显著增长，但百分之九十的资金来源是依靠中央政府的转移支付，自身造血能力较弱，市场经济运行不理想。一方面，政府要发挥市场在资源配置中的决定性作用，通过完善市场服务体系，优化生产要素配置，促进人力、商品、资金和服务合理流动。另一

方面，要发挥在科学制定经济发展规划、引导市场预期、规范市场行为、加快经济结构转变等方面的推动作用。

上述八大方面构成西藏高高原现代化经济体系的主要内容。西藏高高原现代化经济体系是一个实践的命题，它必然伴随着实践不断发展。西藏高高原现代化经济体系同时又是一个创新的命题，需要在发展中不断创新。构建西藏高高原现代化经济体系是我们落实"五位一体"、实现"五位一体"新的总体布局目标的要求。

二、西藏高高原现代化经济体系的目标

结合 2019 西藏政府工作报告和《西藏自治区"十三五"时期产业发展总体规划》，可以将构建西藏高高原现代化经济体系的建设目标概括为宏观、微观两个层次进行阐述。

（一）西藏高高原现代化经济体系的宏观目标

以习近平新时代中国特色社会主义思想为科学引导，突出抓重点、补短板、强弱项的战略要点，形成绿色环保、特色鲜明、优势突出、可持续发展的高原现代产业体系。加快实现从资源优势向经济优势的转化，尽早实现西藏地区高质量高效益的可持续稳步发展的双高经济模式，为决胜全面建成小康社会提供坚实支撑，加快建设繁荣、富裕、美丽、和谐、幸福的新西藏。

（二）西藏高高原现代化经济体系的微观目标

从经济、政治、文化、生态、社会建设全方面综合而言，将西藏高高原现代化经济体系的目标细化为六个部分。

一是建设小康西藏，主要体现在产业富民。立足资源禀赋条件和比较优势，统筹谋划好产业结构优化升级。坚持市场作用和政府作用协同发力、坚持以产业发展与生态保护和谐共生为前提。做强高原生物产

业、清洁能源产业、绿色工业、特色旅游文化产业等支柱产业，做优现代服务产业，做大高新数字产业等新兴产业。通过现代部门产业发展，促进各产业部门协调发展，从而促进西藏经济向优发展。

二是建设和谐西藏，政府应高度重视稳定工作，拓展民族团结宣传教育的内容和途径，深化"五个认同"和中华民族共同体意识。深入推进民族团结进步创建活动，依法治理民族事务，努力建设民族团结进步模范区，以实现西藏的持续稳定、长期稳定和全面稳定。

三是建设开放西藏，不断完善面向南亚的基础设施建设，进一步突破体制机制创新，初步建立口岸作业区、跨境经济合作区及扩展区、综合保税区等开发开放平台，使口岸经济快速发展。

四是建设生态西藏，正确处理好保护生态和富民利民的关系，坚持在保护中开发、在开发中保护的方针，执行最严格的环境保护制度，坚持任何产业发展都不能以牺牲生态环境为代价，推动形成绿色发展方式。坚持人口资源与社会环境的均衡发展，加快实施主体功能区战略调整空间格局，着力构建科学合理的区域发展和生态安全格局。

五是建设特色西藏，大力发展具有鲜明西藏特色、生产工艺先进、资源优势明显的农畜产品加工业。合理利用西藏特色旅游文化资源，推动特色旅游文化产业全域发展。

六是建设美丽西藏，优化空间布局。增强藏中南的引领带动作用，促进藏东、藏北、藏西之间的协调发展，强化主体功能区战略约束力，形成生态容量适度、城乡融合发展、区域良性互动的生产力布局结构，加快培育经济增长极、增长点及增长带，构建核心引领、区域联动、极点支撑的区域经济发展格局。

第六章 构建西藏高高原现代化经济体系的优劣势分析

高高原经济受海拔、气候与生态等的影响，经济发展条件相对更为艰苦，因此做好高高原经济发展的顶层规划与设计尤为重要。本章从运用SWOT分析法，对西藏高高原现代化经济体系所处的情景进行全面、系统、准确的研究，从而能够根据研究结果制定更为科学合理、切合实际的发展战略、计划以及对策。

所谓SWOT分析是指基于内外部竞争环境和竞争条件下的态势分析，也就是将与研究对象密切相关的各种主要内部优势、劣势和外部的机会、威胁等，通过调查一一列举出来，并依照矩阵形式排列，然后用系统分析的思想，把各种因素相互匹配起来加以分析，从中得出一系列相应的结论，而结论通常带有一定的决策性。S（Strengths）代表的是优势，W（Weaknesses）代表的是劣势，O（Opportunities）代表的是机会，T（Threats）是指威胁。简单地概括来讲，SOWT是一个主体（比如一个组织、一家企业等）的强项和弱项，也就是主体"能够做的"以及主体面临的机会和威胁，即该主体"可能做的"之间的有机组合。

结合西藏高高原现代化经济体系建设的各种环境因素，对当前构建西藏高高原现代化经济体系的优劣势进行分析，简单的概括来讲，主要包括外部环境因素和内部能力因素两方面。外部环境因素包括机会因素和威胁因素，它们是外部环境对西藏高高原现代化经济体系的发展直接有影响的有利和不利因素，属于客观方面因素；而内部能力因素包括西藏自治区构建高高原现代化经济体系的优势因素和劣势因素，它们是西藏以及西藏构建高高原现代化经济体系的发展过程中，自身存在的积极和消极因素，属于主观方面因素。当然，在调查分析这些主观和客观因素的时候，需要的不仅仅是考虑历史与现状的问题，还需要考虑未来发展相关的问题。下面结合西藏构建高高原现代化经济体系的机会和威胁，对其发展的优势和劣势进行了相应的描述和简明的分析。

一、构建西藏高高原现代化经济体系的优势

西藏构建高高原现代化经济体系的优势是西藏发展的内部因素，如有利的自然文化资源优势，充足的财政来源，良好的西藏形象，技术力量支持，法律政策的相关优待等内容；而西藏构建高高原现代化经济体系的机会是西藏的外部因素，包括市场、需求等内容。

把"高"字"嫁接"到西藏的特色产业体系中，围绕西藏独特的旅游文化产业、高原农牧业经济体系、矿产资源、清洁能源等，建立一个有高高原特色的经济体系。对于位于高海拔的西藏自治区来说，占主导地位的是自然文化资源，能够培育特色农牧业的高原环境，能够培育高原特色食品和矿泉水以及藏医药的动植物自然资源等。加上高速发展的旅游文化产业和政策、财政力量的坚定支持，形成了西藏构建高高原现代化经济体系的一系列优势。

（一）西藏自然资源的种类多，地理分布相对集中

西藏北部与西藏南部高原的光能、风能资源丰富，年日照量大多在2900～3390小时，太阳辐射量能够达到191～192千卡/平方厘米，每年大风日一般达50～150天。另外，西藏自治区的江河湖泊水面大，水量多，河川数量居全国第二位，水能蕴藏量占到全国总量的三分之一左右。森林资源99%集中在西藏东南部，草原78%分布在西藏北部与西藏南部的高原，耕地面积较少且90%集中分布在南部与东部河谷地带。

已经被发现的矿产资源有 67 种，储量较大的稀有贵重金属矿产主要分布在羌圹高原。野生动植物资源丰富，种类多，数量大，质量好，又是一大特色优势。据不完全统计，西藏野生鸟兽有 500 多种，有青藏高原特有的黑颈鹤、藏寒鸡、藏马鸡，经济价值较大的有沙锥、斑头雁、赤麻鸭、绿头鸭、绿翅鸭等。兽类资源中，藏羚，藏野驴和野牦牛是青藏高原特有的三种大型珍贵的资源动物；野生植物资源 5000 多种，其中经济价值较大的或久已利用的有 1000 多种，包括药材、纤维、糖类、油料、香料、鞣料等各种类型。药用植物类中比较著名的中药材有大黄、党参、秦艽、贝母、丹参、虫草、胡黄连、天麻等。

（二）西藏畜牧业的发展源远流长，且独具特色

西藏具有丰富的畜牧业资源，有各类天然草场，所占比例为全国天然草场总面积的 1/5 左右。可利用草场占全区草场面积的 66.3%，天然草场面积占西藏总土地面积的 71.2%，草地面积在各类土地面积中所占比例之高，是全国各省、市、自治区之首。西藏拥有的草地资源类型丰富，农牧民的生产生活水平近年来得到了极大的提高。近几年，国家和自治区政府高度重视西藏地区畜牧业的发展，并且制定了一系列畜牧业相关的优惠政策，建立健全起了社会化服务网络，服务内容和范围不断扩大的同时，基础设施也在不断提升和改善。在草原灌溉设施、人工种草、畜种改良以及优化畜群结构等方面获得了巨大成绩，成功地加速了当地畜牧经济的健康发展。

（三）西藏藏医药资源保护充分，产业特色发展

近年来藏医药得到了充分的保护、传承与发展，西藏自治区党委、政府更是把藏药产业作为特色优势产业培育发展。截至 2015 年年底，西藏地区共有 21 家藏药生产加工企业、西藏藏药生产企业的总产值已经突破 14.5 亿元。2018 年 8 月，国家中医药管理局、国家民族事务委

员会等 13 部委发布了《关于加强新时代少数民族医药工作的若干意见》（国中医药医政发〔2018〕15 号），进一步明确支持少数民族医药工作发展的重点领域和政策举措，少数民族医药发展重点包括"建立完善医疗服务网络，提高防病治病能力及药事服务能力，推进护理工作，加强信息化建设等，切实提高少数民族医药医疗服务能力""大力发展少数民族医药养生保健服务""从发展院校教育、加强师承教育和继续教育着手，切实加强少数民族医药人才队伍建设""在文献发掘整理与系统研究、学术思想及临床经验传承、关键技术研究等方面，扎实推进少数民族医药传承与创新""从药材资源保护利用和规范化种植养殖着手，推动少数民族医药产业发展""大力弘扬少数民族医药文化""积极推动少数民族医药海外发展"等七大方面。这也明确标志着当前藏药产业正迎来全面、协调发展的新阶段和新时期。

（四）西藏文化旅游资源丰富，文旅进一步融合

旅游文化产业是西藏构建现代化高高原经济体系的关键环节之一，是西藏高高原经济体系中的重要先导性产业。新时代的产业发展，需要以更宽广的视野来考察整个青藏高原及环喜马拉雅地区旅游文化产业在整个中国乃至世界旅游文化产业大格局中的位置及将来可能达到的高度，深入思考西藏在文化旅游、生态旅游发展过程中的深厚潜力，深刻洞察国内旅游需求市场和中产消费群体的旅游文化需求动向，同时也需要以更加贴近当下主流的年轻消费群体的眼光打造西藏旅游文化的公共品牌。在西藏旅游融合发展的具体内容上，可以从科技创新＋传统民族手工业＋创意设计产业、西藏文化元素＋时尚设计产业、西藏文化＋文旅小镇/创业小镇、精品民宿聚集区营造、西藏特色农牧业＋田园综合体＋乡村户外探险与极限运动等方面考虑，加强运用多种切实有效的手段。

（五）西藏文化闻名中外，文创产品前景美好

西藏文化元素在国内外具有较高的美誉度和接受度，特别是内地发达地区对西藏和西藏文化有一定了解的人，都表现出由衷的兴趣和热爱，这表明西藏文化元素具备开发成为"高"端时尚文创产品的巨大潜力。与此同时，文创产品也能为西藏农牧民带来一定收入。如在藏文化大型史诗剧《文成公主》中，农牧民的马牛羊也成为剧中的"演员"，并可以领到相应的"工资"，40 只羊一个月的演出费用加起来，农牧民就能获得5000 多元的"额外"收入。

中央历来重视西藏工作，对西藏的发展提供了坚强有力的支撑条件和各种优待和扶持政策，比如针对农牧民、农牧区和农牧业、基础设施和基层基础建设、人才和教育的重视和投入，实行"收入全留、补助递增、专项扶持"的财政税收政策和"有区别的优惠贷款利率政策"投资政策以及干部职工生活待遇的妥善安置政策等。中央的政策支持也是西藏自治区构建高高原现代化经济体系，实现追赶超越的坚强后盾。

二、构建西藏高高原现代化经济体系的劣势

西藏构建高高原现代化经济体系的劣势部分属于西藏经济体系发展的内部因素，具体比如研究开发落后、缺少关键技术等。

（一）环境问题突出

西藏自治区偏居祖国一隅，闭塞的交通与独特的高原环境，强烈地影响着区内自然资源的开发利用与经济发展。具体表现在地势高亢，寒冷，缺氧，人烟稀少。西藏高原被喜马拉雅山、喀喇昆仑山、昆仑山、唐古拉山与横断山四面环绕，冈底斯山与念青唐古拉山横穿其间，海拔5500 米以上地面占 19.7%，4500～5500 米的占 58.0%，3000～4500 米的占 16.8%，小于 3000 米的仅仅占到 5.5%。地处高原，气温很低，

年平均气温低于 0℃，海拔 3658 米的拉萨的大气含氧量只相当于北京的 60% 左右。西藏青藏高原不仅自然环境艰苦，而且环境承载能力本身也比较脆弱，加上粗放型高速经济增长所付出的环境代价又过于高昂，概括来讲，西藏自治区的环境质量仍然处于"局部改善，整体恶化"的状态。

（二）交通和区位因素不利

西藏偏居西南边疆，高山峡谷重阻使得交通困难。境内基本上没有水运，铁路、公路运输与牛、羊驮运是主要的交通运输方式，对外通道相对来说较为不发达并且距离较远，限制了物资的外运，许多产品只能以运定产。西藏自治区水土资源的地区结合一般较差，影响其开发程度与利用效益。矿产资源家底不清，已发现的稀有有色金属矿与非金属矿产资源远景储量较大，而煤、铁与石油储量较小。一方面，远距离运输使部分资源和资源型产品丧失了区外市场，另一方面，重要的资源开发条件恶劣，勘探、开发和冶炼的代价巨大，也对区内的招商引资产生了不利的影响。我国经济发达地区的成功经验证明，产业带的开发需要建立发达的基础设施支撑系统，其中包括交通、能源、通信、金融和贸易流通体系等，而重要产业带的形成更需要有强大的交通运输体系作为基础条件。改革开放以来，西藏的交通状况得到了大的改善，但与东部地区，甚至与同处西部地区的其他省市相比，存在着很大的差距。

（三）中小企业融资困难

从中小企业的发展来看，特别是小企业自身积累不足，内源融资能力有限，外源融资渠道狭隘。具体表现在对内主要靠企业主的出资和企业内部积累来滚动发展，原因表现在受资产规模小、自我积累能力弱、财务信息不透明、经营上的不稳定性大、承受外部经济冲突能力弱等因素制约，折旧率过低，无法满足企业设备更新和技术改造，依靠自身资金积累很难维系企业的经营规模扩大；另外，外源融资主要是通过银行信贷资金、各级政府财政资金、资本市场资金、吸收民间资金等多种直接或间接渠道，对中小企业来说，融资的空间极其有限，而且大部分企业可得的融资量有限，特别是中小企业。而对中小企业来说，盈利水平低，抵御风险的能力和自我恢复的能力都非常弱，再加上当地经济发展基础薄弱，政府财力紧张，所创造的就业岗位十分有限，应对外部威胁的压力更为突出。

（四）区域科技创新体系不够完善

科技创新是进一步深入推进西藏自治区经济体系发展的迫切需要，与东部发达地区相比，西藏自治区科技创新水平较低，区域科技创新体系不够完善，表现在科研经费支出明显不足，科技成果转化率低，企业研发人员数量偏少，研发人员技术水平有待进一步提高。大量的科研经费支出是进行科技创新的重要条件之一，投入足够的科研经费是吸引更多的科技人才的基础。有了一定规模的科技人才，能够有效促进科技成果的转化，提高科技进步对经济增长的贡献率。另外，企业是科技创新的重要载体之一，内部研发人员的数量体现了该企业对科技创新的重视程度。从所占比重来看，西藏自治区这几项内容基本呈现不断提高的趋势，但是增长的速度明显慢于其他省市。从基础人才的培养上来看，虽然西藏地区人民群众在科学文化素质整体上有了较大发展，但是大专及以上学历人口所占比重相对全国、东部、中部地区来说仍然较低，从未上过学的人口占总人口的比例高于全国平均水平。

第七章 我国西部省份现代化经济体系构建的实践与启示

　　建设现代化经济体系是党中央面对全球经济的新动态、国际分工的新格局、技术革命的新趋势、国内社会主要矛盾的新变化、经济转型升级的新要求、社会主义现代化强国的新目标所作出的重大战略部署，这是当代马克思主义在中国的创新与发展。立足于中国的基本国情，建设现代化经济体系至少需要包括以下几个方面的重要内容：一是创新驱动的经济发展模式，二是现代化的产业体系，三是协调的城乡区域关系，四是高水平的对外开放，五是现代市场经济的体制机制。希望通过对相邻西部省份贵州、云南和四川构建现代化经济体系的实践进行分析，能够对西藏自治区现代化经济体系的构建有所启发。

一、贵州省现代化经济体系构建的实践

　　在新时代背景下，贵州省牢牢守住发展与生态两条底线，围绕比较优势和竞争优势，加快构建具有贵州特色、符合经济发展规律、高质量发展的现代化经济体系，为实现生态美、百姓富的多彩贵州新未来奠定扎实的物质基础。具体表现在如下几个方面：

（一）加快构建现代产业体系

　　贵州省坚持走新型工业化道路，加快推进高端智能型的现代制造业转型升级，优先推动了电子及新一代信息技术、高端装备制造、大健康

医药、新材料等重点领域突破，加快规划建设云存储、云计算中心和配套的数据处理基地，加快推进贵阳、遵义等国家级新材料产业基地建设，建成全国以航空航天为主的高端装备制造业基地，打造一批高端化、智能化的"贵州制造"产品。加快推进融合发展型的现代服务业转型升级，围绕工业强省战略、城镇化带动战略、乡村振兴战略，大力发展现代金融业、现代物流业等生产性服务业，优化发展生活性服务业，加快旅游业、大数据信息服务业、文化产业跨越式发展，增强服务业与工业、农业互动协调发展。大力实施乡村振兴战略，实施高效精致型的现代农业转型升级，以生态畜牧业、茶叶、蔬菜、精品水果、中药材等产业为重点促进一、二、三产业融合和农业裂变式发展，把山地高效农业提升到一个新阶段。加快新兴产业、新兴业态发展，强力推动大数据、互联网、人工智能和实体经济深度融合，大力发展数字经济、绿色经济、旅游经济、共享经济、智能经济，加快培育新经济增长点。

（二）加快创新型省份建设

加快实施各类优秀人才培养和引进计划，重点在高校、科研院所、重点企业建设产业科技创新团队、工程（技术）研究中心、工程（重点）实验室、企业技术中心，组建一批省级产业技术创新战略联盟。完善以企业为主体、市场为导向、产学研相结合的技术创新体系，充分利用全球创新资源，结合国家科技重大专项，集中攻克一批关键核心技术，提升产业核心竞争力。依托各类开发区、园区和基地，促进科研活动与产业集群、产业基地有机结合，积极推进产业集群向创新集群转型。有序推进三大国家级试验区建设，积极创建贵遵安国家军民融合创新发展示范区。抢抓国家推进区域性协调发展战略的重大机遇，统筹推进黔中城市群、三州民族地区、深度贫困地区等区域开放开发发展，加大产业招商力度，促进内陆开放型经济发展。

（三）深入推进供给侧结构性改革

把提高供给体系质量作为主攻方向，深入落实"三去一降一补"，着力解决现代经济发展中遇到的问题。深化重点领域改革，简政放权，用政府权力的"减法"来换取市场活力的"乘法"，促进"大众创业，万众创新"。鼓励引导民间资本向现代新兴产业集中，加快制定民营企业进入特许经营领域的具体办法。建立健全创新药物、新能源、资源性产品价格形成机制和税费调节机制，实施新能源配额制，落实新能源发电全额保障性收购制度，建立促进三网融合高效有序开展的政策和机制。加大财政资金支持力度，争取对采购和应用进入目录产品的省内企业进行补贴，鼓励发展战略性新兴产业。要创新投入模式，加大园区和项目建设。扩张新兴产业规模的基本途径是通过扩大投资做大增量、加快转型盘活存量，重点则是实施大项目。大力提升现代金融服务实体经济的质量和效率，加快构建与现代产业体系、生产体系、经营体系相匹配的现代金融体系。

二、云南省现代化经济体系构建的实践

新时代云南建设现代化经济体系的重点表现在构造"迭代"型的工业体系，打造云南省经济发展的强大"增长极"，补足供给与需求的"缺口"，深化市场导向的改革创新，释放非公有制经济的积极性与创造性，提升经济发展活力，构建创新发展的新型动力机制。

（一）云南建设现代化经济体系的必要性

1. 建设现代化经济体系是云南跨越式发展的必然选择

解决新时代的社会主要矛盾需要云南建立现代化经济体系，也需要云南跨越式发展，二者在本质上是一致的。党的十九大报告指出："中国特色社会主义进入新时代，我国社会主要矛盾已经转化为人民日益增

长的美好生活需要和不平衡不充分的发展之间的矛盾。"就云南而言，
这种新的历史方位下的不平衡不充分，主要体现为地区经济社会发展在
整体上仍然处于全国发展不平衡的落后一端和发展不充分的平均线下。
云南省经济社会发展的基础弱、底子薄、发展不充分的矛盾十分突出，
是我国在新时代解决社会主要矛盾的主战场与战略前沿。由于建设现代
化经济体系是解决新的社会主要矛盾的必由之路，满足人民日益增长的
美好生活需要必然要求云南建设现代化经济体系，也必然要求云南在较
短的时间内以更快的速度、更好的方式、更高的质量实现经济社会的跨
越式发展。

2. 建设现代化经济体系既能解决云南经济体系的结构性矛盾，又
能实现云南省的跨越式发展

目前，云南经济体系的结构矛盾十分突出，并严重制约了经济社会
发展。一方面表现为工业化中期与经济服务化趋势并存的产业结构特
征，另一方面表现为"三驾马车"严重失衡的需求结构特征。就前者
而言，按照钱纳里和赛尔奎因的工业化阶段理论，以人均 GDP、三次
产业结构、霍夫曼系数、城镇化率等标准指标来评价地区工业化进程，
中国在整体上已处于工业化后期，但云南仍然处于工业化中期。在工业
化中期，由于工业会加速由轻工业、原材料工业向装备制造产业转化，
工业经济仍然会大有可为，仍然能够支撑地区经济平稳、较快发展。然
而，云南工业并未遵循这种发展规律，反而呈现明显的"去工业化"
趋势，2016 年工业增加值占地区生产总值的比重仅为 26.9%，在西南
五省排名垫底，且远远低于处于工业化后期的全国平均水平，经济服务
化趋势（占比为 46.2%）十分明显。就后者而言，云南经济体系的短
板突出，地区经济不但无法供给工业经济快速发展的中间产品与原产品
（需要国外进口与省外调入），而且无法满足省内市场日益高涨的消费
需求（需要国外进口与省外调入），经济短板无法支撑云南省经济快速
发展的投资需求与消费需求。由于建设现代化经济体系不但是我国优化

产业结构、转变经济发展方式、实现增长动能转换的必然要求，而且是实现高质量、高效益、持续稳定发展的关键，云南省要想解决上述结构性矛盾就必须突出建设现代化经济体系，也只有这样才能实现跨越式发展。

（二）新时代云南建设现代化经济体系的内容

1. 构造"迭代"型的工业体系

强化工业在经济发展中的引擎作用，做好、做足工业经济的"加法与减法"，构建立足现在、着眼未来的"迭代"型工业体系。第一，从云南省工业经济创新发展的连续性角度推进传统产业的"去产能"与退出步骤，做好工业经济的"减法"；协调好传统主导产业与新兴主导产业的关系，做好"加法"工作。第二，发挥现有主导产业在市场需求量、企业技术、产业基础（资源优势）、产业链条配套等方面的比较优势，围绕核心关键环节的突破与价值链条的攀升，加快推进烟草制造、有色（稀贵）金属新材料、精细化工、生物医药等传统产业的转型升级发展，带动云南省工业经济平稳较快发展。第三，以外向型汽车制造、石油化工等为重点，加快发展能够深远影响云南省经济较快发展的战略性产业，有效提升云南省工业经济的发展能级。第四，以"一业一策""一企一策"为发展思路，加快布局并培育发展的新材料产业、大健康产业、大数据产业、高端装备制造产业、智能制造产业等战略性新兴产业，构造未来工业经济发展的战略支撑点。

2. 打造云南省经济发展的强大"增长极"

重塑"增长极"是先进生产力的发展观念，夯实以昆明为核心的滇中增长极，打造云南省经济发展的强大"增长极"。第一，统筹规划，搞好滇中地区经济发展的顶层设计。设立滇中城市群协调发展领导小组，负责制定城市群的经济发展规划；由领导小组牵头建立跨区域政府协调机制，落实牵头部门；在省级政府建立滇中城市群的常态化协调机制，引导昆明、曲靖、玉溪、楚雄制定促进滇中地区快速发展的地方法规与规章制度。第二，提升昆明的经济聚集效应。依托区域内的重点园区平台与工业产业优势条件，有机整合昆明的优势产业，全面推进重点产业的集群发展，加快形成以昆明为核心的产业聚集区效应；科学谋划构建立体、便捷、科学的综合交通体系，打造升级版的互联互通；强化公共教育、医疗卫生、生态环境、公共管理的全面改善，不断提升城市的服务水平与吸引能力；释放昆明在云南省的地理区位、产业基础、科教人才优势，大力实施创新驱动发展战略，打造面向南亚东南亚开放的区域性国际城市与辐射中心。第三，实行定点宽松的发展政策。明确滇中地区享有的特殊优惠政策，在省级重点建设项目、土地供应、基础设施建设、人才培养、招商引资、资金筹措、产业扶持等方面予以适当倾斜。

3. 补足供给与需求的"缺口"

突出精准导向的供给侧结构性改革，进一步提高经济体系的生产效率与供给质量，补足云南省总供给与总需求的"缺口"。第一，针对现有产业体系在"衣食住行游购娱"等方面的供给不足，突出省内市场需求、周边国家市场需求对产业发展的引导作用，并通过营造良好的投资环境，全面拓展茶、酒、糖、食品加工等产业链条，打造具有高原特色农副产品加工产业；加快发展建筑类石材、陶瓷卫浴、五金等家居日用产业和家具制造业。第二，突出云南省的气候优势与民族中药材基础，围绕居民收入提升之后的需求层次变化与康体养生需求，依托"互联网＋"等新型商业模式，开发个性化、差异化、智能化新产品，加快发展生物医药、康体养生、医疗服务、养老保健等大健康产业。第三，鼓励省内重点工业通过施工承包和对外直接投资等形式，与南亚东南亚国家进行产能合作。

4. 深化市场导向的改革创新，释放非公有制经济的积极性与创造性，提升经济发展活力

第一，多途径降低企业的生产经营成本。进一步简政放权，取消和

下放行政审批事项，尤其是一些"含金量"较高的审批项目，进一步降低企业在审批、许可等方面的费用负担；规范中介服务收费，尤其是垄断型中介服务收费，全面清理各种不合理收费；降低企业的社会保险费，加快推进生育保险与医疗保险的合并，研究精简归并"五险一金"。第二，全面深化体制改革，推进行政权力清单制度，对现在各级行政管理部门的行政权力进行全面梳理，分类登记。列出权力清单，把直接面向基层、量大面广、由地方管理更方便有效的经济社会事项，下放地方和基层管理；政府要集中精力完善法规，严格执法，加强市场监管，打击假冒伪劣，理顺市场经济运行秩序；鼓励非公有制企业参与国有企业改革，拓展民营资本投资领域，鼓励发展非公有制资本控股的混合所有制企业，发展混合所有制经济。

5. 构造创新发展的新型动力机制

第一，构建新型政绩考核体系和官员的收入奖励体系。构建新型的阳光收入并形成机制；大胆树立一批有改革能力和改革勇气的新型榜样。第二，加快形成新型的政企关系和政商关系。重点包括保护企业家的合法收入与私人产权；大力清理地方政府和国有企业对各级企业的拖欠债务，厘清云南省经济发展的毛细血管；全面落实国有企业改革措施，为各类中小企业释放发展空间；建立更加阳光的政商关系，防治政治权力与大型资本之间的勾结。第三，强化党和政府对知识分子的凝聚力，别具一格开辟知识分子参与云南省改革发展的新途径。大力改革科研人员的收入薪酬体系，加快建立能够真正适应创新型社会的薪酬体系。

三、四川省现代化经济体系构建的实践

四川省既有开启了建立现代化经济体系的地区，也存在连传统经济体系发育都不成熟健全的地区。在建设现代化经济体系中，要统筹好两次现代化的任务，协调好先进地区引领与落后地区追赶的关系，走出具

有四川特色的路子。在具体的构建方面，有如下几个方面的措施。

（一）加快构建优势明显的区域创新体系

作为获批建设创新型省份的地区之一，四川毫无疑问承担起为创新型国家建设探路的任务，拥有构建现代化经济体系的重大机遇。创新系统是二次现代化的发动机，四川要依靠创新来跨越产业、城乡、区域、消费等升级中必须经历的常规阶段，就必须把握新一轮科技竞争的制高点，把握新经济发展的历史性机遇，围绕建设国家创新驱动发展先行省的目标，突出抓好全面创新改革"一号工程"，突出抓好军民融合和区域协同创新，加强军民融合创新平台的搭建，与供给侧结构性改革等有效配合，进一步深化科技体制改革，把创新驱动贯穿经济社会发展各领域全过程，用更大力度、更短时间来建设创新体系。积极争取国家重大科研平台落户四川，从而聚集更多高端人才，为建设现代化经济体系做好战略支撑。这意味着四川在率先探索过程中，有望极大地释放科技人员创新潜能。

（二）以优势产业突破带动全省整体升级

现代产业体系是现代化经济体系的重要支撑。要积极适应建设现代化经济体系的要求，把发展实体经济摆在突出位置，从体制机制、要素培育、企业主体和产业发展四个层面发力，加快构建多元发展、多极支撑、具有四川特色的现代产业体系。

近年来，四川省实现三次产业结构从"二三一"转变为"三二一"，产业结构持续优化，产业发展不断壮大，质量和效益明显提升，但与高质量发展的要求相比，产业体系不优、市场机制不活等问题仍然存在。四川当前要重点补好六个短板：一是科技创新能力不强的短板，二是新兴产业发展不足的短板，三是现代交通设施配套不优化的短板，四是工业化信息化"两化"融合度不高的短板，五是农业发展能力弱的短板，六是人力资源不适应升级需要的短板。构建有四川特色的现代产业体系，就是要进一步优化产业发展布局，加快传统产业转型升级，培育高质量发展新引擎，引领支撑四川省产业向价值链更高环节攀升，从而推动四川省转型发展、创新发展、跨越发展。

四川是靠实体经济起家的，也要靠实体经济走向未来。扎实推进"5＋1"现代工业体系建设，将进一步推动四川省工业经济质量变革、效率变革、动力变革，更深层次融入全球产业链价值链创新链，增强四川未来发展的核心竞争力。要健全推动振兴实体经济的体制机制，聚焦产业延链、补链、强链，提升产业基础能力和产业链现代化水平。要编制实施"5＋1"重大项目和政策措施清单，加快推进一批重大项目建设，支持各地从实际出发发展特色优势产业，进一步调整结构，推动传统产业转型升级，全面推进数字产业化和产业数字化。

当前我国农业正处在转变发展方式、优化经济结构、转换增长动力的攻关期，也是四川加快由农业大省向农业强省转变的黄金期。加快建设"10＋3"现代农业体系，对发挥比较优势、擦亮四川农业大省金字招牌，对加快乡村振兴发展、重塑城乡关系，对促进农民稳定增收、实现生活富裕的意义重大。要深入推进农业供给侧结构性改革，大力实施乡村振兴发展战略，打造高质量供给体系，推动10大优势特色产业全产业链融合发展，培育3大先导性支撑产业，打响"川字号"品牌知名度，更好满足人民群众对优质多样化农产品的需求，带动农民增收致富，走出一条符合四川实际的现代农业发展路子。

服务业属于绿色产业、高附加值产业，是推动产业转型升级的强大动力源。着力构建"4＋6"现代服务业体系，将深刻改变社会的生产生活方式，推动四川省经济向更高形态、更高层次、更高水平迈进。要更多依靠市场机制和现代科技创新推动服务业发展，深入实施服务业高质量发展"八大行动计划"，推动生产性服务业向专业化和价值链高端延伸，推动生活性服务业向高品质和多样化升级。

现代产业体系是一项系统工程，需要整体谋划、全面推进。要充分认识构建有四川特色的现代产业体系的重要意义，切实加强组织领导，推动各项决策部署落地落实，把四川省现代产业体系的"四梁八柱"支撑得更加稳固。

（三）制定建设现代化经济体系的规划和举措

四川省首先要认清现状。处于"三跑并存"的时代，除了并跑、跟跑，四川在一些科技领域已经领跑全国甚至世界，进入"无人区"，即没有可以学习的榜样，需要自己去探索。这也印证了十九大报告中强调的基础性研究、加强国家创新体系建设，因为"领跑"需要原创性、前沿性的研究，和与之相适应的体制机制。在一定时期内建成现代化经济体系，必须更好地发挥政府作用，制定"未来开拓战略"，加强规划引导，根据规划确定的目标和任务，加快推动各方面发展，更大力度促进科技创新、现代金融、人力资源等与产业发展的有效协同。同时，应进一步加强对各地区建设现代化经济体系的指导，及时解决遇到的问题，尤其是发挥好先进地区对落后地区的带动作用，使所有地区在建设现代化经济体系中不掉队。抓好全面创新改革、天府新区建设、天府国际机场和国际空港新城建设、中国（四川）自贸试验区建设"四项重点工程"，有利于突出成都经济区的带动能力。

四、我国西部省份现代化经济体系构建的启示

现代化经济体系，意味着高质量、高效益，而不是"大而不强"。中国经济发展方式，必然会进一步向高质量、高效益增长演进。现代化经济体系，也意味着持续深化改革、扩大开放。党的十九大报告在这两方面着墨很多，包括深化供给侧结构性改革、国有企业改革等一系列部署；同时明确提出，推动形成全面开放新格局。中国经济体系向现代化升级的过程，也将是双向高水平对外开放持续扩大、不断学习和借鉴国

际先进经验的过程。总结其他地区的发展经验，都是在准确把握地区经济产业发展现状的基础上，紧跟国家各项政策，突出优势、补齐短板，确立切实可行的、具有地方特色的发展目标。西藏自治区高高原现代化经济体系的建设也应如此，要做好构建高高原现代化经济体系的顶层设计，确保其有高度、有深度、接地气、能实施。建设高高原现代化经济体系的目标也是为了西藏经济持续发展，确保现代化强国如期实现。而关于构建西藏高高原现代化经济体系的设想，是对西藏经济发展理论的重要创新，符合新时代西藏经济由高速增长转入高质量发展阶段的现实。

第八章　西藏特色产业体系构建的产业短板分析

习近平总书记在党的十九大报告中部署了建立现代化经济体系的战略任务。现代化经济体系包括建设创新引领、协同发展的产业体系，统一开放、竞争有序的市场体系，体现效率、促进公平的收入分配体系，彰显优势、协调联动的城乡区域发展体系，资源节约、环境友好的绿色发展体系，多元平衡、安全高效的全面开放体系。[①] 经济体系主要由生产、流通、分配、消费组成，生产环节构成经济体系的先决环节。现代化产业体系是现代化经济体系的主要支撑，也是其中的重点和难点。习近平总书记在广东调研时曾指出，"广东省经济体系的突出短板是产业体系的问题"。经济发达的广东省尚且如此，经济很不发达的西藏自治区更是如此，现代产业体系显然是西藏现代化经济体系的主要支撑和最重要的组成部分。

在西藏 2017 年经济工作会议上，自治区党委提出要处理好"十三对关系"。其中，在谈到抓好 2017 年第二项重点工作即"着力打造现代产业体系，增强自我发展能力"时，强调"要处理好发挥优势和补齐短板的关系，立足资源禀赋和比较优势，……明晰产业发展思路，抓住产业发展重点，做强支柱产业、做好特殊产业、做优服务产业、做大

---

① 何立峰. 中国建设现代化经济体系主要从六个方面推进［EB/OL］. 来源于中国新闻网，转引自凤凰网财经频道，2018 - 03 - 25.

新兴产业、提升传统产业，努力形成优势明显、特色鲜明的现代产业体系，把资源优势转变为经济优势"。① 2017 年 4 月 21 日，自治区党委召开常委会会议，听取处理好"十三对关系"加快补齐经济社会短板等工作汇报，强调要正确认识和处理好"十三对关系"，其中包括"要处理好发挥优势和补齐短板的关系，立足资源禀赋和比较优势，积极培育新的经济增长点"。②

短板原本是指在箍成木桶的许多块木板中，影响木桶盛满水的较短的那块木板，比喻事物的薄弱环节。"短板效应"源于美国管理学家劳伦斯·彼得（Laurence J. Peter）提出的"木桶理论"。自从中央提出供给侧结构性改革后，国内分析经济问题时常用"补短板"或"补齐短板"一词。在西藏，"发挥优势和补齐短板"的重点是补产业短板。在发展特色产业方面，无论是"厚植优势"还是"补齐短板"，都需要遵循自治区党委和政府强调的"立足资源禀赋和比较优势"。

西藏经济社会生活的方方面面都存在补"短板"问题。自治区第九次党代会曾指出："补齐'一些短板'，就是要坚持问题导向，聚焦基础设施、公共服务、对外开放、创新驱动、绿色发展、生态保护、人才支撑、产业富民等方面的突出短板。"③ 自治区政府办公厅于 2018 年 1 月在《西藏日报》发表题为《正确把握发挥优势和补齐短板的关系》的文章，指出正确把握这对关系，需要着力补齐精神短板、发展短板、民生短板、环境短板、治理短板、作风短板。④ 本书所说的"短板"，只是按照"发挥优势和补齐短板关系"（简称"强优势补短板"或

---

① 西藏自治区人民政府. 西藏自治区经济工作会议举行　吴英杰洛桑江村讲话［EB/OL］. 西藏自治区人民政府网站，2017 – 01 – 03.

② 蒋翠莲，肖涛. 自治区党委常委会会议：正确处理好"十三对关系"［EB/OL］. 西藏新闻网，2017 – 04 – 23.

③ 吴英杰在西藏第九次党代会上的讲话（摘要）［EB/OL］. 中国西藏网，2016 – 11 – 18.

④ 西藏自治区政府办公厅. 正确把握发挥优势和补齐短板的关系［N］. 西藏日报，2018 – 01 – 06.

"强优补短")的本意，仅指代特色"短板产业"。我们对于补产业短板，并不主张"逢短必补"，而是在符合生态安全和不超出环境承载力的前提条件下，补那些具备比较优势和要素禀赋条件，符合"两屏五地一通道"战略定位，在稳增长、优结构、惠民生、聚民心方面作用巨大的那些有潜力、有特色的短板产业。

一、从建设现代产业体系方面看西藏补特色产业短板的重要意义

习近平总书记多次强调要建立现代产业新体系，早在 2013 年，他就指出：要深化产业结构调整，构建现代产业发展新体系①。构建现代产业体系，必然要聚焦实体经济，补齐产业短板。习近平总书记多次强调要补齐短板。他指出："协调发展，就要找出短板，在补齐短板上多用力"；"要通过补短板提升产业层次，提高经济发展整体性，形成推动发展的重要动力"；"'十三五'时期经济社会发展，关键在于补齐'短板'"；"在发展思路上既要着力破解难题、补齐短板，又要考虑巩固和厚植原有优势，两方面相辅相成、相得益彰，才能实现高水平发展"；"要通过补齐短板挖掘发展潜力、增强发展后劲"。② 这些关于"补短板"的一系列重要论述，深刻阐明了补短板的重大意义、主要任务和具体要求，也为西藏补齐短板、推动经济社会持续健康发展提供了行动指南和基本原则。西藏作为我国省级集中连片贫困的特殊的边疆民族地区，要确保与全国同步全面脱贫和全面建成小康社会，就必须立足自身的资源禀赋、产业基础、环境条件，坚持因地制宜，正确处理好发挥优势和补齐短板的关系。由于西藏的自我发展能力不足，产业发展中出现了很多短板，正确处理好"强优势补短板"关系，其重点和难点

---

① 习近平. 构建现代产业发展新体系［EB/OL］. 新华网，2013 – 03 – 08.
② 夏宝龙. 拉高标杆，补齐短板，确保如期高水平全面建成小康社会［EB/OL］. 中国共产党新闻网，2016 – 07 – 07.

是补特色产业短板。

处理好发挥优势和补齐短板的关系，要坚持"两点论"和"重点论"的统一。补齐短板是发挥优势的基础，短板的存在制约着优势的发挥；同时，发挥优势是补齐短板的目的，优势发挥不了则补齐短板就失去了意义。应充分运用资源禀赋条件和比较优势，补齐自我发展能力不足短板，切实把资源优势转化为经济优势和发展优势，是实现西藏经济可持续发展和高质量发展的正确路径。

（一）短板产业的存在导致资源优势不能充分转化为经济优势

西藏的资源禀赋优异，辽阔的土地、丰富的自然资源、丰富独特的文化旅游资源，拥有"地球第三极、亚洲水塔"等美誉，生态环境保持了原生态，"雪域净土"形象世界闻名，使得西藏发展特色产业的资源环境条件相当优越，蕴含的经济价值巨大，发展前景广阔。作为我国的"两屏五地一通道"，特殊的边疆民族地区，战略地位十分重要，一直得到了国家重视和"对口援藏"等优惠政策扶持。

作为欠发达地区，西藏经济社会发展起步晚、底子薄、积累少、自我发展能力差。近年来，各级各部门立足资源禀赋，大力发展特色优势产业，但是资源开发利用仍不充分，开发利用程度不高。虽然全区在产业链方面做了大量工作，但是产业链仍不健全，农牧产品无法满足工业的原料需求，第三产业对工业产品需求不强烈，产业链条断裂，导致资源开发转化水平不高。比如，就西藏2017年情况来看，已建和在建的加工企业年设计加工青稞在20万吨以上，青稞面粉产能超过5万吨，青稞麦片产能超过3万吨，青稞啤酒超过30万吨。而2017年全区青稞总产量为79.5万吨，除去城乡居民食用、生产用种、饲料、酿酒等刚性用粮约需60多万吨，可供加工企业使用的仅剩19万吨左右，这其中，由于种粮农牧民存粮习惯，惜售且售价心理预期高等因素，还不能全部用于市场销售，青稞供给量远不能满足企业的原料需求，出现加工能力过剩。这种资源禀赋极为丰富而开发利用不足的状况，说明加工产业仍然是西藏经济建设中的突出短板，这个产业短板使得西藏的现代产业体系尚不完整，既不利于延长产业链、提升价值链，也使得实体经济吸纳就业的能力严重不足、严重影响了城乡居民拓展增收链。

如何挖掘产业发展潜力、扩大"木桶容量"，立足西藏资源禀赋和比较优势，变资源优势为经济优势和发展优势，补足自我发展能力不足的"短板"，增强自我"造血"功能，意义重大。

（二）补特色产业短板有利于建设现代产业体系、推动高质量发展

1. 特色产业短板的存在制约现代产业体系建设

西藏经济增速长期位居全国前列，但存在着经济总量小、产业短板多、自主发展能力弱等问题，主要表现有：

运营成本高，降低了企业利润。融资优惠政策利用不高，大多数企业贷款资质达不到商业银行要求，商业银行对市县分支机构授信额度低，银行不愿承担风险放贷，贷款效率低、程序复杂、审批周期长，对企业支持力度不足。各级政府对产业扶持基金定位不明确，企业还本政府贴息，相当于政策性贷款，企业使用成本在 7% ~ 9%，高于银行贷款利息，且手续繁多，企业不愿也不敢用政府产业扶持基金，其对特色优势产业的扶持并未产生太大作用。进出藏通道距离远，"两路"货运成本高，某天然饮用水公司负责人反映，由于铁路货运无法直达北京，企业当前采用公路直运方式将产品运往北京仓库。以饮用水为例，平均每车装载约 30 吨、9 万瓶水，运费 2 万 ~ 3 万元，以每瓶容量 330ml 计算，每瓶水物流费用成本为 0.3 元，较高的运营成本，拉低了利润。用电成本高，部分农牧业加工企业按照商业用电收取电费，每个企业每月还需缴纳基础电费和电表电费，平均在每度 0.8 元，另外，还需要承担

高压变电器的费用，给企业经营造成较大负担。物价不断上涨，生活成本不断增加，用工成本增加，致使特色优势产业运营成本较高，利润空间较小，竞争力不强。

特色比较优势产业品牌化和标准化发展程度较低。在具有较高行业影响力的优势产业中，如牦牛奶等特色食品，藏毯、藏香等民族手工产品，缺乏品牌化和质量评价标准，产品质高价低或有价无市，本地市场较小，外地市场缺少销售渠道，覆盖率、认知度低，品牌带动作用小，竞争难以取胜。处理好发挥优势和补齐短板的关系，关键在于补齐短板。要明晰产业发展思路，抓住产业发展重点，从而强化补短板意识，善于发现短板，然后千方百计补齐短板。短板，既不是纯粹的问题，也不是纯粹的劣势，而是指对经济建设大局产生关键的制约作用的薄弱环节，是制约现代产业发展的主要矛盾和矛盾的主要方面。构建现代产业体系，补齐特色产业发展的短板是非常必要的。

可见，在特色产业方面"强优势补短板"，就要以供给侧结构性改革为主线，推动经济发展质量变革、效率变革、动力变革，提高全要素生产率；要加强交通、能源、邮电通信、水利等基础设施建设；要大力推进产业优化升级，以清洁能源、旅游文化、天然饮用水、藏医药、民族手工业、现代服务业、高新技术等产业为重点，构建绿色环保、特色鲜明、优势突出、可持续发展的现代产业体系。

2. 补特色产业短板有利于构建和完善现代产业体系，推动高质量发展

现代化经济体系建设必须着力加快建设实体经济、科技创新、现代金融、人力资源协同发展的产业体系，构建市场机制有效、微观主体有活力、宏观调控有度的经济体制。最重要的是加快建设现代产业体系。近年来，自治区陆续出台多项政策措施，贯彻落实中央关于推动高质量发展的意见，制定建设现代化经济体系、实施创新驱动战略、支持民营经济发展等指导性文件，并且取得了一定的成绩，主要表现在以下方面。

补短板能促进产业融合程度不断提高。大力开发特色优势产业多种功能，延长产业链、提升价值链、完善供应链，发掘新功能、新价值，大力发展新业态、新模式，推动要素跨界和产业有机融合，实现特色优势产业在融合中同步升级、同步增值、同步收益。加快推动特色优势产业"延一接二""接二连三"，促进立体化、复合式全产业链发展。鼓励各类特色优势产业企业自我延伸产业链，完善下游产业链，提升上游产业链水平。培育和发展上、中、下游新型产业链主体，发挥龙头企业在全产业链布局中的关键作用，培育产业链领军企业，促进生产、加工、物流、研发和服务相互融合，推动产前、产中、产后一体化发展，发挥一、二、三产业融合发展的乘数效应，推动产业发展价值倍增。推动产业发展科技创新，推进政产学研紧密结合。构建多层次创新创业空间，加强产业提质增效与技术的研发应用。各地市园区积极对接援藏省份各类园区，以"飞地"模式实现战略合作，构建域内版的"飞地经济"。发挥国家级园区的龙头引领作用，推进特色优势产业和企业向重点产业园区聚集，形成与其他园区的互动发展，推动人口、公共资源的适度集中与融合发展，促进规模经营。加快农产品品牌创建，提高制造业产品质量，实施旅游文化产业"标准化战略"。

补短板有效降低了企业运营成本。一是制定全区降低实体经济企业成本实施细则，促进实体经济企业综合成本合理下降，增强盈利能力，补齐成本高企的短板。二是通过金融机构和资本市场建设，搭建政、银、企三者沟通交流平台，推行政府授信制度，合理降低融资中间环节费用占企业融资成本比重，有效降低了企业贷款、上市等融资难度和融资成本。三是全面推开营改增，清理规范涉企政府性基金和行政事业性收费，合理降低了企业税费负担。四是继续推进"放管服"改革综合措施进一步落实，进一步改善营商环境，大幅压缩行政审批前置中介服务事项，加大涉企中介机构培育，增强服务企业能力，降低了制度性交易成本。五是在保持工资水平合理增长的前提下，积极调控物价水平，降低生活成本，合理降低企业"五险一金"缴费占工资总额的比例，合理控制人工成本上涨。六是提升企业用电、用气定价机制市场化程度，加大涉农企业用电用水用气补贴，合理降低工商业用电和工业用气价格，进一步降低了能源成本。七是贯彻落实《国务院办公厅关于进一步推进物流降本增效促进实体经济发展的意见》，降低物流成本，协调青藏铁路公司，提高铁路运输效率，降低进出藏运输物流成本。

（三）补特色农牧业短板有利于精准脱贫和产业富民

1. 补特色农牧业短板关系着后脱贫时代长效脱贫机制的构建和乡村振兴

西藏作为全国唯一的省级连片贫困地区，要实现与全国同步全面脱贫及全面建成小康社会目标，且巩固脱贫攻坚的成果，就要切实补齐产业发展短板，尤其是特色农牧业短板，这关系到后脱贫时代长效脱贫机制的构建、产业富民工程和乡村振兴战略的实施。

真脱贫、脱真贫、长效脱贫，关键在于产业扶贫的良性运行。扶贫不仅仅是物质生活水平的提升，更重要的是树立发展自信、转变发展观念、增强发展技能、提升"造血"功能，要通过引导农牧民参与特色产业而不是"等靠要"政府救济，来扶志、扶智，激励和引导贫困农牧民通过自身的努力自谋出路、自强致富。补齐扶贫短板，不能只将目光紧盯政策扶贫，要树立参与式产业扶贫理念。引导各贫困县、贫困乡村、贫困户根据自身的环境资源条件并结合市场需求，积极发展特色生态农牧业、设施农牧业、智慧农牧业、休闲农牧业，延长农牧业产业链、价值链，将产业优势做优、短板做长，带动贫困群众脱贫致富。

当前和今后一个时期，要围绕农牧业增效、农牧民增收、农牧区增绿，以市场需求为导向，把扩大供给和提高质量作为主攻方向，把增加农牧民收入作为核心目标，把促进绿色发展作为重要任务，把改革创新作为根本途径，把构建农牧业产业体系、生产体系、经营体系作为关键举措。到 2022 年，农牧业产业化经营率和农牧业科技进步贡献率均超过 50%，国家现行标准下农牧区贫困人口全部如期脱贫，农村居民人均可支配收入年均增长保持在 10% 以上。通过实施以"神圣国土守护者、幸福家园建设者"为主题的乡村振兴战略，产业振兴取得决定性进展。现代农牧业产业体系、生产体系、经营体系全面建立，农牧业绿色发展方式全面建立。到 2050 年，全面实现高原特色农牧业现代化，农牧业成为有奔头的产业，农牧民成为有幸福感的职业，农牧区成为安居乐业的美丽家园，实现产业兴旺的愿景。

2. 补特色农畜产品加工业短板有利于实体经济发展和推进产业富民工程

特色农畜产品加工业和特色农牧业一起构成难以分割的产业集群，它们共同承担了农牧区产业富民的主要任务。由于西藏的生态环境制约，采矿业和以矿物为原料的制造业难以做大、做强和全域发展，特色农畜产品加工业自然要承担起振兴实体经济的重任。一只木桶最终能盛多少水，取决于最短的那块木板的长度。在西藏农牧区和大部分城镇，产业体系"最短的那块木板"就是特色农畜林渔产品加工业（简称"农畜产品加工业"）。补齐该产业短板，要坚持问题导向，遵循创新驱动、绿色发展、协调融合的理念，既要补规模偏小的短板，更要补水平偏低的短板。

近年来，高原特色食品饮品产业已初具规模。西藏着力打造高原生物产业品牌，大力发展具有鲜明西藏特色和资源开发优势的农畜产品加工业，提升产品附加值，壮大品牌效应，加快推进高原特色食品饮品生产基地和产业带建设，着力培育了"拉萨啤酒""阳光生物"等一批加工能力强、产品附加值高、辐射带动能力强的龙头企业。截至 2017 年，青稞精深加工、净土健康等领域拥有中国驰名商标 14 个，自治区著名商标 107 个。全区食品制造业实现工业增加值 1.8 亿元，农副食品加工业实现工业增加值 0.9 亿元。虽然从动态看发展速度喜人，但从横向看，不到 3 亿元的食品制造业及农副食品加工业增加值，还比不上内地一家中型食品加工企业的产值，规模仍然太小。而且深加工程度仍偏低，明显处于全国食品产业价值链的低端，为农牧民就近就地就业和增收所作的贡献仍偏小。以农畜产品为原料的毛纺、皮革、服装等轻纺工业和民族手工业，同样存在规模小、水平低、经济效益差的问题。本应充当农牧区"产业富民"主力的农畜产品加工业，同建筑建材业、旅游业相比，还处在"产业富民"配角地位。

西藏的农畜产品加工业规模小、水平低、经济效益差，是导致西藏实体经济薄弱、农牧民难以转移就业、大多数大学毕业生就业都涌向党政机关和事业单位的重要原因。补齐这个产业短板显得相当重要和紧迫。

3. 补齐绿色工业短板是挖掘实体经济发展潜力、增强其发展后劲的重要路径

受生态环境和发展观念制约，工业一直是西藏产业体系中的"超短板"，到 2018 年工业增加值占地区生产总值（GDP）的比重仍不足 8%。其实，随着科技的进步，现代工业对于环境的威胁越来越小。近年来，自治区政府高度重视特色工业发展，绿色工业和清洁能源产业已被列入聚焦发展的"七大产业"。这两个产业其实都可以归入广义的绿色工业。2018 年，全区七大特色产业实现增加值 773.87 亿元，同比增长 6.8%。其中，清洁能源产业增加值 13.26 亿元，增长 33.9%；高新数字产业增加值 32.27 亿元，增长 9.8%；绿色工业增加值 58.91 亿元，增长 8.8%。[1] 天然饮用水业不断地发展壮大。西藏先后出台了一系列政策措施，主动为企业发展提供服务，积极搭建各种合作平台、开拓区

---

① 中国日报西藏记者站.2018 年西藏地区生产总值达 1477 亿元〔EB/OL〕.中国日报网，2019 – 03 – 02.

外市场，探索实施"互联网＋"西藏天然水行动，加快了企业"走出去"的步伐，促进了"西藏好水"的品牌影响力，提升了市场知名度。天然饮用水产业产量从 2013 年的不足 10 万吨，到 2017 年规模以上企业实现产量 69 万吨，年均增长 28.6%。清洁能源产业和绿色工业的快速发展，正在夯实西藏实体经济的根基。如果其他产业发展跟不上，则西藏农牧业、建筑业、旅游产业挖掘规模发展潜力的空间已经不大了，当前和今后一个时期，促进清洁能源产业和绿色工业规模发展，对于西藏做大做强实体经济、增强自生能力和发展后劲有重要意义。

4. 补上第二、第三产业现代化程度偏低的短板有利于西藏现有产业体系的转型升级

西藏第三产业经过 20 世纪 90 年代初期以来的迅猛发展，早在 1997 年就已成为西藏的第一支柱产业，2002 年以后其产值比重更是超过了第一、第二产业的总和，直到 2018 年才回落到 50% 以下（48.7%）；第二产业自 21 世纪以来也在加快发展，2003 年其产值比重首次超过了第一产业，2018 年首次超过 40%，达到 42.5%。第二、第三产业可以说已经实现了规模发展，但它们的现代化程度偏低，大多还保留了传统的生产经营方式，既为传统产业改造升级作不了多少贡献，也衍生不出多少高新技术产业新业态，更进入不了全球供应链、价值链的高端。只有补上第二、第三产业现代化程度偏低的短板，才能深化产业结构调整，推动西藏现有产业体系的转型升级，才能真正建立现代产业体系。

近年来，西藏正在致力于提升服务业的现代化水平。在旅游业方面，西藏按照"高端、精品、特色"的总体发展要求，致力于旅游标准化建设，打造多元旅游产品体系和多产业融合发展新格局，促进了西藏旅游文化产业全域全时发展和高质量发展。现代物流产业已经起步，电子商务和快递产业向农牧区延伸取得重要进展。

二、西藏补特色产业短板需要深化认识

（一）当前自治区政府在识别特色优势和短板产业方面已具备的认识

1. 符合比较优势、要素禀赋基准

根据我们近几年的调查和观察，我们发现自治区党委、政府提出的特色优势产业和短板产业，以及构建西藏现代产业体系的思路，是符合比较优势、要素禀赋基准的。

比较优势理论是一个不断发展的理论体系，既包括李嘉图的静态或技术比较优势理论（只涉及单一要素劳动），也包括赫克歇尔—俄林的资源禀赋理论（HOV 要素比较优势理论）、筱原三代平的动态比较优势理论和中国化的比较优势理论（以林毅夫等为代表）。林毅夫主张，发展中国家或地区要从自身有什么（禀赋条件）出发，在此基础上把现在能够做好的（比较优势）做大做强。不断发展的广义的比较优势理论，是可以用于指导西藏的特色追赶战略的，也能指导现代产业体系建设。自治区党委、政府在阐述"发挥优势和补齐短板关系"时就强调要"立足资源禀赋和比较优势"。

其一，基于技术比较优势的选择。根据李嘉图的技术（静态）比较优势理论，某行业劳动生产率数值越大，就表明该行业越有技术比较优势。通过计算西藏几个产业门类的劳动生产率，发现在西藏的三次产业中，第二产业的劳动生产率远高于第一产业（至少高出 5 倍以上），也明显高于第三产业（至少高出两倍以上），说明在技术比较优势方面，三次产业由高到低排序是"二三一"。从行业大类看，劳动生产率的高低排序是：建筑业＞工业＞服务业＞农林牧渔业。在第二产业内部，建筑业劳动生产率最高，2017 年年人均总产值达到 11.77 万元，约是工业的 1.4 倍、农林牧渔业的 9.5 倍、服务业的 2.08 倍；工业的

劳动生产率仅次于建筑业，2017年年人均总产值达到8.45万元，是农林牧渔业的6.8倍、服务业的1.49倍。从劳动生产率增长情况看，增长最快的是农林牧渔业，达55.3%，比第二、第三产业高出1倍以上，说明其具有动态比较优势；增长率处于第二、三位的分别是工业和服务业，均超过了20%，且二者差距较小；建筑业的增长率最低，只有13.4%。从最近10多年各产业产值比重看，西藏的工业、农林牧渔业的产值比重分别只有8%、10%左右，皆为"短板产业"。

对于属于"短板产业"的工业，从其3个大类看，2016年劳动生产率最高且增长最快的是"电力、燃气及水的生产供应业"，年人均总产值达到31.95万元，是建筑业的近3倍，2016年比2011年增长1.5倍以上；劳动生产率居第二位的是制造业，年人均总产值达到17.36万元，但增速慢，2016年只比2011年增长12.5%；第三位的是采矿业，年人均总产值为10.09万元，2016年比2011年增长40.4%。所以，西藏的清洁能源、饮用水产业，其技术比较优势十分明显，制造业的劳动生产率也明显高于建筑业。近年来，补工业短板在西藏确实受到重视，尤其是绿色工业、清洁能源产业已被列入"七大产业"。

按照政府产业发展规划常采用的特色产业群分类法，通过计算一些主要特色产业2015年的劳动生产率，结果表明，天然饮用水、清洁能源、旅游、藏医药、采矿业、文化产业等行业是具有技术比较优势的；特色农牧业、民族手工业相对缺乏技术比较优势（但它们具有资本等要素比较优势）。近几年，西藏大力扶持旅游文化、天然饮用水、清洁能源等强区产业，加快培育高原种养加、藏医药、藏族特色手工业等富民产业，基本是符合比较优势基准的。除了上述具备技术比较优势的特色产业，值得继续做大做强外，技术比较优势不明显的特色农牧业、民族手工业，鉴于其保障基本生活、吸纳就业、传承民族文化等作用，在政府产业规划中也颇受重视。

其二，基于要素禀赋（要素比较优势）的选择。现在的要素禀赋理论所指的要素禀赋不只是自然资源禀赋，也包括自然资源与人文资源、劳动力、资本等要素的丰歉程度。要素比较优势可以用要素生产率来衡量。

西藏的自然资源禀赋优良。土地、动植物资源相当丰富，具备发展特色农牧、特色食饮品、藏药等产业的资源禀赋条件。冰川矿泉水资源量居全国首位，发展天然饮用水和饮料产业的资源禀赋条件优越。水力、热力、太阳能等清洁能源丰富，水力资源、地热能、太阳能总量均居全国首位，风能总储量居全国前列，开发利用前景广阔；已探明的石油、天然气、煤炭等石化能源匮乏，总体上呈现"可再生能源丰富，化石能源短缺"格局；具备发展水电、热电、光电等清洁能源产业的资源禀赋条件。矿产资源丰富，铜、铬、硼、锂等 12 种矿的储量居全国前 5 位，具备发展优势采矿业的资源禀赋。

旅游文化资源禀赋优良。呈现资源量大、特色鲜明、品质优异、原生态、人文与自然结合紧密等特点。西藏现有可供游览的景点 300 多处，已开发 A 级旅游景区 76 处，其中国家 5A 级 4 处、4A 级 14 处；有国家优秀旅游城市 1 座、国家历史文化名城 3 座，世界文化遗产 1 处三点；截至 2018 年底，西藏已登记各类文物保护单位有 1985 处，其中国家重点文物保护单位 55 处；有非物质文化遗产项目 1000 余项，其中联合国人类非物质文化遗产代表作 3 项，国家级代表性项目 89 项，自治区级代表性项目 460 项。可见，西藏发展旅游业、文化产业的资源禀赋比较理想。

劳动、资本等要素资源禀赋一般。劳动力资源和兄弟省市区比总量上不算丰裕，且行业结构失衡。据统计，西藏 2017 年年底的常住人口为 337.15 万人，其中从业人员 265.3602 万人。从业人员中 99.1112 万人在从事"农、林、牧、渔业"，其他 19 个非农行业门类的从业人员只有 166.249 万人。在非农行业中，非营利行业从业人员共有 37.4538 万人，大多在从事基本公共服务行业。营利性非农产业从业人员共有 128.7952 万人，其中从事"建筑业"（34.9717 万人）、

"批发和零售业"（33.9397 万人）、"住宿和餐饮业"（17.5452 万人）、工业（12.0974 万人）、租赁和商务服务业（7.7257 万人）的人数有 106.2797 万人，从事其他营利性服务业的总共只有 12 万多人。[①] 另据有关报道，2016 年年底西藏旅游业从业人数为 35 万人。[②] 可见，目前西藏的农牧业、旅游业、建筑业、批发零售业及部分提供公共服务的部门，劳动力相对较充裕，发展工业和现代服务业的劳动力要素禀赋还需改善，企业家、熟练工人、高层次技术及管理人才、市场中介服务人才等都比较短缺。在资本要素资源量方面，依靠中央财政转移支付、对口援藏和招商引资，要素禀赋尚可。西藏经济的自生能力偏弱，资本来源较依赖国家投资、转移收入和招商引资。2017 年国家财政补助收入达 1510.7587 亿元，占同期西藏一般公共预算支出总额的 89.8%；在西藏 2016 年的固定资产投资 1655.5043 亿元中，72.96% 来自国家预算内资金。可见，西藏经济的造血能力虽然比过去有明显提高，但仍远比内地兄弟省市要弱。由于西藏的特色矿产、天然饮用水、清洁能源等资源，对内地和境外客商较有吸引力，再加上中央财政补助、国家投资、对口援藏及一系列政策资源，只要宣介和政策引导到位，招商引资的潜力较大，发展特色优势产业的资本要素禀赋尚可。我们整理出几个大产业的单位固定资产投资的产值资料，如表 8 - 1 所示。

表 8 - 1 　　2017 年西藏大产业单位固定资产投资产生的增加值

产业	增加值（亿元）	固定资产投资（亿元）	单位固定资产投资产生的增加值
农林牧渔业	122.72	121.9261	1.006511
第二产业	513.65	413.9562	1.240832

① 依据《西藏统计年鉴（2018）》相关数据进行计算的结果。
② 王菲. 西藏旅游从业人员达 35 万 12 万农牧民吃上"旅游饭"[EB/OL]. 西藏日报，转引自"中国西藏网"，2017 - 09 - 20.

续表

产业	增加值（亿元）	固定资产投资 （亿元）	单位固定资产投资 产生的增加值
工业	102.16	402.7043	0.253685
建筑业	411.49	11.2519	36.57071
服务业（三产）	674.55	1515.158	0.445201

注：①数据来自《西藏统计年鉴（2018）》；②固定资产投资系不含农户投资的全社会固定资产投资；③建筑业固定资产投资数字偏小是因为 2017 年施工项目只有 9 个，房地产、交通运输和邮电业等行业的建设投资额较大，但归入第三产业的相关产业，不归入建筑业。

不难看出，第二产业的单位投资的产出最大（1.2408），其次是第一产业（1.0065），最低是第三产业（0.4452）；第二、第一产业单位投资的产出大于 1，较有资本比较优势。进一步观察，只有建筑业、农林牧渔业的单位投资的产出大于 1，其中建筑业达到 36.57、农林牧渔业略超过 1，表明其资本比较优势相对较明显；工业、服务业的单位投资的产出分别只有 0.2537、0.4452，在 4 个产业门类中不具备资本比较优势。

进一步观察，按总产值计算了 2017 年 6 个行业的单位投资产出，分别是农林牧渔业 1.4612，采矿业 2.8103，制造业 1.6652，电力、燃气、热力和水的生产供应业 0.1368，建筑业 13.146，批发零售业 6.6628。其中，建筑业、批发零售业、采矿业、制造业、农林牧渔业的单位投资产生的产出大于 1，相对具有资本比较优势；电力、燃气、热力和水的生产供应业则远小于 1，缺乏资本比较优势。在其他营利性服务业中，旅游业、文化产业、信息服务业、租赁和商务服务业以及居民服务、修理和其他服务业的单位投资产出大于 1，较具有资本比较优势；交通运输和邮政业、房地产业以及水利、环境和公共设施管理业的单位投资产出小于 1，相对缺乏资本比较优势。

2. 符合生态安全基准

西藏是国家重要的生态安全屏障，从自治区诸多产业发展规划等文件看，政府是把维护生态安全作为产业安排的前提条件的。

西藏地处"资源丰富、生态脆弱"的耦合境地，以西藏为主体的青藏高原是全国乃至亚洲的重要生态安全屏障。西藏中度以上脆弱区域面积占全区国土总面积的86.1%。按照自治区生态功能区规划，全区限制和禁止开发区域的面积占到国土总面积的94.96%（其中禁止开发面积占37.15%）。[①] 毫无疑问，生态安全和生态文明成为西藏各区域选择和布局产业必须遵循的前提条件之一。西藏社会各界历来都十分重视生态文明建设和绿色发展，近年来，自治区党委、政府致力于建设"美丽西藏"，采取了一系列举措。西藏自改革开放以来一直都没有选择和布局高污染、高消耗的产业，在20世纪80年代还主动关停了开采量很小的煤炭企业。现有的特色优势产业中，除了采矿业、建材产业对生态环境有一定威胁，正在致力于走绿色矿业、绿色建材发展之路外，其他特色优势产业基本上都属于清洁低碳型产业，符合生态安全基准。

3. 符合稳增长、优结构、惠民生、聚民心基准

在西藏，党政部门考虑任何产业规划和政策，都会强调稳增长、优结构、惠民生、聚民心问题，选择和布局重点特色产业，往往是把稳增长、优结构、惠民生、聚民心作为出发点和落脚点的。自治区党委、政府近年来提出聚力发展的"七大产业"，都能够在稳增长、优结构、惠民生、聚民心方面作出较大贡献。

基于上述三个政府选择基准综合考察，我们选择出10个西藏特色产业，其中6个属优势产业、4个属短板产业。三个基准都符合的有旅游业、天然饮用水、清洁能源、特色农牧业及农牧产品加工业、文化产业、藏医药、信息技术服务业等7个产业；建筑建材业、优势矿产业符

---

① 西藏自治区人民政府. 西藏自治区主体功能区规划——建设有中国特色、西藏特点的和谐美好家园［EB/OL］. 西藏发改委网站，2014 – 11 – 14.

合比较优势和"稳增长、优结构、惠民生、聚民心"基准，不太符合生态安全基准（需走绿色发展道路）；民族手工业基本符合比较优势基准，符合生态安全和"稳增长、优结构、惠民生、聚民心"基准。其中民族手工业、藏医药产业、文化产业、信息技术服务业这4个短板产业符合上述选择基准，值得补短板，把它们做大、做强、做好。

近年来，对于6个有相对规模优势的产业，政府部门正在支持其继续做大、做强、做优。其中对旅游业、天然饮用水、清洁能源产业，更加重视提升水平和质量；对建筑建材业、优势矿产业，更加重视绿色发展和高质量发展；对特色农牧业及农畜产品加工业，近年来更重视技术进步，提高商品率和专业化、产业化水平。对于4个"短板产业"，民族手工业和藏药产业由于其吸纳就业、文化传承、保障健康等重要作用，近年来党政部门正在努力重振这些传统特色优势产业；对于文化产业、信息技术服务业，由于起步晚、规模小、发展迅速，属于潜力产业，自治区党委、政府正在通过"藏文化＋"和"互联网＋"促进它们和相关产业融合发展，努力将它们打造成未来的优势支柱产业。

4. 政府五年规划和近几年的政府工作报告提出的特色产业体系

西藏的"十五"规划提出实施特色追赶战略，提出大力发展六大支柱产业；"十一五"规划提出的六大支柱产业在名称上有些变化，同时也提出服务业是现代产业建设的一个重要方面。"十二五"规划则按照三次产业来定位重点产业发展，在"一产上水平"方面，提出要加快发展特色、现代农牧业和特色经济林产业，强化农牧业基础地位；在"有重点地发展第二产业"方面，强调着力增强工业发展实力，切实提高工业在第二产业中的比重；在"大力发展第三产业"方面，提出加快服务业结构优化升级。"十三五"规划专门用一篇（第五篇）阐述"大力发展高原特色优势产业"。一是提出要推进高原特色农牧业上水平，打造重要的高原特色农产品基地；二是发展有比较优势的第二产业；三是大力发展服务业，提出要把旅游业培育成为经济发展的主导产业，促进文化产业与旅游等融合发展。①

本书将"十五"以来的规划纲要中提出的重点特色产业，结合这些产业的产值数据做一些"优势"与"短板"的归类，如表8-2所示。

表8-2 西藏"十五"以来的五年规划纲要中提到的
特色优势产业及其发展定位

五年规划	对特色优势产业的提法	特色优势产业名称及发展定位	选择依据（笔者归纳）	优势产业和短板产业识别
"十五"规划	六大支柱产业	大力发展旅游业、藏医药业、高原特色生物（含林下资源）产业和绿色食（饮）品业、农畜产品加工业和民族手工业、矿业、建筑建材业等六大支柱产业	基本符合前述之选择基准；符合小康西藏、美丽西藏、健康西藏建设需要	当时情况下，政府把六大支柱产业都视为特色优势产业；从产值规模及比重看，整个工业特别是加工工业都是短板产业
"十一五"规划	六大支柱产业＋服务业	大力发展特色农牧业及加工业，有重点地发展优势矿产业，加快发展旅游业，积极发展藏医药业，壮大民族手工业，优化升级建筑建材业；放开搞活邮通、金融和中介服务等现代服务业，改造提升商贸、餐饮、娱乐等传统服务业，促进基础性服务业（交通运输、物流）和便民服务业（社区服务、家政服务）加快发展	基本符合前述之选择基准；对矿产业摒弃全面发展思维，对建筑建材业强调优化升级，更加符合美丽西藏建设需要	当时情况下，多数支柱产业和服务业仍是优势产业，但民族手工业、特色农牧业已衰减为短板产业，被政府列为"大力发展"和"壮大"之列，整个工业仍是短板产业

① 以上内容分别根据西藏自治区"十五""十一五""十二五""十三五"国民经济和社会发展规划纲要有关内容整理。西藏自治区发展改革委官网"政务公开"之"发展规划"栏目。

续表

五年规划	对特色优势产业的提法	特色优势产业名称及发展定位	选择依据（笔者归纳）	优势产业和短板产业识别
"十二五"规划	明确三次产业发展定位并在三次产业内部选择特色优势产业（有11～12个）	推进"一产上水平"，加快发展现代农牧业，大力发展特色种养殖业和特色畜牧业，大力发展特色经济林产业。有重点地发展第二产业，切实提高工业在第二产业中的比重。在工业内部要优先发展能源产业，大力发展农畜产品加工业、高原生物和绿色食（饮）品业，有重点地发展矿产业，改造提升建材业，加快推进藏药产业化，鼓励发展民族手工业。大力发展第三产业，加快服务业结构优化升级。加快传统服务业改造提升，培育壮大现代服务业，有效发挥旅游业的龙头作用，积极培育新的消费增长点	基本符合前述之选择基准；强调切实提高工业在第二产业中的比重，更加符合稳增长、优结构、惠民生基准；对矿产业强调"有重点发展"，对建材业提出改造提升，更加符合生态安全屏障和美丽西藏建设需要	现代农牧业、民族手工业、藏药产业都已处于短板产业地位，政府在继续做强服务业、建筑建材业、旅游业等优势产业的同时，已开始重视加快短板产业发展（虽然规划尚未点出短板产业名称）
"十三五"规划	仍按三次产业来提出特色优势产业，并明确其发展定位	推进高原特色农牧业上水平，打造重要的高原特色农产品基地。保障主要农畜产品供给和粮食安全特别是青稞安全，稳步发展经济作物生产。推广牦牛、藏系绵羊、藏猪等特色畜禽标准化规模化养殖技术，提高牲畜出栏率。发展农区畜牧业。扩大核桃、苹果、葡萄等果品和林木种苗、生物药材种植。发展高原特色食（饮）品业，延长农牧业产业链。发展有比较优势的第二产业，加快建设清洁能源基地，培育壮大天然饮用水产业，改造提升民族手工业，创新发展藏药产业，有序发展新型建材和矿产业。要把旅游业培育成为经济发展的主导产业，将其做强做精；大力发展文化产业，促进文化产业与旅游、体育、建筑、民族手工业等融合发展，实施"互联网＋藏文化"工程；积极发展金融服务业，加快发展商贸物流业，培育发展新兴服务业，积极发展商务服务业，加快发展信息服务和数字内容服务等高技术服务业	基本符合前述之选择基准；强调第二产业的比较优势，强调产业融合发展和提升水平，已经蕴含处理好发挥优势和补齐短板关系的含义，基本符合构建西藏现代化产业体系的需要	突出了青稞、牦牛、藏绵羊等特色优势农牧业，清洁能源、天然饮用水、矿产、建材等特色优势工业以及民族手工业、藏药等特色短板工业；突出了旅游文化、商贸物流等优势服务业，及商务服务、信息等高技术服务等短板服务业

注：上述规划纲要是在西藏"十三对关系"提出之前完成的，但"十二五""十三五"规划已隐含产业发展方面的强优势补短板的思路。

　　2015 年以来的自治区《政府工作报告》对这方面的思路体现得更明显。例如，2015 年的自治区《政府工作报告》提出"瞄准特色，充分发挥资源优势、比较优势，科学谋划产业布局"，并提出了重点培育的八大产业。2016 年的自治区《政府工作报告》提到"十三五"时期奋斗目标和主要任务，提出加快建设"重要的世界旅游目的地""高原特色农产品基地"等"五地"，"大力发展特色优势产业，推动三次产业联动融合发展"，提到要加快或大力发展旅游业等八大产业群。这两年自治区《政府工作报告》都提到了"663"① 发展思路。2017 年的自治区《政府工作报告》明确提到要坚持稳中求进、进中求好、补齐短板的工作总基调，更加突出了补齐民生、基础设施、农牧区基本公共服务等短板问题。在产业发展思路方面，提出要"促进绿色产业规模化发展"，提出了要大力、加快或着力发展的现代农牧业、净土健康产业、旅游业等十一大产业（群）。

　　2018 年的西藏自治区《政府工作报告》继续强调要正确处理"十三对关系"，明确"663"工作思路。报告在总结 5 年来大力发展特色产业成就方面，提到农牧业生产基础不断夯实，全力推动青稞增产、牦牛育肥工作，农畜产品加工产值增加较快；加快推进旅游文化、清洁能源、净土健康、天然饮用水、绿色建材等特色产业发展；第二、第三产业从业人员占全区从业人员的比重超过 62%。表明近年来政府在发挥优势和补齐短板方面成效显著。在谈到"今后五年的目标任务"时，提出要"坚定不移补短板、谋发展"，"既要集中力量发展特色优势产业又要加快完善产业结构"，强调"要以供给侧结构性改革

---

　　① "663"是指围绕打牢农牧业和基础设施两个基础、突出特色产业和生态文明建设两个重点、加强民生改善和基本公共服务两个保障、激活改革开放和对口支援两个动力、强化科技和人才两个支撑、巩固民族团结和社会稳定两个基石的"六对抓手"，强化民生先动、市场推动、项目带动、金融撬动、创新驱动、环境促动的"六动措施"，坚守和谐稳定、生态保护、安全生产的"三条底线"。

为主线，努力构建现代化经济体系"，"着力实施'十大工程'"，"大力培育具有地方比较优势和市场竞争力的产业集群，重点发展七大产业"。2019 年的自治区《政府工作报告》，强调要"以处理好'十三对关系'为根本方法，加快建设现代化经济体系，……聚力发展'七大产业'"。在谈到 2019 年的重点工作时，强调要"全力深化供给侧结构性改革"和"全力构建现代化产业体系"。"全力构建现代化产业体系"仍然是阐述"七大产业"发展问题，但在一些具体行业发展方面提出了一些新目标、新举措。

依据 2015—2019 年西藏"两会"上的自治区《政府工作报告》，辅之以相关新闻报道，整理出表 8 - 3。

表 8 - 3　2015 年以来的西藏自治区《政府工作报告》中关于特色产业发展定位

年份	对重点特色产业的提法	特色优势产业名称及发展定位	优势产业和短板产业识别
2015	三大强区产业、五大富民产业	把旅游文化、清洁能源、天然饮用水作为强区产业重点培育，把高原种养加、特色食品、生态林果、藏医药、民族手工业作为富民产业大力扶持	三大强区产业和高原种养加、特色食品可视为特色优势产业（群）；生态林果、藏医药、民族手工业可视为特色短板产业
2016	重点发展八大产业群	加快发展旅游产业、特色文化产业，大力发展天然饮用水产业，支持发展清洁能源产业、物流产业、健康产业、藏医药产业以及信息技术、金融、现代物流等现代服务业	旅游文化产业、天然饮用水产业、健康产业、现代服务业可视为特色优势产业群，服务业集群中的信息技术、现代物流可视为短板产业；其他产业可视为特色短板产业群

续表

年份	对重点特色产业的提法	特色优势产业名称及发展定位	优势产业和短板产业识别
2017	提出大力或加快发展净土健康产业、生态农牧业、绿色工业、民族手工业、藏医药业、建材业、清洁能源产业、天然饮用水产业、商贸物流业、特色旅游业、信息技术服务业等十一大产业群	大力发展净土健康产业、生态农牧业；着力发展商贸物流业（着力构筑覆盖城乡的商贸市场网络体系和三级物流配送体系）；以园区经济为重点，大力发展绿色加工业；改造提升传统产业，推动民族手工业、藏医药业加快发展，合理布局建材业新增产能；培育壮大新兴产业，加快清洁能源基地建设；加快天然饮用水标准体系建设，大力开拓天然饮用水市场；大力发展特色旅游业，全力提升旅游行业服务质量和标准；加快发展信息技术服务业（深入实施"互联网＋"行动，加强科技创新）	净土健康产业、特色旅游业、生态农牧业、建材业、天然饮用水产业可视为特色优势产业群，其他产业特色短板产业群
2018	提出今后五年要重点发展高原生物、旅游文化、绿色工业、清洁能源、现代服务、高新数字、边贸物流等"七大产业"	推动高原生物产业快速发展；推动特色旅游文化产业全域发展（推进旅游与特色文化深度融合）；积极发展绿色工业（包括天然饮用水、绿色矿产、绿色建材业）；推动清洁能源产业壮大发展，打造国家清洁能源基地；推动现代服务业整体发展（积极发展金融服务业、农业服务业、工业服务业、城市服务业）；推动高新数字产业创新发展（推动大数据、云计算、物联网、移动互联等新一代信息化技术和人工智能、生物工程、新材料应用等高新技术与一、二、三产业融合发展）；推动边贸物流产业跨越式发展	从2018年的产值规模看，高原生物、特色旅游文化、现代服务这3个产业群增加值都超过百亿元，可以视为优势产业群，绿色工业、清洁能源、高新数字、边贸物流这4个产业增加值都低于60亿元，属于短板产业群。从其中更具体一些的产业看，特色农牧业、旅游业、天然饮用水产业、绿色矿产业、绿色建材业、现代服务业可视为优势产业，高原作物深加工、藏药、林产品加工、清洁能源、文化产业、高新数字、边贸物流等产业可视为短板产业①

---

① 刘倩茹. 2018年西藏产业建设驶入快车道 "七大产业" 再创佳绩［EB/OL］. 中国西藏新闻网，2019－01－12.

续表

年份	对重点特色产业的提法	特色优势产业名称及发展定位	优势产业和短板产业识别
2019	在聚力发展"七大产业"方面，提出了具体目标、举措	聚力发展"七大产业"。"推进高原生物产业快速发展"，加快实施"8个百千万工程"；"推进特色旅游文化产业全域发展"，打造"地球第三极"整体旅游品牌；"推进绿色工业规模发展"，力争规模以上工业增加值增长12%以上；"推进现代服务业整体发展"，引导扶持文化创意、医疗健康、科技服务等生产性服务业和新兴服务业；"推进高新数字产业创新发展"，全力推进网络强区、数字西藏建设，力争"数字经济增长30%以上；推进边贸物流产业跨越式发展"，力争"边境贸易增长30%以上"，以实际行动融入"一带一路"建设	政府已就补齐绿色工业、数字经济、边贸物流、新兴服务等短板产业提出了量化目标或扶持举措

（二）今后自治区政府在识别特色短板产业方面还需要深化认识

根据观察，近年来西藏提出的支柱产业或特色优势产业，基本契合比较优势、资源禀赋、生态安全、"稳增长、优结构、惠民生、聚民心"等选择基准，符合西藏的战略定位，但还需要在密切产业关联、延长产业链、提升价值链等方面，深化认识，以便促进现代产业体系高质量发展。

1. 特色优势产业和短板产业都应是产业关联效应较大的产业

关联效应基准是由美国经济学家赫希曼提出的根据产业关联度来选择重点产业（或主导产业）的基准，根据该基准，主导产业应选择具有较大产业关联度的产业。产业关联度即产业关联效应系数，是利用有关投入产出系数计算的感应度系数（反映前向关联效应）和影响力系数（反映后向关联效应）之和。至少其中某个系数要大于 1，才表明该产业对其他产业的带动作用超过各行业平均水平。

表 8-4　西藏 42 个行业中产业关联效应系数处于前 24 位的产业部门

产业部门	产业关联效应系数	排名	产业部门	产业关联效应系数	排名
金属冶炼和压延加工品	5.181825	1	金属制品	2.305612	13
纺织品	4.153344	2	食品和烟草	2.186489	14
电力、热力的生产和供应	3.118203	3	化学产品	2.186274	15
农林牧渔产品和服务	3.09793	4	信息传输、软件和信息技术服务	2.049316	16
交通运输、仓储和邮政	2.825268	5	批发和零售	2.047711	17
金融	2.726285	6	水的生产和供应	1.969042	18
纺织服装鞋帽皮革羽绒及其制品	2.567876	7	居民服务、修理和其他服务	1.954897	19
建筑	2.486505	8	非金属矿和其他矿采选产品	1.939023	20
造纸印刷和文教体育用品	2.47627	9	非金属矿物制品	1.896805	21
电气机械和器材	2.446633	10	木材加工品和家具	1.772711	22
租赁和商务服务	2.405288	11	文化、体育和娱乐	1.767068	23
住宿和餐饮	2.361016	12	金属矿采选产品	1.75569	24

资料来源：《2012 西藏投入产出表及课题汇编》第 376－377 页，西藏自治区统计局、国家统计局西藏调查总队编印的内部资料，2016 年。

依据《2012 西藏投入产出表及课题汇编》[①] 披露的数据，将 42 个行业中影响力系数、感应度系数均大于 1 或者其中某个系数大于 1 且排名较靠前的产业部门综合起来，编制出产业关联度较大的 24 个行业，如表 8-4 所示。

其中，关联效应系数排名第 1、2、3、5、6、8、9、12、16 位的产

---

① 西藏 2012 年首次开展投入产出调查，目前只有 2016 年编印的《2012 西藏投入产出表及课题汇编》。

业部门，其影响力系数和感应度系数均大于1，其他产业部门则是其中某个系数大于1；两个系数之和大于2的有17个产业部门，它们分布较广，涉及三次产业，大多是自然资源加工、能源、农牧林渔产品及其加工业、轻纺制造、水的生产与供应、信息传输与信息服务、交通与邮电、住宿和餐饮、商贸、其他基本公共服务行业。这24个产业部门尤其是排名前17位的部门，由于其影响力系数或感应度系数均超过了各行业平均水平，可以作为重点产业加以发展。

由于投入产出分类过细不利于凝练特色、彰显优势和短板，根据政府专项产业规划常用的分类，作为特色优势产业集群的优势矿产业（含采矿和矿产品加工）、特色农牧业和农畜产品加工业、清洁能源产业、建筑建材业、天然饮用水产业、交通运输和邮电业、特色旅游业（含"住宿和餐饮"）、特色商贸（尤其是边贸）等，产业关联度较大，值得继续"厚植优势"；作为短板产业的金融业、特色文化产业（含印刷、文体娱乐等）、民族手工业（含表8-4中的纺织服装鞋帽、造纸、金属制品、木材加工和家具等多行业）、信息传输和信息服务业等特色产业，其产业关联度也较大，值得补短板、扶持其做大做强。

2. 选择特色优势和短板产业要重视价值链基准

基于西藏投入产出表（2012）的数据，按照Antras（2012）提出的基于离最终需求的远近，可计算得到上游度来确定各行业价值链位置的思路和方法，计算了西藏42个行业的上游度。Antras（2012）提出的计算公式（对封闭经济）为

$$U_1 = [I - A]^{-2} \cdot Y$$

式中，U_1表示各行业上游度的列向量，矩阵A是直接消耗系数矩阵，列向量Y表示各行业的最终使用量，I表示单位阵。计算时按照开放式经济要求，对"省外流出"和"省内流入"进行了处理，并剔除掉了存货投资的影响。我们从西藏42个行业的上游度中找出了处于前20位的行业，如表8-5所示。

这 20 个行业的上游度排名超过了中位数，尤其是前 17 个行业的上游度超过了 42 个行业上游度的均值（42 个行业上游度均值为 2.434），它们的价值链相对较长，可以作为重点产业发展。把这些产业适当归整成特色产业群，则优势矿产业（含金属非金属矿采选和加工）、清洁能源、天然饮用水、环保产业（含废品废料）、交通运输与邮电业、商贸物流（含租赁和商务服务、仓储等）、旅游业（含住宿和餐饮等）等优势产业以及金融业、特色文化产业、信息技术服务业等短板产业，都具有较长价值链，可以作为"强优势"和"补短板"的对象。综合产业关联、价值链两个选择基准，我们发现，除了藏医药业不太符合这两个基准，特色农牧业和农畜产品加工业不太符合价值链基准外，清洁能源产业、天然饮用水产业、租赁和商务服务业、金融业、优势矿产业、旅游业、建筑建材业、交通运输和邮电业、商贸物流业、民族手工业、文化产业、信息技术服务业、"居民服务、修理和其他服务"等 13 个产业都符合这两个选择基准。

表 8-5　　　西藏 42 个行业中上游度处于前 20 位的产业部门

产业部门	上游度	排名	产业部门	上游度	排名
金属制品、机械和设备修理服务	6.580	1	其他制造产品	3.115	11
石油、炼焦产品和核燃料加工品	5.783	2	造纸印刷和文教体育用品	2.885	12
电力、热力的生产和供应	5.190	3	住宿和餐饮	2.688	13
金属矿采选产品	4.112	4	煤炭采选产品	2.616	14
租赁和商务服务	3.829	5	信息传输、软件和信息技术服务	2.564	15
废品废料	3.742	6	金属制品	2.517	16
化学产品	3.512	7	非金属矿和其他矿采选产品	2.465	17
石油和天然气开采产品	3.478	8	交通运输、仓储和邮政	2.431	18
金融	3.319	9	金属冶炼和压延加工品	2.388	19
水的生产和供应	3.288	10	居民服务、修理和其他服务	2.369	20

注：计算依据的投入产出数据来自《2012 西藏投入产出表及课题汇编》第 376-377 页，西藏自治区统计局、国家统计局西藏调查总队编印的内部资料，2016 年。

3. 要围绕构建现代产业体系目标来选择特色优势和短板产业

建设现代化经济体系是党中央着眼于实现"两个一百年"奋斗目标、实现中国特色社会主义进入新时代的重大决策。建设现代化经济体系包括六大任务，其中构建现代产业体系无疑是其中的重要支撑或核心要义，三次产业如果存在明显短板，就不可能建成现代产业体系。如前所述，具体到"十三对关系"中的本对关系，识别短板就需要聚焦到"构建现代产业体系"的目标上来。按照自治区党委对本对关系内涵的诠释，其中的"优势""短板"无疑是指"优势产业"和"短板产业，且"优势产业"是指符合"资源禀赋和比较优势"、在规模上已经具备相对优势的产业，包括具备相对规模优势的支柱产业、服务业和发展基础较好的传统产业；"短板产业"是指不具备规模优势的部分特色产业、新兴产业和已经衰落的部分传统产业。通过发挥优势和补齐短板来构建现代产业体系，就需要立足资源禀赋和比较优势，把资源优势转变为经济优势，兼顾动态比较优势和竞争优势，要"做强支柱产业、做好特殊产业、做优服务产业、做大新兴产业、提升传统产业"，从而努力形成"优势明显、特色鲜明的现代产业体系"。

（三）今后在推进特色产业补短板实践方面还需要深化认识

处理好产业"强优补短"关系需要体现西藏的战略定位和经济战略思路。

1. 要符合西藏的战略定位

西藏在中央第六次西藏工作座谈会后确定的战略定位是"两屏五地一通道"。① 首先，西藏在产业方面"强优势"和"补短板"都必须以国家安全和生态安全为前提条件。选择和布局任何产业都要考虑"治边稳

---

① "两屏"是指构筑重要的国家安全屏障和生态安全屏障，"五地"是指建设重要的战略资源储备基地、重要的高原特色农产品基地、重要的中华民族特色文化保护和传承地、重要的世界旅游目的地和重要的清洁能源基地，"一通道"就是面向南亚开放重要通道。

藏"这个大前提。例如，在西藏修建铁路、高等级公路、机场、光缆等重大基础设施项目，可能远远超出了当地经济发展的需要，显然兼顾了边疆治理和固边稳藏的需要。在西藏发展民爆、矿产、建筑建材、食（饮）品、医药保健品、交通运输等产业，要特别强调安全生产、绿色生产、和谐生产，保护人民群众生命财产安全和维护社会和谐稳定。

其次，在西藏补产业短板要秉持生态安全和绿色发展理念。西藏既十分脆弱又十分重要的生态环境，决定了其产业选择、产业布局更需要秉持绿色发展、"绿水青山就是金山银山"的理念，要"有所为、有所不为"。一方面，要立足于生态安全屏障建设和生态功能区定位，选择发展低污染、低消耗的生态农牧业、天然饮用水、清洁能源、民族手工业、藏医药、旅游文化、商贸物流、高新数字、电子信息服务等绿色产业，对于环境有一定威胁的建材业、矿产业，只能有重点地发展绿色建材和优势矿产，走绿色发展之路。另一方面，要摒弃"逢短必补"思维，坚持严格的环境准入制度和环境监管制度，禁止重污染产业项目落地，对现有的园区、产业基地、矿山、企业，要通过严格监管，督促其走绿色发展道路。补产业体系短板要"有所不为"。西藏作为青藏高原的主体，决定了其作为我国乃至世界的重要生态安全屏障、重要的国际江河源和生态源的特殊地位。西藏是世界上仅存不多的尚保持较好原生性生态环境、人类建设活动破坏较小的地区，而且西藏也是我国生态环境最脆弱的地区。因此在西藏，生态环境保护永远是第一位的，建立和维护青藏高原生态安全屏障是一切产业发展的前提条件，以牺牲环境为代价而换取 GDP 增长的路子在西藏绝对走不通。不能允许重污染、高消耗产业（如石化、火电、塑料、造纸、印染等）在西藏落地，对于矿产业、建材业、民族手工业，要有选择地发展，且必须符合清洁生产、低碳生产、安全生产、合理布局、集聚发展的要求。

最后，西藏建设重要的战略资源储备基地、重要的高原特色农产品基地、重要的中华民族特色文化保护和传承地、重要的世界旅游目的地和重要的清洁能源基地这"五地",也意味着需要重视发展优势矿产、特色农牧和农畜产品加工、特色旅游、特色文化、清洁能源等战略支撑产业。建设"一通道"意味着西藏的产业空间布局要适应"南亚大通道"建设需要。

2. 要符合经济战略思路

2006 年自治区党委提出了"一产上水平,二产抓重点,三产大发展"的经济战略思路,并将旅游业确立为三大产业中的龙头产业;在自治区第八次党代会上,自治区党委又提出了"提升一产,壮大二产,做强三产"的总体要求;加上自治区党委提出的"十三对关系"尤其是其中的"发挥优势和补齐短板的关系"和自治区政府提出的"聚力发展'七大产业'"等思路,都可以视为经济战略思路的组成部分。在西藏,无论是继续做大、做强、做好"优势产业"还是补齐"短板产业",都需要以这些经济发展战略思路为指导。

西藏在长时期内形成的"一产上水平,二产抓重点,三产大发展"的经济发展战略思路,应成为西藏补产业短板的理论指导。第一,"一产上水平"或"提升一产",意味着要持续提高科技对农牧业的贡献度,提升农牧业机械化、智能化水平;创新农牧业产业组织形式,提高西藏农牧业的专业化、产业化、市场化、现代化程度;进一步增强绿色发展理念,支持"种养加"融合发展,推动农牧业转型升级。第二,"二产抓重点"或"壮大二产",就是要促进"二产"规模化发展和高质量发展,持续提高"二产"在国民经济中的比重;基于比较优势和资源禀赋坚定不移补上工业短板,同时坚定不移走工业绿色发展道路;在保持建筑业发展优势的同时,促进绿色工业和清洁能源产业加快发展;依靠自身创新驱动和对口支援,提升"二产"尤其是工业的现代化水平,培育提升"二产"尤其是工业的自生能力和市场竞争能力,提升"二产"尤其是工业的产业关联效应,在实体产业方面延长产业链、提升价值链、拓展增收链。第三,"三产大发展"或"做强三产",在西藏当前和今后一个时期，需要兼顾高质量发展、全域全时发展、融合发展和规模发展。从统计数据看，自 2016 年以来，西藏"三产"的增速有所放缓、其增加值占全区生产总值的比重有所下降，其产值比重由 2015 年的 53.8% 降至 2018 年的 48.7%，系 2001 年以来首次跌破 50%。我们认为，出于产业结构优化升级和给"二产"补短板腾出空间的需要，第三产业产值比重在未来一段时期可以维持在 45% 左右。也就是说，西藏"三产"在未来一段时间（5~10 年），其发展的主要任务不是规模扩张和提高比重，而是优化内部结构、提升发展水平、促进高质量发展。要继续把旅游业作为龙头产业和先导产业，支持其全域全时发展和高质量发展，促进旅游业和文化产业深度融合，以特色、高端、精品为导向，提升其综合服务能力和水平，打造西藏旅游文化升级版。继续补齐交通运输、邮电通信等基础设施和教育、科技、文化、卫生等基本公共服务短板，继续坚持科教兴藏和教育优先发展战略，不断促进科技进步，重点支持这些基础设施和基础产业优先发展。大力推动现代物流、电子商务等行业高质量发展。加快金融业创新发展，提升金融支撑产业发展的能力。大力推进商贸尤其边贸经济发展。引导扶持文化创意、医疗健康、科技服务等生产性服务业和新兴服务业发展。推进高新数字产业创新发展，加快发展电子信息服务业，推进服务领域"互联网＋"行动，提升全区信息化水平。促进政府治理体系和治理能力的现代化建设。

三、西藏补特色产业短板调查

（一）对西藏文化产业的调查

据不完全统计，截至 2018 年年底，西藏全区各类文化企业超过 6000 余家，从业人员 5 万余人，年产值过 46 亿元，年均增速保持 15% 以上，拥有 234 家文化产业示范基地园区，文化产业对西藏地区经济增长的贡献率越来越明显。由西藏文化厅文产处访谈与日喀则文化局提供的相关材料得知，大型实景演出剧依然很受欢迎，文化产业和旅游业深度融合发展，和民族手工业初步融合，文创产业已经起步。

目前全区特色文化产业依旧存在问题，可梳理为以下六个方面："小弱散"未能根本解决是产业发展的基本问题、体制机制问题仍然是制约产业发展的根本问题、投入不足是文化产业发展的历史问题、人才极缺是产业发展的短板问题、创新能力弱是产业发展的动力问题和政策保障还不完善是产业发展的执行问题。进一步分析后，当前各级文化产业行政主管部门对文化产业发展的重要性和必要性的认识不足，与文化和旅游部、自治区党委政府的要求有一定差距。

（二）对日喀则特色农业的调查

1. 江孜藏红花种植

江孜藏红花种植基地由上海援藏建设，县内给予支持，规模较大。据工作人员介绍其公司还有后续关于藏红花衍生品（如藏红花饮料、藏红花蜂蜜等）的研发生产计划。

2. 白朗蔬菜（中农圣域）

白朗县作为传统的农耕区，自1998年第二批援藏开始就围绕探索调整单一的种植结构，引进了大棚蔬菜种植并试种成功。历届县委、政府"咬定青山不放松""一张蓝图绘到底"，始终将发展白朗蔬菜作为调整农业结构、促进农牧民群众增收的重要渠道，充分发挥山东省济南市在干部人才、农业技术、项目资金等方面的优势，加大产业扶贫资金对蔬菜产业的投入力度，不断扩大大棚蔬菜种植规模，建起了白朗蔬菜种植基地，并与白朗中农圣域农牧科技有限公司合作，形成初具规模的供销合作关系，但目前仅限日喀则地区。

3. 白朗万亩枸杞种植园区

枸杞种植项目区原为沟壑纵横、风沙肆虐的沙荒地，经过土地平整、客土改良、苗木种植以及园区水利、排洪等配套设施建设后，起到了防风固沙、调蓄径流、绿化荒漠的生态效益。自园区建立以来，产量和收益都在逐年递增，2019 年枸杞鲜果预计产量约为 400 吨，枸杞干果产量为 120 吨，年产值高达 4800 万元。15000 亩基地建设完成后，第四年达到丰产期，每年仅通过枸杞干果、枸杞芽茶可实现 3.4 亿元以上的销售收入，如发展枸杞酵素、枸杞籽油、枸杞多糖多肽等精加工产品。

4. 达孜玫瑰种植与加工

西藏玫瑰生物科技发展有限公司是为适应国家生态农业建设需求，在西藏拉萨达孜农业产业示范区成立的一家专业从事生态农业、花卉、果蔬种植的科技型股份企业。公司注册资金 5000 万元，是西藏农业高新技术型企业，具有专业完成现代农业开发与建设的管理与经营能力。

（三）对西藏民族手工业的调查

1. 江孜卡垫

江孜县年堆乡尼玛藏式卡垫加工农民专业合作社位于西藏日喀则市江孜县工业规划区，主要从事各种 3D 或平面效果的艺术藏毯、挂毯、地毯、卡垫、毛毯等产品。现有占地面积为 10823 平方米左右，2018 年合作社总资产为 1196.5 万元，年总收入 348 万元。

2. 手工业园区

白朗民族手工业园区主要以生产藏族服饰、面具、皮靴、帐篷等富有西藏特色的手工艺制品。拉萨达孜工业园区中的索炯唐卡艺术中心在 2016 年被西藏自治区文化厅评定为西藏自治区级"第三届非物质文化遗产勉唐派传习基地"。

3. 西藏面具及民族手工业

达孜县传统手工艺合作社注册资金为 200 万元，于 2012 年 11 月成立，每年的营销额达 180 万元左右，净利润达 110 万元。合作社现有员工 18 人，其中技术工 12 人，人均年收入 21000 元，已有的工作车间 1200 平方米，新建工作车间 400 平方米，现新研制开发产品 5 种，制作的产品均是订单式销售，合作社年均收入达 87 万余元。面具生产主要用于宗教或者重要的活动中，本次调研的面具生产基地采用合作社形式，2018 年的净收入已经达到了 100 万元。

4. 锻铜技艺

罗布占堆从 13 岁开始学习祖传民族手工工艺锻铜佛像技艺，25 岁时成为一名锻铜佛像技艺方面远近闻名、当地家喻户晓的能工巧匠。2008 年，他在达孜县工业园区创办了西藏罗占民族手工艺发展有限公司，从当地特困家庭子女中招收员工，为他们传授锻铜佛像技艺，帮他们脱贫致富，为民族文化的发展培养后继人才。2010 年，罗布占堆家族的锻铜技艺被评为自治区级非物质文化遗产。2012 年 11 月，罗布占堆获得"中国工艺美术大师"荣誉称号。

（四）对西藏文化旅游、生态旅游的调查

截至 2018 年年底，西藏文化旅游创意园区落地招商项目 14 个，总投资 44.66 亿元；此外，西藏珠峰文化旅游创意园区、雅砻民族手工业园区建设、室内历史舞台剧《金城公主》等一批文化旅游项目全面启动并陆续投入运营。

西藏文旅产业发展突出特色，筑造产业融合发展新名片。贯彻落实中宣部、文旅部"以文塑旅、以旅彰文，推动文旅融合高质量发展"的要求，重点培育"文创西藏"区域公用品牌，持续推进"西藏特色文化产业之窗"建设。

四、西藏补特色产业短板的实践举措和具体建议

（一）西藏补特色产业短板的已有实践举措

1. 政府部门在特色农牧业方面补短板的举措

西藏的牧业、农业属于相对规模优势产业，二者的产值比重之和超

过了 95%；林业、渔业、农林牧渔服务业都属于短板产业，三者的产值比重之和不到 5%。近年来，通过强优补短举措，牧业、林业的产值比重有稳步提升迹象。

（1）构建"7 + N"高原特色产业体系

在农牧业内部，西藏正在以青稞、牦牛、藏猪、奶牛、藏羊、蔬菜、饲草等七大产业为重点，兼顾建设林果茶、藏鸡、藏药材、藏香、林下资源等 N 个点状优势特色产业发展，努力构建"7 + N"高原特色产业体系；[①] 近几年已初步形成了藏东北牦牛、藏西北绒山羊、藏中奶牛、藏中北绵羊、藏中优质粮油、城郊无公害蔬菜、藏中藏东藏猪藏鸡等 7 个产业带，为农村一、二、三产业融合发展奠定了坚实基础。[②]

（2）致力于建设"重要的高原特色农产品基地"

中央第五次西藏工作座谈会（2010 年）明确了西藏"两屏四地"的发展战略定位，其中建设"重要的高原特色农产品基地"，为西藏特色农牧业发展指明了方向。2012 年以来，西藏经过大力推进农牧业供给侧结构性改革，深入实施"8 个百千万工程"，农牧业产业化经营率达到 40%，实现项目区群众增收 13.15 亿元，受益群众达 175.6 万人，人均增收 748 元。[③] 粮食安全、畜牧业生产安全得到有效保障，蔬菜产量、肉奶产量都有较快增长。到 2018 年，全区农业综合机械化率达到 63.1%。西藏在继续做强农牧业中的优势产业即青稞产业、牦牛产业、奶业、蔬菜产业方面，成效显著。[④] 近年来，自治区党委、政府已经把青稞、饲草料、牦牛、藏羊四个产业作为特色农牧业中的优势特色产业

---

① 李海霞. 2018 年西藏农牧业经济运行呈现稳中向好发展态势［EB/OL］. 原载《西藏商报》，转引自中国藏族网通，2019 – 01 – 04.

② 藏政发〔2017〕48 号. 西藏自治区"十三五"时期农牧业发展规划［EB/OL］.（自治区发展改革委发布），西藏自治区人民政府网站，2018 – 11 – 22.

③ 西藏自治区农牧厅. 西藏高原特色农产品基地发展规划（2015—2020 年）［Z］. 内部资料，2015 – 10.

④ 西藏自治区人民政府办公厅. 坚参副主席在全区农牧业工作会议上的讲话（2019 年 1 月 19 日）［Z］. 内部情况通报，2019 年第 2 期，2019 – 01 – 23.

重点推进。

（3）确保粮食安全

自治区党委和政府一贯十分重视粮食安全问题，多次强调要实施青稞增产工程，粮食尤其是青稞安全得到保障，粮食总产量在 2015 年以来持续保持在百万吨以上且呈现稳步增长趋势。"雪域圣谷"青稞香米等 3 个企业产品获农产品金奖。① 青稞产业已成为西藏农牧业中最有优势和特色的产业之一（详见典型案例 1）。

（4）重视补经济作物短板

注重补无公害蔬菜、饲草等经济作物种植短板。近年来饲草产量有所增长，2016 年的青饲料产量达到 39.063 万吨，比 2015 年增加 1.066 万吨。经济作物中发展最快的是蔬菜产业，2018 年全区建设蔬菜基地 19 个，蔬菜种植面积 38.62 万亩、总产量达到 94.6 万吨以上，比 2017 年增长 29.7%。2018 年，日喀则市马铃薯种植面积达 13.7 万亩，占全区马铃薯种植面积 61% 以上，南木林县"艾玛土豆"成功获得国家农产品地理标志认证。白朗县早在 2009 年就被确定为国家级蔬菜标准化生产示范区，到 2018 年底，该县蔬菜标准化示范基地达到 4 个，县级蔬菜标准化示范村达到 4 个，初步形成了"公司＋协会＋农户"一体化经营模式（详见典型案例 2）。拉萨市堆龙德庆区岗德林蔬菜种植农民专业合作社、曲水"达嘎乡"土豆专业合作社（全国"一村一品"示范村），林芝市朗县"朗敦"辣椒合作社也初具规模、有一定知名度。2018 年全区人均蔬菜占有量达到 280 公斤，自给率达到 85% 以上，拉萨、日喀则等主要城镇实现了四季生产、周年供应，有效缓解了

① 主要依据《西藏统计年鉴（2018）》相关数据计算，同时参考了新闻报道《2017 年西藏全区生产总值为1310.6 亿元，增长10%》，第一财经日报（上海），2018－01－25；西藏自治区发展和改革委员会：《西藏自治区 2017 年国民经济和社会发展计划执行情况与 2018 年国民经济和社会发展计划草案报告》，西藏自治区人民政府网站，2018－02－13。

"吃菜难"问题，也为农牧民增收作出了重要贡献。①

（5）重视补特色畜种改良、育肥和产业化短板

一是厚植牦牛、藏羊、肉奶等特色产业优势。在西藏，牧业是重点支柱产业，牧业总产值在"一产"中所占比重2017年达到51.7%，高出农业产值比重7.7个百分点。党委和政府一贯高度重视草场基本建设和畜种改良育肥等工作，把牦牛、藏羊、肉奶产业作为优势产业加以扶持，其中：在牦牛产业方面，2012年以来的5年，西藏建设牦牛短期育肥示范县7个。2018年建设牦牛养殖小区（基地）14个，在21个县（区）开展"牧繁农育"项目试点，育肥出栏牦牛48531头，向市场提供商品牛肉6673吨；实施黄牛改良13.62万头，改良奶牛存栏总数达到75万头，占全区奶牛总数的90%以上，全区人均奶类占有量达到151公斤，位居全国前列；全区推广牦畜良种2万头只。2017年，为加快推进牦牛产业发展，区农牧厅成立牦牛产业专项推进组，起草了《关于加快推进西藏牦牛产业发展的指导意见》，组织编制了《西藏自治区牦牛短期育肥示范基地建设规划（2017—2020年)》，规划投资12.08亿元用于牦牛短期育肥，下发了《关于做好牦牛短期育肥示范基地建设工作的通知》，初步确定14个牦牛育肥示范县。已形成帕里牦牛、娘亚牦牛、斯布牦牛和高山牦牛4大优良群体。2018年全区肉奶产量达到90.76万吨，其中肉、奶产量分别达到34.64万吨、56.12万吨，分别比2015年增长18.3%、58.4%。近年来已培育了西藏阳光庄园、西藏奇圣、西藏圣信工贸、西藏高原之宝牦牛乳业等7家牦牛加工企业。

藏绵羊是西藏牲畜养殖量最多的畜种，基本上全域分布；绒山羊也是著名的藏羊品种。2016年，措勤紫绒山羊、日土白绒山羊等品种资

① 依据自治区政府办公厅《内部情况通报》第53期和《西藏统计年鉴（2018)》数据计算而来。

源得到保护与肯定，建设、完善肉羊标准化养殖场（小区）分别为6
个、14个，羊存栏1100余万只。[①] 2017年，西藏进一步督促有关市
（地）完善产业发展规划，重点打造以岗巴羊、霍尔巴羊、阿旺绵羊、
多玛绵羊、彭波半细毛羊优势类群的产业带。另外，还起草了《关于
加快推进西藏绵羊产业发展的指导意见》。[②]

二是重视补畜牧业短板。猪、家禽和其他小动物养殖以及饲草种植
属于畜牧业短板。近年来，政府较重视补这些短板。西藏2017年的猪
存栏头数为42万头、与2016年持平，比2015年增加2万头；出栏
19.06万头、比2016年增加1.25万头。藏鸡已出现合作社规模化养殖
趋势，到2016年底全区藏鸡养殖规模达70万只，拉萨市到2016年6
月底，有藏鸡养殖专业合作社26家，藏鸡存栏57万余只，出栏35万
余只。[③]

（6）补饲草种植短板

西藏畜牧业面临草场超载、冬季饲草资源匮乏的严峻形势，饲草种
植是各级党委政府近年来很重视补的短板。"十二五"期间，自治区累
计投入资金2677万元，引进相关饲草品种百余种，在优质饲草繁育等
方面取得了较好成效，全区植被覆盖面积增加10%以上。目前，西藏
人工种草保留面积达到150万亩以上，高寒牧区基本实现牲畜越冬有
棚、补饲有草。由区科技厅组织、中科院地理科学与资源研究所等单位
共同推动的西藏"饲草产业重大科技专项"取得关键性突破，经过草
种引种、选育后，在西藏高原试种出了黑麦草、绿麦草、苜蓿等6种主

---

① 李海霞.2018年西藏农牧业经济运行呈现稳中向好发展态势［EB/OL］.原载《西藏商报》，转引自中国藏族网通，2019 - 01 - 04；西藏统计年鉴（2018）［Z］.中国统计出版社，2019.

② 王菲，郑玄.西藏加快发展畜牧经济　做大做强"藏"字号［EB/OL］.中国西藏新闻网，2017 - 09 - 15.

③ 唐斌.拉萨市规模化藏鸡养殖格局正在形成［EB/OL］.中国西藏新闻网，2016 - 09 - 19.

栽优质牧草。拉萨市林周县卡孜乡白朗村是饲草产业重大专项引种试验点之一，引进的绿麦草，鲜草产量提升到平均每亩 148.4 千克，干草产量平均每亩 23 千克。通过成立专业合作社，提高了种养效率。如白朗村 2013 年成立了"种草养畜农牧民专业合作社"，合作社依托优质人工草地，采取规模化健康养殖，比在天然草地放牧更能节省绵羊的体力和获得更多营养，短短几个月，绵羊育肥效果明显，平均每只增重近 10 公斤。①

（7）注重补齐畜牧业要素、市场、产业组织等短板

一是补畜牧业出栏率、商品率偏低的短板，近年来政府通过加快市场建设、利用"互联网 +"等措施，取得一定成效。二是补科技对农业的贡献率不高的短板。"十一五"以来，西藏加大农牧业技术推广服务体系建设的投入，科技对西藏农业的贡献率已由 2010 年的 36%、2016 年的 45% 提高到 2018 年的 49%。三是补劳动力素质较低，农牧业产业化、规模化、专业化程度不高的短板。政府通过加大农牧民职业技能等培训力度，促进农牧民转移就业，鼓励支持发展农牧林茶场、农牧业专业合作社和农牧种养企业，来提升农牧业产业化、专业化水平并促进农牧民增收。各地市通过推进"一乡一社""一村一合""公司 + 合作社 + 基地 + 农牧户""公司 + 产业项目 + 农牧户""公司 + 合作社 + 产业项目 + 农牧户""公司 + 村集体经济 + 合作社"等多种模式，在补产业组织短板方面取得了明显成效。如那曲市索县荣布镇南岔片区牦牛养殖专业合作社共有 6 个村、196 户、1457 人入社（入股），有牦牛 1588 头，2018 年 8—12 月累计收入 90.1233 万

---

① 廖云路.西藏"十二五"累计投入 2677 万元推动饲草产业发展［EB/OL］.原载《西藏日报》，转引自人民网西藏频道，2015 - 12 - 25；西藏自治区饲草产业科技重大专项取得新进展［EB/OL］.原载《西藏商报》，转引自自治区人民政府网站，2017 - 02 - 20.

元，户均收益 4598.13 元。①

（8）重视林渔业整体补短板

西藏是我国"两屏三带"生态安全战略格局的重要组成部分，林业是生态建设之基、也是发展特色食品产业和生态旅游的重要支撑，但其发展现状与拥有的 1798.19 万公顷林地资源极不相称，2017 年的林业产值只占到"一产"总产值的 1.7%。为补此短板，西藏出台了《西藏自治区林业产业发展规划（2018—2025 年)》，提出要持续推进林业产业供给侧结构性改革，全面加强林业产业发展质量，健全林业产业体系，促进"美丽西藏"建设。近期目标是全区林业总产值 2020 年要达到 35 亿元；远期目标是构建较为完善的林业产业科技支撑体系，林业生态旅游服务水平全面提升，2025 年全区林业年产值达到 60 亿元。②如果这两阶段目标能够实现，按现在农林牧渔业产值增速估算，林业产值占全区农林牧渔业总产值比重在 2020 年将达到 15% 以上、2025 年达到 20% 以上，林业将成为"一产"中的优势产业之一。

2. 建筑业方面补短板的举措

西藏"二产"中的优势产业是建筑业，2017 年其增加值分别占到全区生产总值、二产增加值的 31.3%、80.1%。西藏建筑业虽然具有产值规模相对优势，但其现代化程度较低，在装配式建筑、智能建筑等方面非常薄弱，且发展水平和质量方面仍存在短板。区内建筑企业有1000 多家，但资质水平普遍不高，获得的"资质数量"绝大多数企业都是个位数，极少数企业虽达到两位数，也没超过 15 项；建造师数量也是如此，只有极少数企业达到两位数，但也没超过 30 名。③建筑企业

---

① 那曲市索县县委办.索县荣布镇南岔片区牦牛养殖专业合作社典型案例［Z］.内部资料，2018.

② 李海霞.《西藏自治区林业产业发展规划（2018—2025 年)》出台［EB/OL］.中国西藏新闻网—西藏商报，2018 – 10 – 10.

③ 这是截止到 2018 年 10 月初的数据，建筑施工企业"资质"共分 49 项。从 CBI 建筑网（www.cbi360.net）"建筑企业名录"中查询"西藏建筑企业"得到。

由于人才短缺、装备落后，很难进军内地和国际市场；在产业内部，偏重于传统建筑施工业务，装配式建筑、智能建筑、绿色建筑属于明显短板。在西藏建筑市场，区外建筑企业是主力军，区内企业数量少、力量弱。到2018年6月上旬，西藏境内有2200余家建设类企业，其中区内企业只有600余家，已有85家央企及区外大型建筑企业在藏设立独立法人子公司并办理资质。①

自治区党委和政府已出台《西藏自治区人民政府办公厅关于促进建筑业持续健康发展的实施意见》《西藏自治区人民政府办公厅关于推进高原装配式建筑发展的实施意见》② 等文件，致力补齐建筑产业现代化水平偏低、装配式建筑业薄弱等短板。近年来投资的不景气对建筑企业的负面影响十分明显，传统业务呈现快速下沉趋势，建筑企业急需转型与改革。另外，西藏建筑行业正在向互联网时代迈进。如达孜建筑安装工程有限公司率先打造了西藏建筑工程行业平台，目前该建筑工程行业平台已经正式上线，现已开通西藏建筑工程商城和西藏建筑工程网店两个端口。西藏在"互联网 + 建筑"方面仍处在起步阶段，是需要继续努力补齐的短板。

3. 工业方面补短板的举措

西藏工业包括采矿业、制造业和"电力、热力、燃气及水的生产和供应业"3个行业门类、30多个行业大类，目前已初步形成了以优势矿产业、建材业、民族手工业、藏医药业为支柱的包括电力、农畜产品加工业、饮食品加工制造等工业为主的富有西藏特色的工业生产体系。③

---

① 王菲. 西藏自治区建筑业稳步发展 [N]. 西藏日报，2018 – 07 – 10.
② 自治区人民政府办公厅. 西藏自治区人民政府办公厅关于促进建筑业持续健康发展的实施意见（藏政办发〔2017〕148号）[EB/OL]. 西藏自治区人民政府网站，2017 – 12 – 13；西藏自治区人民政府办公厅关于推进高原装配式建筑发展的实施意见（藏政办发〔2017〕143号）[Z]. 内部资料，2017 – 11 – 14.
③ 60年来西藏第二产业发展综述：从0到163亿元的飞越 [EB/OL]. 中华人民共和国驻旧金山总领事馆网站"涉藏问题"频道，2011 – 08 – 19.

2017 年，工业增加值只占全区 GDP 的 7.8%、工业从业人员占比仅为 4.6%，工业无疑是西藏经济中的整体短板产业。在西藏工业内部，重工业处于优势、轻工业属于短板。2017 年的轻重工业产值之比为 0.525:1，和 1991 年的 0.849:1 相比，呈现轻降重升之势。从 3 个行业门类看，2017 年采矿业、制造业和"电力、热力、燃气及水的生产和供应业"的全行业工业企业总产值分别为 59.0104 亿元、134.9490 亿元、44.8516 亿元，分别占全区工业企业总产值的 24.7%、56.5%、18.8%。制造业虽然占比较高，但它包括 31 个行业大类，具体到每个行业大类优势并不明显甚至大多数属于短板行业。从 2017 年西藏工业各行业大类的企业总产值看，单个行业产值在 10 亿元及以上的行业有：有色金属矿采选业（55.4201 亿元）、非金属矿物制品业（54.0180 亿元）、"电力、热力生产和供应业"（41.1307 亿元）、"酒、饮料和精制茶制造业"（33.3444 亿元）、医药制造业（14.5810 亿元），这 5 个行业大类可视为相对优势工业。工业中有 24 个行业大类的工业总产值在 5 亿元以下（其中 17 个行业大类的工业总产值在 1 亿元以下），这 24 个行业门类显然属于短板，尤其是那些产值不足千万元的行业，如"废弃资源综合利用业"（22 万元）、"金属制品、机械和设备修理业"（101 万元）、"黑色金属矿冶炼及压延加工业"（280 万元）、"通用设备制造业"（373 万元），更是超"短板"[1]，可见工业补短板的任务是很繁重的。从政府产业规划习惯用的产业分类看，工业中的优势矿产业、建材业（对应"非金属矿物制品业"）、绿色食饮品产业[2]、能源产

---

[1] 当然黑色金属冶炼和压延加工、通用设备制造，"再造短板"不一定非得在区内，可以在区外"飞地"布局。

[2] 在工业内部对应"农副食品加工业""食品制造业""酒、饮料和精制茶制造业"3 个行业大类，2017 年总产值达 47.7442 亿元。如果再加上食品原料的种养业，该产业集群的总产值可能超过了矿产业产值。

业①、藏医药业（对应"医药制造业"）、天然饮用水产业②的总产值超过了 10 亿元。和旅游文化、建筑建材、农牧、矿产业相比，产值只有 10 多亿元的天然饮用水产业、藏医药业还算不上优势产业。

从党的十六大提出走新型工业化道路以来，自治区党委、政府对包括工业在内的第二产业的重视程度明显提高。西藏的"十一五"规划提出"第二产业增加值占地区生产总值的比重年均提高 1 个百分点"，同期"二产"增加值占 GDP 比重由 25.5% 提高到 32.3%，但工业所占比重只提高了 0.8 个百分点；"十二五"期间工业产值比重甚至有所下降，由 2011 年的 8% 降至 2015 年的 6.8%。从自治区党委、政府提出处理好"十三对关系"，着力推进"十大工程"和聚力发展"七大产业"以来，包括工业在内的第二产业迎来了新的发展机遇。从 2015 年到 2018 年，"二产"增加值所占比重由 36.6% 提高至 42.5%，提高了 6.9 个百分点；特别是 2018 年"二产"同比增速高达 17.5%，远高于全区经济增速和"三产"增速，使得"二产"产值比重比上年提高了 3.4 个百分点。③工业产值所占比重也在稳步提高。

由于生态环境十分脆弱，大部分区域都属于禁止开发和限制开发区域，故西藏工业也不能逢短必补、要"有所为有所不为"。近年来，西藏在补工业短板方面的主要举措有：

第一，党委和政府高度重视工业尤其是绿色工业和清洁能源产业发展。自治区第九次党代会（2016 年）指出："加快调整产业结构……加快构建绿色环保、特色鲜明、优势突出、可持续发展的现代产业体系"，为了贯彻党的十九大关于"建设现代化经济体系，必须把发展经

---

① 对应"电力、热力生产和供应业""燃气生产和供应业"，2017 年总产值达 41.9371 亿元。

② 统计年鉴上没有该行业产值数据，根据西藏经信厅披露的数据，2017 年该行业总产值为 15.79 亿元，超过了医药制造业数据。

③ 2017 年之前的数据来自《西藏统计年鉴（2018）》，2018 年的数据来自西藏统计调查信息网"数据发布"频道。

济的着力点放在实体经济上"的精神,西藏一批支持工业稳增长调结构的政策措施出台,形成了支持工业经济发展的鲜明导向和浓厚氛围;[1] 2018 年,自治区党委和政府提出聚力发展"七大产业",其中就有隶属于工业门类的绿色工业和清洁能源产业,另 5 个产业中的高原生物、高新数字产业也部分涉及工业。2018 年,西藏天然饮用水等绿色产品加工业增加值达到 53 亿元,同比增长 14.3%;清洁能源产业不断壮大,2018 年西藏电力总装机容量达到约 333 万千瓦,已与 14 个省市签署藏电外送协议,全年外送电量达到 8.7 亿千瓦时;高原生物产业中的农畜产品加工业总产值同比增长了 15%;数字行业实现增加值达到 20.2 亿元,增长 25.1%。[2]

西藏的"十二五"规划提出要"坚持走新型工业化道路",提出了要支持发展的六大重点工业和六大产业园区。"十三五"规划对工业的定位是:加快建设清洁能源基地,初步建成"西电东送"接续基地;培育壮大天然饮用水产业,着力打造"西藏好水"品牌;改造提升民族手工业,创新发展藏药产业,走出一条传统与现代相结合的产业发展路子;建设重要的战略资源储备基地,合理有序发展优势矿产业和积极发展绿色建材业。西藏陆续编制完成有关工业的一系列"十三五"发展规划,如《西藏自治区天然饮用水产业发展规划(2015—2025 年)》(藏政办发〔2015〕69 号)、《西藏自治区"十三五"时期工业发展总体规划》(藏政发〔2018〕19 号)、《西藏自治区"十三五"时期民族手工业发展规划》(藏工信〔2017〕300 号)等。其中《西藏自治区"十三五"时期工业发展总体规划》提出,"十三五"时期工业增加值年均增长率要达到 15% 以上,"十三五"末达到 140 亿元以上;工业固

---

[1] 西藏自治区人民政府.西藏自治区"十三五"时期工业发展总体规划(藏政发〔2018〕19 号)[Z].自治区经信厅内部资料,2018 – 05.

[2] 刘倩茹.2018 年西藏产业建设驶入快车道"七大产业"再创佳绩[EB/OL].中国西藏新闻网,2019 – 01 – 12.

定资产投资要完成 1500 亿元。这些规划的编制和实施，进一步确立了西藏工业的应有地位和补短板的目标政策。

第二，努力促进产业集聚发展。鉴于工业发展可能对环境带来一定的污染，更需要优化布局、集聚发展。西藏的"十三五"规划提出，要通过财税、土地等扶持政策，培育壮大主导产业突出、特色鲜明的功能园区，构建产业集聚发展的服务高地、环境佳地、创业福地。完善和加快拉萨经济技术开发区、拉萨高新技术开发区、格尔木藏青工业园、达孜工业园区、山南雅砻工业园区、堆龙工业园区、曲水雅江工业园区等 12 个产业发展重点集聚区建设，促进产城一体示范点建设，实现产城融合发展。①

第三，加大工业投资力度，促进工业快速增长。2017 年西藏工业固定资产投资超过 300 亿元，同比增长 40% 以上，其中技改投资同比增长两倍多；设立 110 亿元政府投资基金，加快推进旅游文化、清洁能源、净土健康、天然饮用水、绿色建材、高原生态等特色产业发展，其中大多领域与工业有关。西藏 2017 年规模以上工业增加值增长 14.2%，比上年加快 1.5 个百分点，农畜产品加工企业总产值达到 36.64 亿元，同比增长 16%；2018 年，规模以上工业增加值同比增长 14%，绿色工业实现销售产值 216.5 亿元，增长 23.9%，清洁能源产业增长 13.1%。②

第四，凝练特色、突出优势，补齐特色行业短板。西藏现有的工业行业基本上由传统特色产业（如民族手工业、藏药制造业）和现代特色产业（如优势矿产业、建材、清洁能源）组成。从近几年情况看，

① 西藏自治区"十三五"时期国民经济和社会发展规划纲要［EB/OL］. 西藏自治区人民政府网站，2016 - 04 - 23.

② 西藏自治区发展和改革委员会. 西藏自治区 2017 年国民经济和社会发展计划执行情况与 2018 年国民经济和社会发展计划草案报告、西藏自治区 2018 年国民经济和社会发展计划执行情况与 2019 年国民经济和社会发展计划草案报告［EB/OL］. 西藏自治区人民政府网站，2018 - 02 - 13、人民网西藏频道，2019 - 01 - 28.

绿色工业、清洁能源产业整体上发展迅速。2018 年西藏的铜矿、水泥产量分别达到 7.9 万吨、883 万吨，同比分别增长 53.2%、43.2%。[①]全区天然饮用水产量从 2013 年的不足 10 万吨，增加到 2017 年 74.54万吨[②]，2016—2017 年，包装饮用水产量分别达到 58.8676 万吨、73.1959 万吨，同比分别增长 38.3%、24.3%。2016—2017 年，全区发电量每年增长 14.4%。

对于民族手工业、藏药制造等传统特色优势产业，鉴于其具有吸纳就业、增进健康、传承文化、融合发展等重要作用，自治区党委、政府一直将其作为重点产业支持其发展。在藏药产业方面，2017 年 12 月，自治区多部门联合出台了《西藏自治区医药工业发展规划（2017—2025 年)》。2015 年底，全区 17 家医药企业通过国家新版药品生产质量管理规范（GMP）认证，同年藏药产值达到 14.5 亿元。到 2016 年底，全区有医药生产企业 23 家，其中藏药企业 17 家；医药企业共获得国家药品批准文号 311 个，其中藏药品种 159 种，藏药品牌产品获得国家、自治区著名商标 24 个（其中国家驰名商标 2 个）；通过藏药材标准 238个，其中国家标准 136 个。2016 年藏药产量达到 2300 吨、总产值达到15 亿元。另外，西藏在濒危藏药材人工种植等技术攻关和产业化方面也取得了重要进展，"十二五"期间扶持藏药材生产种植项目 11 个，下达扶持资金 1410 万元，种植藏木香、大花红景天、灵芝、枸杞等药材品种 10 余种。[③]从 2018 年初开始，西藏着手组建 15 个产业集团，其中包括西藏藏医药产业发展有限责任公司。《西藏自治区"十三五"时

---

① 西藏自治区"十三五"时期工业发展总体规划 [Z].工信厅内部资料；西藏自治区 2018年国民经济和社会发展计划执行情况与 2019 年国民经济和社会发展计划草案报告 [EB/OL].人民网西藏频道，2019 - 01 - 28.

② 西藏自治区经信厅.西藏特色优势产业发展现状及发展思路（报道稿）[Z].内部资料，2018 - 05 - 28.

③ 西藏自治区医药工业发展规划（2017—2025 年）[EB/OL].中商情报网，2017 - 12 - 11；白少波.西藏藏药产业年产值达 15 亿元 [EB/OL].新华社，2017 - 04 - 11.

期产业发展总体规划》（2018 年）提出，要将西藏建成全国藏医药研发、生产和出口中心和高原生物医药产业创新中心。① 近年来全区藏医药事业发展得到政策、项目、资金等全方位支持。通过实施基层藏医药服务能力提升工程和老中医药专家学术经验继承项目，加快组建藏医药产业集团，提升了藏医药科研能力，促进了藏医药事业长远发展；2018年"藏医药浴法"成功列入联合国教科文组织人类非物质文化遗产代表作名录。2018 年，全区规模以上医药制造企业实现总产值 17.26 亿元、增加值约 9 亿元，增加值同比增长 16.1%；中成药 2600 吨，同比增长 13%。西藏居民人均寿命从民主改革之初的 35.5 岁增加到 2018 年的 68.2 岁。尽管成绩显著，但与健康西藏建设目标及人民群众的健康美好生活需要相比，包括藏医药在内的卫生健康服务供给仍存在诸多差距。自治区党委、政府将包括藏医药在内的卫生健康事业视为西藏全面建成小康社会的突出短板，正努力促进其加快高质量发展。②

民族手工业补短板卓有成效。西藏的"十五"规划把民族手工业定位为六大特色产业和支柱产业之一，"十一五"规划强调要壮大民族手工业；"十二五""十三五"期间专门制定了促进民族手工业发展的若干专项规划。到 2016 年底，全区民族手工业企业有 200 余家。在日喀则市，手工业被列入全市七大产业之一，到 2017 年底全市共有 95 家传统民族手工业实体，2017 年全市手工业实现工业总产值约 2.28 亿元③（详见典型案例 3）。

第五，注重补降成本提质增效短板。2017 年 2 月，自治区政府颁

---

① 西藏自治区发改委. 西藏自治区"十三五"时期产业发展总体规划［EB/OL］. 西藏自治区人民政府网站，2018 – 11 – 14.

② 西藏自治区人民政府办公厅. 罗梅副主席在 2019 年全区卫生健康工作会议上的讲话（2019 年 1 月 22 日）［Z］. 内部情况通报，2019 年第 3 期，2019 – 01 – 27；自治区经济和信息化厅. 全区医药工业发展情况报告［Z］. 内部资料，2019 – 04；孙文娟. 创新发展中的西藏藏医药产业［N］. 西藏日报，2019 – 06 – 21.

③ 胡瑛. 西藏民族手工业产值不断提升［EB/OL］. 中国西藏网综合频道，转引自央广网，2018 – 01 – 05.

布实施《西藏自治区人民政府办公厅关于工业领域降成本补短板的实施意见》（藏政办发〔2017〕21 号），① 其中提出，要补齐"工业原材料短板""基础设施短板""科技创新短板""产业竞争力短板"；"扎实做好工业领域降成本、补短板工作，有效提高供给侧体系质量和效率"。主要目标是到 2020 年基本消除工业发展的基础设施薄弱环节，大幅提升工业的创新创业能力、产业竞争能力。提到的降成本措施主要包括：一是通过落实各项优惠政策降低企业税费等制度成本。二是通过创建和设立产业创投基金，搭建银企合作平台，支持企业上市、扩股、发债等，提高企业间接和直接融资能力；鼓励企业通过兼并重组等举措降低企业财务成本。三是帮助企业降低要素成本，包括采取措施降低企业用地成本、能源成本、人力成本、物流成本等。所提到的补短板举措主要有：一是补齐工业原材料短板。主要是协调解决供需信息不对称问题，保障原材料供给；鼓励建材企业淡季扩大生产、增加库存，旺季均衡调度、保障需求；加大藏药材人工种植基地建设力度，有效缓解原材料供给压力等。二是补齐基础设施短板。统筹工业发展的交通、水利、通信等基础设施建设，注重改善工业集聚地、资源开发地的基础设施条件；探索园区基础设施建设 PPP 模式，通过引入社会资本全面改善园区水、电、路、气、信等配套设施。三是补齐科技创新短板。主要举措包括实施信息化和工业化深度融合、"互联网＋"等行动计划，科学引导发展云计算、大数据、物联网等新业态；加大"招才引智"力度，引进国内外高层次人才来藏创新创业；支持拉萨国家级经济技术开发区、藏青工业园等重点园区设立研发中心和公共科技创新服务平台；大力发展集中式众创空间，支持创建科技孵化器等。四是补齐产业竞争力短板。包括加快培育本土产品品牌、企业品牌和区域品牌；推进消费品

---

① 西藏自治区人民政府办公厅关于工业领域降成本补短板的实施意见（藏政办发〔2017〕21 号）〔Z〕. 2017 – 02 – 26.

工业增品种、提品质、创品牌"三品"专项行动，对获得驰名或著名商标、中国质量奖的企业、组织和个人，命名为全国知名品牌创建示范区和质量提升示范项目（区）的园区分别给予适当奖励；完善上下游配套，延伸产业链，推动生产性服务业向专业化和价值链高端延伸；激发国有资本投资运营的平台功能，加快推进企业兼并重组；大力发展循环经济，深入开展节能降耗，对列入国家、自治区级循环经济示范企业，分别给予适当奖励；鼓励企业通过各类展示展出开展务实合作，指导支持行业协会开展品牌平价、价值评估、标准制定、商标注册等工作，强化企业品牌建设、保护和推广意识等。①

第六，重视支持民营企业和中小企业发展。西藏的民营企业和中小微企业是当地市场的主体和国民经济的主要支柱。到 2018 年底，西藏民营经济市场主体达到 26.07 万户，占比 96.32%，从业人员达 125.34 万人；至 2019 年 9 月底，非公有制经济市场主体达到 30.65 万户，占全区市场主体的 96.7%。至 2019 年 9 月底，全区非公经济税收总额达 236.66 亿元，占比为 84%。非公经济贡献了 90% 左右的税收、45% 以上的国内生产总值、80% 以上的城镇劳动就业。② 2017 年底，西藏 1249 家工业企业中，大、中型企业分别为 2 家、13 家，中小微企业占 99.8% 以上。2018 年 12 月，区司法厅印发《关于支持民营企业发展的十条意见》，推进深化涉企"放管服"改革，加大对民企的法律援助力度；人行拉萨中心支行联合西藏银保监局、证监局出台《关于进一步做好民营企业金融服务工作的实施意见》，提出 21 条金融政策措施助力

---

① 西藏自治区人民政府办公厅关于工业领域降成本补短板的实施意见（藏政办发〔2017〕21 号）［Z］. 2017 - 02 - 26.

② 西藏工商联. 阿沛·晋源谈西藏民营企业近年来发展情况：让民营企业获得更多政策红利［EB/OL］. 西藏日报，转引自搜狐网政务频道，2018 - 12 - 29.

西藏辖区内民营企业发展。① 2017 年 6 月，西藏颁布实施《西藏自治区人民政府关于贯彻国务院关于进一步促进中小企业发展的若干意见的实施意见》。主要举措包括：财税部门设立扶持中小企业发展专项资金、进一步落实和完善税收优惠政策、切实减轻中小企业负担；金融部门设立中小企业贷款风险补偿资金、建立和完善中小企业授信制度、加大对优质中小企业的上市培育制度，支持中小企业加快技改和创新能力建设、加快中小企业公共服务基础设施建设；建立政府采购支持中小企业发展的长效机制，加大援藏扶持中小企业力度；深化和推进中小企业改组改制，依法保障中小企业合法权益，营造中小企业发展良好环境等，切实支持中小微企业可持续、快速和高质量发展。② 2018 年 11 月，根据《工业和信息化部办公厅关于开展专精特新"小巨人"企业培育工作的通知》等文件精神，自治区经信厅推荐了西藏天佑德青稞酒业有限责任公司、西藏藏缘青稞科技有限公司、西藏甘露藏药股份有限公司、西藏奇正藏药股份有限公司 4 家企业作为专精特新"小巨人"企业。③ 通过支持"专精特新"企业培育，引导中小企业走向规模化发展、高水平发展的轨道。

第七，重视工业绿色发展。西藏的生态安全屏障地位决定了当地布局任何产业特别是工业都必须走绿色发展之路。近年来，自治区党委、政府带领全区人民牢固树立"绿水青山就是金山银山"的理念，坚定不移走绿色发展道路。一是组建自治区生态文明建设领导小组，全面加强对生态文明、绿色发展、美丽西藏建设的组织领导和协调指导。设立 20 亿元绿色发展基金，推进产业生态化、生态产业化，生态农业、天

---

① 鲜敢．西藏出台支持民营企业发展十条［EB/OL］．人民网－人民日报，2018 - 12 - 27；西藏出台 21 条政策措施助力民营企业发展［EB/OL］．新华网，转引自中研网资讯频道，2018 - 12 - 19；西藏非公经济发展综述［EB/OL］．人民品牌网，2019 - 11 - 08.

② 西藏自治区人民政府关于贯彻国务院关于进一步促进中小企业发展的若干意见的实施意见［EB/OL］．拉萨市人民政府网站政务公开栏目，2017 - 06 - 22.

③ 西藏经信厅．推动"专精特新"中小企业发展［Z］．中小企业处内部资料，2019 - 05.

然饮用水、清洁能源、生态旅游等特色优势产业蓬勃发展。① 二是在工业绿色发展层面，《西藏自治区"十三五"时期工业发展总体规划》强调要"以推动绿色工业规模发展为目标""构建绿色产业体系"；坚持"生态优先，集约发展"原则，"发展绿色制造""全面推行绿色清洁生产"。为推动矿业绿色发展，2018 年 9 月，由中国黄金集团公司主办，西藏华泰龙矿业、中国黄金报社承办的绿色发展座谈会在拉萨召开。会议呼吁要认真对西藏矿业绿色发展的"甲玛模式"进行总结提升，并大力推广；会议就中国黄金和西藏华泰龙公司如何推进绿色发展提出了"七个坚持"，即坚持绿色发展、安全发展、可持续发展、高质量发展、创新发展、和谐发展、两化融合发展。这次座谈会对西藏整个矿业行业绿色发展具有积极而深远的影响。② 三是在环境保护层面，党的十八大以来，自治区党委、政府把环境保护作为西藏工作的"三件大事"之一，5 年来修订制定出台生态文明建设和环境保护法规制度 63 件。2015 年，自治区党委、政府出台了《关于着力构筑国家生态安全屏障加快推进生态文明建设的意见》《关于建设美丽西藏的意见》《西藏自治区环境保护考核办法》等；2018 年，印发《全面加强生态环境保护坚决打好污染防治攻坚战的实施意见》，为加快推进美丽西藏建设，筑牢国家生态安全屏障指明了方向。5 年来，西藏全面落实大气、水、土壤污染防治三大行动计划，化学需氧量（COD）、氨氮（$NH_3 - N$）、二氧化硫（SO_2）、氮氧化物（NO_x）四项主要污染物排放总量满足国家下达的环保约束性指标计划，全区主要城镇环境空气质量整体优良，主要江河湖泊和 7 个地市所在地城镇的 22 个集中式饮用水水源地水质达

---

① 西藏自治区绿色发展水平显著提升［EB/OL］. 西藏日报，转引自西藏自治区人民政府网站"新闻中心"频道，2019 - 01 - 22.

② 中国黄金协会. 绿色发展座谈会在拉萨召开［EB/OL］. 珠宝人才网，2018 - 09 - 07.

标率为 100%。① 国务院新闻办公室发布的《青藏高原生态文明建设状况》白皮书显示，西藏仍然是世界上生态环境质量最好的地区之一。

4. 特色服务业方面补短板的举措

服务业有 15 个行业门类，我们选取几个特色服务业来分析其"强优补短"情况。根据从业人数判断，"批发和零售业"（33.9397 万人）、"公共管理、社会保障和社会组织"（17.6687 万人）、"住宿和餐饮业"（17.5452 万人）、"租赁和商务服务业"（7.7257 万人）、"交通运输、仓储及邮政业"（7.48 万人）、"居民服务、修理和其他服务业"（6.451 万人）、"教育"（5.2818 万人）这 7 个行业大致属于西藏服务业中的相对优势行业，其他行业大类从业人员数都在 3.5 万人以下，属于短板行业。按照政府产业规划常用的分类，则旅游、商贸、党政等公共管理、交通邮电、居民服务、教育等服务业属于相对优势行业，水利和环境等公共设施管理、卫生和文体等公共服务、文化产业、科学技术服务、物流、金融、房地产等行业属于短板行业。

其一，旅游文化产业"强优补短"的主要举措。近年来，西藏的旅游文化产业发展迅速，已成为规模优势产业。2018 年西藏累计接待游客 3368.72 万人次、实现旅游收入 490.14 亿元，同比分别增长 31.5%、29.2%，提前 2 年完成自治区旅游业"十三五"发展规划目标任务；② 2018 年西藏的文化产业产值达到 46 亿元，比 2013 年的 24.24 亿元翻了近一番，年均增速超过全国文化产业增速和西藏地区生产总值增速。③ 旅游文化产业已成为全区第一支柱产业。旅游文化产业已基本实现了全域全时发展和融合发展。但处于相对优势的旅游文化产业，仍

---

① 罗杰（自治区环境保护厅厅长）. 奋力开拓新时代美丽西藏建设新局面——在 2018 年全区环境保护工作会议上的工作报告 ［Z］. 自治区环保厅内部资料，2018－01.

② 数据引自《西藏 2018 年接待游客 3368.72 万人 实现旅游收入 490.14 亿元》，中国西藏新闻网，2019－04－25；《西藏统计年鉴（2018）》.

③ 数据引自李键. 西藏文化产业连续五年实现两位数增长 ［EB/OL］. 中国文化传媒网，2019－04－19.

存在诸多短板，如夏季之外的其他季节进藏游总体上属于淡季或短板，即便是"冬游西藏"有所升温的 2017 年，1—5 月（旅游淡季）全区接待游客 405.0725 万人次，只占当年全年接待游客总数的 15.8%；入境朝圣旅游、乡村旅游、科考旅游、自驾游等仍属短板；旅游基础设施、旅游安全生产、服务水平等方面也存在短板。自治区党委、政府对于西藏旅游业发展非常重视，就补齐制约旅游业发展的短板采取了诸多措施，着力补齐旅游安全生产、基础设施、旅游服务水平等突出短板。① 这些举措主要有：

第一，政府把旅游业提升至重点支柱产业或先导产业地位。自1994 年以来，历次西藏工作座谈会都把旅游业作为重点或支柱特色产业加以部署。自治区党委、政府坚决贯彻中央精神，2006 年将旅游业确立为"三产大发展"的龙头产业；2007 年提出把"旅游业培育成我区主导产业"。自党的十八大以来，西藏加快建设"重要的世界旅游目的地"，进一步提升了旅游业发展地位。2018 年，为贯彻落实党中央和国务院的重要指示精神，自治区党委和政府决定"把旅游业作为藏区经济社会发展的先导产业来抓"，"把旅游业作为治边稳藏的大事、要事全力推进"。

第二，坚持规划先行，引领旅游业快速高质量发展。近年来，西藏已完成《西藏自治区"十三五"旅游业发展规划》《全区"十三五"旅游扶贫规划》《西藏建设重要的世界旅游目的地中长期规划》和各地市旅游规划（如《日喀则市边境七县旅游总体规划》《拉萨国际旅游城市发展总体规划》《西藏自治区林芝市"十三五"旅游业发展规划》

---

① 西藏自治区人民政府办公厅. 内部情况通报（第 60 期，2018 年 9 月 29 日）——多吉次珠副主席在全区旅游安全生产暨第四季度工作调度电视电话会议上的讲话［Z］. 2018 – 09 – 28；内部情况通报第 32 期（2018 年 5 月 9 日）——齐扎拉主席在 2018 年一季度全区经济运行情况通报暨经济工作部署电视电话会议上的讲话［Z］. 2018 – 05 – 03.

《冈底斯国际旅游合作区发展规划（2018—2035）》等规划）的编制工作。① 众多发展规划的编制和实施，有力地引领和推动了西藏旅游文化产业的发展。

第三，加大旅游基础设施建设力度。近年来，为了适应不断增长的游客需求，西藏加大对基础设施、公共服务、生态环境的建设与保护力度，建成拉（萨）林（芝）高等级公路，启动川藏铁路建设等项目，加大了景区基础设施建设力度。2018 年，拉萨市以建设国际文化旅游城市和国家首批"全域旅游"示范区为目标，开始实施"十项工程"，全力推进旅游产业大发展。近年来，西藏致力于打造 5A 景区和开展景区精品化建设，以便补齐旅游"硬件"短板。到 2018 年底，西藏只有布达拉宫、大昭寺、扎什伦布寺、巴松措 4 个 5A 级景区，② 这与西藏的"世界重要旅游目的地"定位及占全国 1/8 的土地面积不相称。西藏旅游部门正在对芒康古盐田、雅鲁藏布大峡谷、珠穆朗玛峰景区进行打造，以争取持续增加 5A 级景区。另外，在旅游景区精品化工作方面也已初见成效。近两年，西藏 7 个市（地）的精品景区，在基础设施建设、体制机制建设、服务水平、环境质量、安全生产等方面都有明显改善。

第四，全面实施"旅游＋"和"互联网＋"战略，推动旅游业与文化等相关产业深度融合发展。西藏旅游文化部门坚持旅游搭台、文化唱戏的发展理念，不断丰富旅游的文化内涵。积极打造节庆品牌、旅游文化剧目，大力建设旅游文化创意园区，推出了一系列特色文化体验产品。同时，致力于以旅游"互联网＋"为引领，加快与文化、体育、艺术、生态等各领域的深度融合。

---

① 五年来西藏全面推进重要世界旅游目的地建设［EB/OL］．西藏日报，转引自西藏自治区人民政府网站，2017 - 09 - 13；辅之以百度搜索。
② 人民网舆情数据中心．2018 年全国 5A 级旅游景区影响力排行榜 TOP50［EB/OL］．人民网，2019 - 03 - 21．

第五，不断提升旅游业对外开放水平。全区旅游业主动融入"一带一路"建设，加强与周边省区的旅游合作；借助央视、旅游卫视等主流媒体以及互联网络，实现西藏旅游形象宣传片在全球 144 个国家和地区落地播出；不断优化出入境旅游、中国公民赴边境旅游手续，深化与周边国家旅游商贸的合作交流，加快冈底斯国际旅游合作区建设，努力打造与南亚地区合作的"唐竺古道"联通机制。①

第六，打造国际性高端展会平台，加大西藏旅游文化推介力度。中国西藏旅游文化国际博览会作为国际性高端展会平台，从 2014 年 9 月至今，已举办 4 届，成为推动西藏旅游文化产业大发展的重要助力。

第七，推动西藏旅游文化产业全域融合发展。西藏在全域旅游方面存在乡村旅游、边远地区旅游等方面的短板。政府积极开展补短板行动，"大力提升旅游便利度、友好度和可进入性"已被写入自治区政府工作报告，以打造无障碍旅游区为目标，围绕"交通无障碍"完善旅游基础交通网、"服务无障碍"提升综合服务水平、"沟通无障碍"加强"智慧旅游"建设，加快提升全域旅游的综合服务能力和水平。支持探索农业与旅游、养老、健康等产业融合发展的模式，推动休闲农业、乡村旅游、特色民宿和农村康养等产业发展；通过扩大开放，努力推动边境朝圣旅游发展。② 近年来，西藏各地市在发展旅游文化方面各显其能，通过林芝"桃花节"、日喀则珠峰文化旅游节、昌都"卓卓康巴·文化旅游月"、那曲"羌塘恰青格萨尔赛马艺术节"、阿里"象雄文化旅游节"和以暗夜星空为主题的星空旅游，正在推进西藏旅游文化产业的全域发展。

---

① 五年来西藏全面推进重要世界旅游目的地建设［EB/OL］.西藏日报，转引自西藏自治区人民政府网站，2017－09－13；西藏自治区人民政府办公厅.内部情况通报（第 60 期）——多吉次珠副主席在全区旅游安全生产暨第四季度工作调度电视电话会议上的讲话［Z］.内部资料，2018－9－28.

② 代玲.西藏推动构建全时全域全业旅游新格局［N］.经济日报，转引自中国经济网，2018－04－11.

第八，峰季旅游和"冬游西藏"统筹兼顾，致力于补齐旅游全时发展短板。长期以来，由于自然条件等原因，西藏旅游成了"半年经济"，5—10 月是旅游旺季、7—9 月是旅游峰季；11 月至次年 4 月是淡季。旺季尤其是峰季"人满为患""一票难求"宾馆旅社爆满，淡季则门可罗雀、十分冷清。一方面，按照自治区党委、政府统一部署，西藏进一步丰富峰季旅游市场产品，持续创造全国避暑旅游新焦点，如2017 年 7 月 18 日，"避暑林芝"推介会在兰州举行；2017 年 7 月 23日，"唐竺古道号"高原特色旅游品牌列车首发；林芝推出"松茸美食节"，以拉萨雪顿节、珠峰文化节、羌塘赛马节、当雄赛马节、哲古牧人节等为代表的 8 月旅游文化节庆纷呈，持续引爆中国夏日休闲旅游热点。[①] 另一方面，为走出"半年经济"困境、实现"淡季不淡"，从2008 年冬季开始，西藏推出"冬游西藏"淡季促销优惠举措；特别是2018 年 2 月推出"冬游西藏·共享地球第三极"活动，推出了西藏旅游历史上力度最大的优惠活动，成效显著。[②]

第九，提高旅游服务标准化水平，补上服务水平"软件"短板。西藏从 2016 年起开展了旅游服务标准化工作，同年颁布实施《西藏自治区旅行社接待服务细则》《西藏自治区导游服务细则》，旅游服务标准化工作为满足广大游客的基本需求、保护游客的合法权益提供了法律法规保障，为建立健全西藏旅游市场良性循环机制提供了基本依据，也有力推进了旅游产业转型升级、提质增效。[③]

其二，商贸物流业"强优补短"的主要举措。西藏的传统商贸物流如城镇批发零售贸易属于相对优势产业，城乡现代商贸物流（如电商、快递、物流等）、乡村商贸物流和外贸属于短板。2016 年、2017 年，全区

---

① 王菲. 西藏：补齐旅游短板托起产业大盘［EB/OL］. 中国西藏网新闻频道, 2017 – 08 – 18.

② 2018 年我区两轮"冬游西藏"活动成效明显［EB/OL］. 西藏自治区人民政府网（xizang. gov. cn）, 2019 – 01 – 11.

③ 王菲. 西藏：补齐旅游短板托起产业大盘［EB/OL］. 中国西藏网新闻频道, 2017 – 08 – 18.

社会消费品零售总额分别实现459.4106亿元、523.3173亿元，同比分别增长12.5%、13.9%；同期，全区进出口额分别为51.6742亿元、59.1919亿元，同比分别下降8.6%、增长14.5%，2017年开始扭转此前连续4年下降的趋势；2016年全区电子商务注册企业540家，实现交易额3.5亿元。为了做好"强优补短"工作，自治区出台了《关于加快培育我区货物和服务贸易竞争新优势的工作方案（2016—2020年)》《西藏自治区面向供给侧改革的物流业降成本、补短板战略与政策研究》《西藏自治区支持外商投资企业发展若干措施》《西藏自治区鼓励外商投资优惠政策若干规定》等文件。主要举措有：一是不断开拓商务领域供给侧结构性改革新路径。如推进电子商务进农村、搞好节假日促销等。二是加快农牧区市场建设，培育消费新热点，提高消费能力和水平。如加快乡镇商贸中心等农牧区市场体系建设，提高乡镇商贸中心覆盖率；积极推动养老、健康、家政、旅游、文化等服务消费，推动消费转型升级；利用节假日，组织苏宁易购等企业开展"以旧换新""百店让利"等系列主题促销活动；启动家电家具补贴政策，撬动消费等。三是加速补齐物流发展短板，提质增效、降低物流成本。"十三五"时期西藏致力于打造"一核、三轴、三区、四中心"的物流产业发展格局，努力从信息化、设施建设等方面降低物流成本，鼓励支持智能物流及第三方物流发展。四是发展会展经济，推进电子商务新突破。2016年鼓励各市地举办各类展销会、物交会70余场次，同年累计开展电子商务培训26期，培训2800余人次，支持帮扶群众开设网店39家，第一批电子商务进农村4个示范县共计上线销售各类产品120个品种。①

---

① 根据以下资料归纳总结。刘倩茹. 西藏商务领域推进供给侧结构性改革引领发展［EB/OL］. 中国西藏新闻网，2017 - 04 - 20；田方倬. 西藏加快打造面向南亚国际物流枢纽，关注行业龙头［EB/OL］. 第一财经，2018 - 03 - 30；西藏外贸谋求特色发展［EB/OL］. 中国经济网，2016 - 04 - 29 11：01；西藏自治区邮政管理局. 西藏自治区提前一年实现全部5259个建制村直接通邮［EB/OL］. 人民交通网，2019 - 01 - 10.

其三，交通邮电业"强优补短"举措。在交通邮电业内部，公路、民航、邮政行业是相对优势行业，铁路、水运、管道运输、电信行业是短板行业。在公路运输内部，高等级公路、乡村公路、边境公路、口岸公路、偏远景区和矿山公路等仍是短板，冬春季节公路通畅率偏低也是短板；在民航运输方面，存在机场容量小、航线少、管理和服务水平不高等短板；铁路方面整体上属于短板行业，只有连通那曲、拉萨、日喀则的青藏铁路，没有形成铁路网，且只有普通火车，高铁、城轨、地铁在未来长期内仍将是空白。"十三五"时期，自治区党委、政府围绕"巩固、增强、提升、畅通"八字方针，继续加快补齐交通等基础设施短板。

一是对于具有相对优势的城镇公路、民航以及青藏铁路方面，继续加快建设。G4218拉萨至日喀则机场、G219察隅至墨脱等7个重点项目已调整纳入国家规划；G6那曲至羊八井段、G4218拉萨至日喀则机场段控制性工程2条高等级公路已提前开工，G318竹巴笼至林芝、G349边坝至嘉黎、G216区界至改则段等9个普通国省道项目已如期开工。① 青藏铁路格拉段扩能改造工程历时两年半，于2018年8月顺利完成。② 西藏民航也发生了巨变，自2018年5月以来，随着西藏航空公司、成都航空公司相继开通拉萨至武汉的航班，直飞西藏的航空公司增至10家，通航城市47个，开辟国内外航线86条，年旅客吞吐量2017年达到450万人次，是2006年的4.5倍。③

二是重视补齐乡村公路和边境公路短板。西藏到2018年底仍有1个乡、12个建制村不通公路，9个乡镇、1227个建制村通畅问题仍待

① 自治区人民政府. 2018年西藏公路通车总里程突破9万公里［EB/OL］. 中国西藏新闻网，2019 - 01 - 17.

② 中铁总公司. 青藏铁路格拉段扩能改造主体工程顺利完工［EB/OL］. 中国青年网，2018 - 08 - 30.

③ 贡桑拉姆. 西藏民航巨变：当雪域高原"冲上云霄"［EB/OL］. 中国新闻网，2018 - 09 - 29.

解决。"十三五"以来，西藏正大力实施包括"农村公路扶贫攻坚工程"、"边防公路畅通工程"在内的公路交通"四大建设工程"。2017年编制完成了《西藏自治区"十三五"边境地区小康村公路建设规划（2017—2019年)》，同年在国家支持下启动了边境村通达行动，计划用3年时间，采用"军地共建"的方式全面解决边境一线地区、较少人口少数民族居住区自然村通公路问题，并安排了30个边防公路项目。近年来，国家和西藏推动"四好农村路"①和边防公路建设取得新成就。2018年全区新改建农村公路1.3万公里，投资81.8亿元，安排实施158个边境小康村公路项目，完成抵边自然村通硬化路项目前期工作；新增34个乡镇、533个建制村通硬化路。②

三是补齐高等级公路短板。高等级公路是西藏公路的突出短板，到2018年底，二级及以上公路里程仅占总里程的1.9%，高速公路建设还处于起步阶段。近年来高速公路贯通工程被列入西藏"四大建设工程"之一，取得明显进步。2017年，拉萨至林芝、泽当至贡嘎机场等7条高等级公路建成通车。全区一级及以上公路通车里程由2012年的37公里增加到660公里。③按照自治区"十三五"相关规划，到2020年全区公路总里程要达到11万公里，其中一级公路超过1200公里，二级公路达到2300公里。当然，在西藏靠自身力量难以补齐该短板，需要借助国家投资有序推进。

四是补齐管理养护短板。近年来，西藏加快实施养护工程，致力于

① "四好农村路"是习近平总书记于2014年3月4日提出来的，他强调"要进一步把农村公路建好、管好、护好、运营好"，2015年5月26日，交通运输部印发《关于推进"四好农村路"建设的意见》，提出到2020年实现"建好、管好、护好、运营好"农村公路的总目标。

② 自治区人民政府.2018年西藏公路通车总里程突破9万公里［EB/OL］.中国西藏新闻网，2019-01-17；胡鹏飞.西藏交通厅：全年计划新开工30个边防公路项目［EB/OL］.搜狐网财经频道，2017-08-29；西藏启动边境村通达行动［EB/OL］.搜狐网其他频道，2017-04-28.

③ 永吉.2018年全区交通运输工作报告［Z］.西藏交通运输厅藏交发〔2018〕1号，2018-02-06.

促进"建管养运"协调发展，取得明显成效。自治区政府出台实施了《关于加强公路养护管理工作的意见》。到 2017 年底，国省干线油路、砂石路优良路率达到 66.4% 和 57.5%，分别增长 0.7% 和 2.95%；县道和乡村道铺装路优良路率达到 58.0% 和 46.6%，分别增长 0.07% 和 0.4%，进一步提高了公路通行服务保障能力。不过在路政管理、农村公路养护、农村客运发展、道路优良率和通畅率等方面，还存在明显短板，仍需长期努力。

五是要补上保安全、降成本短板。与内地省市相比，西藏交通的安全风险和成本更高，降成本的难度更大，除加强成本管理外，借助智能建造、智慧管养不失为降成本的有效途径。近年来西藏致力于推进平安交通建设，主要举措：实行质量安全问题"红黄牌"预警制度，推行专项督导、第三方监督检测、业主交叉检查等；强化专项整治，推动整改落实，组织开展"平安工地""平安交通百日行动"等活动，对现役 67 座隧道开展风险防控专项行动；深入推进交通运输企业安全生产标准化建设，已有 228 家企业达标。2018 年交通运输系统全年生产安全事故起数和死亡人数均为零，取得了历史性的突破。①

六是补齐智慧交通和绿色交通短板。智慧交通和绿色交通是"四个交通"②的组成部分，也是重要短板。近几年西藏重视推进智慧交通建设，开展了高海拔地区公路隧道建设和营运关键技术、高海拔公路施工粉尘控制技术等研究。2018 年，交通运输统计投资系统、12328 交通运输服务监督电话系统、军民融合示范项目建成投入使用；新材料新工艺推广应用力度持续加大，沥青热再生、超粘同步碎石封层、隧道反光

---

① 永吉. 在 2019 年全区交通运输工作会议上的讲话［Z］. 西藏交通运输厅藏交发〔2019〕1 号，2019-01-16.
② "四个交通"是国家交通运输部提出的当前和今后一个时期的战略任务，即全面深化改革，集中力量加快推进综合交通、智慧交通、绿色交通、平安交通的发展，简称"四个交通"。综合交通是核心，智慧交通是关键，绿色交通是引领，平安交通是基础。

照明，抗凝冰、抗车辙沥青等技术在公路养护领域试点应用。① 在绿色交通建设方面，近几年西藏在工程建设方面能全过程落实环保要求，全区首条绿色公路典型示范工程开工建设，认真开展了中央环保督察反馈18 项问题的整改工作。引进投放了新能源公交车（2017 年引进 317 辆）和共享单车（2017 年投放 6000 辆），稳步推进城市公交、出租汽车"油改气（电）"工作。2017 年拉萨市投入新能源油电混合动力出租车 192 辆，使用液化气替代燃料的出租车共计 2134 辆，占到全区出租车总量的 81.6%。②

七是补齐铁路民航短板。铁路民航项目都属于重大项目，补齐这方面短板必须借助国家力量。根据《西藏自治区铁路网"十二五"及中长期发展规划》，未来西藏将形成"两纵两横"铁路网，将拥有 5 条出藏铁路。③ 2019 年中央决定"加快川藏铁路规划建设"。目前在建或纳入规划的有 6 条铁路，分别是川藏铁路的拉林线、雅林线，延伸至口岸的日亚、日吉铁路，新藏线（日和铁路）、滇藏线（香林铁路）。进度最快的川藏铁路拉林段（拉萨—林芝），路基主体工程已经完工，有望在 2020 年底提前 1 年建成通车；雅林段（雅安—林芝）已完成预可研工作，将在 2019 年年内动工。民航业方面，其业务量持续保持快速增长，民航旅客吞吐量、货邮吞吐量、飞机起降架次的年平均增长率分别为 18.6%、14.1%、20.7%，均高于"十一五"期间年均增速，且远

---

① 永吉．在 2019 年全区交通运输工作会议上的讲话 [Z]．西藏交通运输厅藏交发〔2019〕1 号，2019 – 01 – 16.

② 永吉．2018 年全区交通运输工作报告 [Z]．西藏交通运输厅藏交发〔2018〕1 号，2018 – 02 – 06；永吉．在 2019 年全区交通运输工作会议上的讲话 [Z]．西藏交通运输厅藏交发〔2019〕1 号，2019 – 01 – 16.

③ 西藏"三纵"铁路网：青藏铁路—（拉萨—山南）—相关口岸铁路（远期连接不丹、印度、孟加拉国）是一纵，另外一纵是大格铁路西藏境内区段，另有支线（波密至察隅铁路"昌波察铁路"）；"两横"是指阿里地区的狮泉河至那曲铁路（狮那铁路）—那曲至昌都铁路（那昌铁路）—马尔康—绵阳，第二横是新藏铁路—拉日铁路—拉林铁路—川藏铁路。百度百科·西藏铁路网。

高于全国平均增长水平；2018 年，西藏机场旅客吞吐量达 531.99 万人次，比 2012 年增长了 1.66 倍。① 自治区政府已于 2018 年 11 月完成了《西藏自治区"十三五"时期民用航空发展规划》。拉萨贡嘎机场航站区改扩建工程正在顺利推进；同年 6 月，国家民航系统支援西藏机场建设发展工作会议召开，西藏三个机场建设项目和拉萨贡嘎机场第二跑道建设项目（即"3 + 1"援建项目）全面启动，新建三个支线机场包括山南隆子机场、日喀则定日机场、阿里普兰机场，将于 2021 年建成通航。②

八是补齐邮政通信业短板。西藏 2010 年、2014 年先后实现电话"村村通"、移动通信行政村全覆盖，2016 年实现光缆"乡乡通"，2018 年已实现村村通邮；2016 年、2017 年的邮政业务总量同比分别增长 20.48%、10.06%。在邮政业务中，快递服务业补短板方面成效明显，2016 年全区的快递服务企业业务量完成 734.39 万件，快递业务收入 2.07 亿元，同比分别增长 27.01%、23.1%；到 2017 年年底，全区有快递业务品牌 25 个，快递许可企业 43 家，民营快递服务已覆盖 63 个县 89 个乡镇。2018 年全区快递服务企业业务量累计完成 725.80 万件，同比增长 27.89%。③ 现代通信服务属于相对短板，一系列改革和建设使得补齐该短板成效显著。1998 年，邮电分营、移动剥离；2001 年，政企分开、自治区通信管理局成立；2002 年电信重组、电信体制改革不断深入，西藏通信业发展提速。2011 年实现宽带"乡乡通"，2016

---

① 西藏民航为经济社会发展添翼助力［EB/OL］. 西藏日报，西藏自治区人民政府网站，2019 - 05 - 20.

② 民航系统支援西藏新建三个支线机场　2021 年竣工［EB/OL］. 光明网，2018 - 06 - 08.

③ 永吉. 2017 年全区交通运输工作报告［Z］. 西藏交通运输厅藏交发〔2017〕1 号，2017 - 01 - 18；永吉. 2018 年全区交通运输工作报告［Z］. 西藏交通运输厅藏交发〔2018〕1 号，2018 - 02 - 06；西藏自治区邮政管理局公布 2018 年 12 月邮政行业经济运行情况［EB/OL］. 西藏自治区邮政管理局网站，2019 - 01 - 18.

年开始实施电信普遍服务试点工程，2020 年将实现"村村通宽带"。①

此外，在公共服务方面，整体上属于短板，特别是乡村公共服务供给更是"短板中的短板"。教育科技服务虽然从业人数在服务业各行业中处于中上水平，但服务供给的规模、质量和水平，与城乡居民需求相比、与其他省市区相比，无疑处于短板地位；卫生、文体、社保、环境服务等，供给总量仍明显不足，尤其在乡村和偏远县域，农牧民还享受不到高质量的医疗和文体服务。西藏的基层组织还较为薄弱，政府治理能力现代化建设仍是需要补齐的短板。

5. 西藏补特色产业短板实践的几个典型案例

案例 1　西藏青稞产业强优势补短板卓有成效②

青稞在西藏被誉为"粮食之母"，它本身含有 β - 葡萄糖等营养物质和丰富的矿物质，在降血糖等方面具有独特保健作用。近年来，青稞产业成为西藏农牧业中重要的特色支柱产业。

自治区党委、政府一直高度重视发展青稞产业。吴英杰等自治区主要领导多次强调要推动青稞产业做大做优、做强做精，形成完整的青稞产业链。党委、政府把青稞产业作为最基础、最有特色、最有潜力的农牧业经济支撑产业和战略性产业，加以重点扶持。政府在发展青稞产业方面采取的"强优补短"举措主要有：（1）提升产业地位，重视品种改良和提高产量。近年来，西藏编制和出台了《西藏高原特色农产品

---

① 罗先林. 沧桑巨变四十年　见证西藏通信大发展［EB/OL］. 记者对西藏自治区通信管理局党组书记、局长冯文勇的采访报道，CCTIME 飞象网，2018 年 10 月 9 日.

② 本案例依据西藏自治区人民政府办公厅《内部情况通报》第 53 期（2018 - 08 - 30）——坚参副主席在全区青稞产业发展现场会上的讲话（2018 年 8 月 28 日）；李梅英. 到 2020 年西藏青稞产量将达到 80 万吨［EB/OL］. 中国西藏新闻网，2018 - 09 - 25；西藏大力发展青稞产业　未来将重点扶持加工龙头企业［EB/OL］. 中国食品机械设备网，2017 - 04 - 26；夏媛媛，尼玛扎西. 青稞产业化发展助力西藏脱贫致富［EB/OL］. 北京周报网，2019 - 03 - 08；以及笔者数次调研拉萨、日喀则、山南的绿色食品原料（青稞）标准化生产基地和堆龙古荣朗孜糌粑有限公司、日喀则白朗县洛丹糌粑加工企业获得的资料撰写而成.

基地发展规划（2015—2020 年)》《"十三五"西藏自治区粮食"双增长"行动计划》《关于实施青稞增产行动的意见》等重要文件，确立了青稞的基础产业发展地位；建立了青稞牦牛国家重点实验室和云南元谋南繁育种基地，"藏青 2000"良种获得"何梁何利基金"科学与技术创新奖和自治区科技进步一等奖。2012 年以来，西藏大力推广"藏青 2000""喜马拉雅 22 号""山冬 7 号""冬青 18 号"等青稞良种，5 年累计推广 185 万亩，实现主导品种更新替代，青稞单产、总产稳步提升。经测算，在增产中面积贡献率达到 58%，单产贡献率达到 42%。2017 年青稞产量达到 78.1 万吨，比 2012 年增产 14.4 万吨；到 2018 年底，青稞种植面积达到 212.68 万亩，同比增加 2.58 万亩，良种推广面积达 191 万亩，良种覆盖率超过 90%，同比提高 2 个百分点。（2）树立质量意识，加快标准化体系建设。自治区质监、农牧等部门牵头，加快建立青稞原料、加工、质量标准体系，支持企业开展地理标志认证、无公害认证、绿色认证、有机认证，从青稞种子、种植、管理、品牌、市场全产业链开展标准化建设。（3）培育壮大加工企业，力补加工转化短板。全区青稞加工企业有 40 多家，在已有的糌粑、青稞麦片、青稞酒等产品的基础上，正在深入开发青稞养生米、饼干、面条、方便面、青稞醋、β-葡聚糖提取和降脂软胶囊等系列产品，全区已研制出 100 余种青稞加工产品。第一家青稞品牌公司"西藏达热瓦青稞酒业股份有限公司"已于 2017 年 9 月 28 日在新三板挂牌上市。2016 年全区青稞加工转化量为 6 万吨左右。（4）做大做响品牌、搭建有效平台，加大青稞产品宣传和营销力度。自治区政府已决定建立全国青稞交易中心，农牧厅、商务厅、粮食局和西藏农投集团正致力于推动青稞交易市场建设；有关部门充分利用青稞产品质量安全可信度高、功能特色显著、资源稀缺、高原绿色和文化传承五大优势，在科学揭示青稞特色产品营养和保健作用的基础上，加大宣介展销力度。如举办青稞高端层次推介会、产品展销会、加工技术国际研讨会，建立青稞网站、播放电视公益广告、建立"青稞博物馆"等，广泛宣传青稞所具有的高蛋白、高纤维、高维生素和低脂肪、低糖，且富含微量元素硒（"三高两低富硒"）的现代饮食结构以及抗癌、降糖、降脂等综合功效；农牧厅、科技厅、农科院计划2019年在拉萨举办"世界青稞高峰论坛"。这些有效举措将有助于打造"西藏好青稞"公用品牌，切实将资源优势转化为经济优势。

案例2　白朗县蔬菜产业强优补短成为日喀则优势特色农牧业的"亮丽名片"①

日喀则市白朗县作为传统农耕区和"后藏粮仓"，在20世纪90年代末之前，粮食种植业是其主要产业，包括蔬菜在内的经济作物种植是明显的短板。自1998年第二批援藏开始，该县引进了大棚蔬菜种植并试种成功。历届县委和政府始终将发展蔬菜产业作为调整农业结构、促进农牧民增收的重要渠道，充分发挥山东济南对口援藏的政策优势，加大产业扶贫资金对蔬菜产业的投入力度，不断扩大大棚蔬菜种植规模，历经20余年发展，已成为全区最大的高原蔬菜生产基地。2017年，全县西瓜、香瓜、小番茄等果蔬品种达到136种，果蔬种植面积达1.17万亩，年产量达8283.76万斤，年产值达1.6亿元。2018年，白朗县蔬果占日喀则市场的30%左右，已具规模；他们的目标是到2020年，占西藏市场的50%左右，打响"全国蔬菜看寿光，西藏蔬菜看白朗"的品牌。

主要做法和成效：（1）坚持规划引领，迈出产业化发展步伐。县委县政府准确把握发展蔬菜产业的环境资源、对口援藏等优势条件，将

---

① 本典型案例主要根据日喀则市发展改革委产业科提供的资料以及在白朗县实地调研"中农圣域"获取的资料撰写，同时参考了中国新闻网报道"果蔬多达136种，西藏白朗县变成'百果园'"，2018-05-30；江飞波."后藏粮仓"成蔬果基地西藏白朗县脱贫记［EB/OL］.中新网，2019-03-20.

大力发展万亩有机果蔬作为"四个万亩"产业的重点，把蔬菜种植作为白朗优势产业、支柱产业、核心产业纳入"十三五"发展规划，邀请中国农科院、西藏农科院、山东农科院专家编制了《白朗县现代农业发展总体规划（2016—2025）》和《珠峰有机蔬菜白朗生产基地暨日喀则市"菜篮子"基地发展规划（2017—2020）》，确定了"1轴1心2核6片区26个基地"果蔬产业发展布局，努力把白朗打造成为以有机果蔬为重点的珠峰种养加产业重要承载区、集聚区、示范区、引领区。(2) 坚持招商引资、整合资源，做大做强蔬菜产业。通过招商引资大力培育和引进资金实力雄厚、技术水平高、产出能力强的蔬菜产业经营主体，综合运用扶贫产业政策资金等特殊优惠政策，先后完成万亩现代化设施蔬菜大棚建设；整合涉农资金、援藏资金、强基惠民资金，截至2018年年底，为果蔬产业争取产业扶贫资金45272.8万元，扶贫信贷资金8500万元，全县共实施果蔬产业扶贫项目6个，促使农牧民就地变身为果蔬产业工人或果蔬种植、营销大户，年楚河生态农业长廊沿线26个蔬菜生产基地逐步规范。(3) 坚持科技支撑，注入强劲发展动力。主动邀请西藏农科院等一批专家提供技术指导，并与西藏农科院蔬菜研究所签订战略合作协议，着力解决果蔬产业发展中的关键性问题；加大农牧科技人才培养力度，通过组织蔬菜种植技术培训、田间地头实地指导等方式，培养了一批蔬菜大棚种植的"土专家"，造就了一支懂经营、会管理、有技术的职业农民队伍；建立起222人的科技特派员队伍，鼓励他们带技术和项目进村入户，推广增收效果好的新品种、新技术和科技创新成果，截至2018年年底共推广种植新品蔬菜136个，为加快有机果蔬种植提供了强有力的科技支撑，使白朗成为了国家首批创新型县市。(4) 坚持品牌推介，增添发展后劲。依托国家级农业标准化蔬菜生产示范区平台建设，通过国家无公害产地认证20010亩、无公害农产品认证14个，特别是寿光七彩庄园有限公司曲奴生产基地成为了西藏首个出口蔬菜备案基地。白朗县不断推进农牧业新型技术研发、转化、推广，成为国家农产品质量安全县、西藏首个国家级蔬菜标准化种植示范区、国家农业科技示范园区核心区。加大果蔬优势产业宣传力度，"五彩天域·有机白朗"的地域公共品牌以及"天域绿"白朗蔬菜的品牌全面叫响，白朗果蔬产业经央视、西藏卫视、西藏日报等媒体广泛报道，并通过中国日报登上欧美媒体，品牌效益不断彰显，促使蔬菜产业真正成为了日喀则脱贫攻坚和全面小康建设的新的经济增长点。

（5）创新产业组织形式。近年来，白朗县大力推行"蔬菜协会＋龙头企业＋合作社＋基地＋贫困户"的运作模式，以"西藏日喀则珠峰现代农业科技创新博览园"为主基地，以"白朗中农圣域农牧科技有限公司"为龙头，把高原大棚蔬菜，以规模化、专业化、市场化、现代化经营模式，推向市场、走出高原；并通过不断加快推动"统一供种、统一农资、统一技术指导、统一管理服务、统一平台销售"的产业化经营步伐，打破条块分割和市场壁垒，为拉动本地经济增长、拓宽农民就近就便就业渠道、产业富民打下了更加坚实的基础。

案例3　西藏民族手工业凝特色补短板富有成效①

民族手工业是西藏的传统特色产业之一，改革开放以来，民族手工业发展速度加快，但由于其基数小，至今仍属于短板产业。21世纪以来，西藏民族手工业在凝练特色、补齐短板方面，采取了一系列举措，取得了显著成效，民族手工业总产值已由2003年的不足1亿元增加到2008年的2.1亿多元、2015年的11亿元、2016年的12亿元、2018年的近15亿元。这些举措主要有：（1）高度重视，规划引领。自"十五"以来，西藏中长期规划都将民族手工业列为支柱产业之一。"十二五""十三五"初期都制定了民族手工业发展五年专项规划。《西藏自

---

① 本典型案例主要根据《西藏自治区"十三五"时期民族手工业发展规划》、西藏经信厅消费品处2019年5月提供的内部资料《西藏自治区民族手工业发展情况报告》，近年来有关专项规划、新闻报道，以及赴江孜、白朗、达孜的民族手工业园区或工业园区调研获取的资料撰写。

治区"十三五"时期民族手工业发展规划》确定的目标是，到 2020 年其总产值要达到 20 亿元。（2）凝练特色，丰富品种。作为藏传佛教"五明"中的"工巧明"，西藏民族手工业具有浓郁的民族文化特征和鲜明的地方特色。目前西藏民族手工业产品花色品种已达 2000 多种，600 多种产品被评为国家、自治区优质产品。[1] 如唐卡、地毯、卡垫、氆氇、民族服装鞋帽、金银铜器皿、藏刀、藏香、木制品等工艺美术品及旅游商品，各具特色，拉萨地毯、江孜卡垫、扎囊氆氇、加查木碗、拉孜藏刀、尼木藏香、仁布玉器等，已成为民族手工业名优产品，深受境内外游客和消费者喜爱。（3）园区集聚，政策保障。到 2018 年底，全区已形成和在建拉萨市民族手工业园、昌都经济开发区民族手工业园、白朗县民族手工业园、尼木县民族手工业园、扎囊县民族手工业园 5 个，注册民族手工企业达 240 余家、民族手工合作社 360 余家。为了支持手工业园区和企业发展，自治区政府先后制定出台《关于加快发展民族手工业的决定》《西藏自治区民族手工业"十二五"发展规划》《西藏自治区民族手工业"十三五"发展规划》等文件，除明确发展目标和思路外，也提供了强有力的政策保障。（4）促进融合，辐射带动农牧民就业增收。近年来，自治区推动民族手工业与旅游、文产等产业深度融合，特色民族手工艺品、宗教用品、日常用品等逐渐成为旅游商品，其在民族手工业产品中的比重逐年递增；民族手工技艺成为非物质文化遗产的主要载体。在旅游文化产业快速发展带动下，民族手工业也焕发出勃勃生机，带动了农牧民就近就业和增收致富。据统计，2018 年全区民族手工业直接带动就业 8000 余人，全区常年性、季节性和副业性从事手工业的人数超过 8 万人；普通从业者年收入基本都在万元以

---

　　[1] 西藏自治区人民政府办公厅. 齐扎拉主席在全区工艺美术行业发展暨第二届工艺美术大师命名表彰大会上的讲话（2017 年 7 月 31 日）［Z］. 内部情况通报，第 90 期，2017 - 08 - 02；自治区发改委. 西藏自治区"十三五"时期民族手工业发展规划（藏工信〔2017〕300 号）［EB/OL］. 西藏自治区人民政府网站，2018 - 11 - 22.

上，收入多者能达到3万元左右。（5）导向明确，传承民族工艺。自治区党委、政府始终高度重视民族文化和民族工艺的传承和保护，认真组织开展工艺美术大师、非物质文化遗产传承人等评审推荐工作，激发民族技艺传承意识，培养优秀民族手工业骨干人才队伍。到2018年底，全区有国家级工艺美术大师4人、自治区级工艺美术大师50人；国家级非物质文化遗产传承人96人、自治区级非物质文化遗产传承人350人。2018年5月，藏族唐卡绘制技艺、藏香制作技艺、藏族锻铜技艺、藏族帮典、卡垫织造技艺等15种西藏传统工艺项目列入第一批国家传统工艺振兴目录。

尽管成绩显著，该行业仍存在企业"小散弱"、创新能力严重不足，产品同质化、市场销路不畅、人才缺乏、部分民族工艺面临失传等问题或短板，未来补短板任务仍比较艰巨。

案例4 林芝桃花节成为"春游西藏"的亮丽名片①

林芝市被誉为"西藏江南"，这里一年一度的桃花文化旅游节，是林芝生态文化旅游的一张亮丽名片。林芝桃花节从2003年第一届至今已举行十七届，一般是每年3月下旬开始、4月下旬结束，为期1个月左右。

林芝市的桃花学名叫"光核桃"，又名"西藏桃"，俗称"野桃"，树高花繁，开得狂野。光核桃树体高大，寿命可达千余年。这里的桃花是高原桃花，很多地方山脚桃花盛开，山上则是雪峰，独有韵味。

林芝桃花各县都有，桃花节一般是在巴宜区嘎拉村开幕，桃花游向北可至工布江达县，向南可至米林县和波密县。其中，波密县波堆藏布流经的倾多镇许木乡的桃花沟绵延30公里，号称中国最长的桃花沟。

---

① 本案例根据"人民网"2018年4月7日报道《林芝桃花节游客增六成》，2019年1月6日《西藏日报》相关报道和"网易"2019年3月13日报道《2019林芝桃花节新闻发布会在京举办》等整理而成。

林芝桃花节以桃花为媒，意将林芝营造为浪漫爱情目的地。

2018 年，林芝桃花节于 3 月 15 日开始、4 月 20 日结束，截至 4 月 6 日，共接待游客 65.7 万人次，实现旅游收入 5.2 亿元，分别同比增长 62% 和 57%。2019 年 3 月 11 日，林芝市第十七届桃花旅游文化节新闻发布会暨林芝旅游推介会在北京举办，这届以"2019·爱你依旧——相约中国最美春天"为主题的第十七届林芝桃花旅游文化节于 2019 年 3 月 29 日开幕，活动时间（"桃花季"）是 3 月 15 日至 4 月 30 日，举办了雪域桃花林芝啤酒音乐节、桃花美食展、雪巴拉姆雅江秀等一系列活动。

（二）西藏补特色产业短板的具体建议

1. 需要延伸产业链和价值链，培育新的产业增长点

西藏大多数传统产业的自生能力和市场竞争力偏弱，是因为这些产业普遍存在规模小、产业链条和价值链偏短、技术含量偏低、附加值偏低等问题。农牧业、农牧产品加工业、民族手工业、矿产业、藏医药业等传统产业，更是如此。要切实加大对传统产业的技术改造、产业组织创新和企业管理创新的力度，通过技术进步、管理创新、更新改造、产业融合等来延长产业链、提升价值链，提高产业间的关联效应和产品的深加工程度。同时要壮大和培育生态有机农牧业、高原装配式建筑、冰川矿泉水、清洁能源、绿色食饮品及畜产品深加工、生物制药、乡村文化旅游、信息技术服务、高新数字、电子商务、现代物流等新的产业增长点。通过延伸传统优势产业的产业链和价值链、培育壮大新的产业增长点来促进传统产业"上水平"或补齐高水平发展短板，补齐现代产业短板并推动特色产业转型升级。

2. 需要促进大部分特色产业全域全时发展与融合发展

（1）要促进特色农牧业全域发展及与短板产业融合发展

尽管西藏的自然条件总体上并不理想，但随着科技进步，对于

"一产"中具备相对优势的畜牧业、种植业，是可以谋求全域发展和全时发展的。可以立足西藏全域的资源禀赋和产地环境，加快高原特色农产品基地建设，重点发展青稞、蔬菜、油菜、藏药原料、食用菌、饲草等特色种植业和牦牛、奶牛、藏绵羊、绒山羊、藏猪、藏鸡等特色养殖业，建设标准化健康种养基地，推进标准化、规模化、集约化生产，建设一批增产增效并进、生产生态协调可持续的核心示范基地。

第一，畜牧业长期以来是覆盖了西藏全域（至少覆盖了所有县域）的，不管是牧区、农区还是林区，都存在牛羊养殖。当然，奶牛、藏猪、藏鸡等养殖暂时还难以覆盖全域，需要利用畜牧科技为这些短板畜牧业的全域发展创造条件。第二，西藏的传统农业基本能覆盖所有市（地）县（区），下一步全域发展是要覆盖所有乡镇。为此，需要依靠科技进步和政策引导，培育和推广适合高海拔寒冷地区种植的农作物和饲草品种。第三，对于属于短板的林业、渔业，受自然条件限制，确实难以实现全域发展，通过产业融合是一条可行的补短板路径，对于处于相对优势的农牧业，产业融合也是继续做强优势的可行路径。农牧林渔业内部可以实现融合发展，畜牧业可以为农业提供有机肥料，农业可为畜牧业提供饲草饲料，林区农林混业本身就是产业融合的表现、林业还可以为农牧业涵养水源和提供生态屏障；农牧林渔业和农畜产品加工业、商贸物流融合，能够延长产业链和价值链、提升农牧产品附加值并缓解轻工业原料短缺问题；休闲农牧业和旅游文化产业融合可以相辅相成，有利于农牧业"上水平"和补上乡村旅游短板。

产业融合发展方面，西藏正在积极推进拉萨城关区、日喀则桑珠孜区、山南乃东区、林芝米林县农村产业融合示范县建设，把拉萨市打造成一、二、三产业融合发展示范区，推进林芝市率先实现农牧业现代化。引导龙头企业向农畜产品加工区集聚，重点支持提高农畜产品附加值的关键技术研发，支持建设一批农畜产品加工技术集成基地，推动"种养加"融合发展；鼓励和支持科研院所和院校与企业共建农畜产品研发平台，对农畜产品进行梯次加工和全值高值利用。创新流通方式，积极推进"互联网＋"现代农牧业行动，加速推动信息化和产业化的深度融合，利用"互联网＋"载体，搭建"线上线下"电商营销平台和农畜产品对内对外市场流通体系；鼓励农牧业产业化龙头企业、农牧民合作社、家庭农牧场等新型农牧业经营主体在城镇建立专卖店，专柜专销、直供直销，鼓励农产品批发市场、大型连锁零售企业、农贸市场与农牧民合作社、农畜产品生产基地形成长期稳定的产销关系。推进农畜产品品牌建设，发挥西藏净土健康产业优势，突出绿色、生态特色，编制高原特色优质农畜产品品牌目录，培育和打造一批区域公用品牌和企业品牌，不断提高农畜产品的知名度和影响力，推动生态农牧业融合发展。积极创建现代农业产业园、科技园、创业园，建立农牧业"生产＋加工＋科技"，产加销融合发展的全产业链经营模式。

以蔬菜产业为例。西藏需要以发展无公害、绿色、有机蔬菜为导向，加大反季节蔬菜生产和净菜加工力度；重点做好果蔬的清洗、分级、包装等初加工，抓好果蔬贮运保鲜技术推广，提高蔬菜冷链仓储、物流配送能力。提升蔬菜瓜果精深加工产业化水平，提升加工转化率。例如可以利用本地马铃薯原料，发展马铃薯全粉、淀粉、变性淀粉，马铃薯粉丝、膨化食品、方便食品等多种产品。到2020年，西藏将在拉萨、日喀则、山南、林芝、昌都五市各建成一座综合性蔬菜加工仓储园区，配套生产基地建成一批具有蔬菜商品化处理、配送能力的加工中心，支持发展净菜配送。

"十三五"时期，西藏结合农（畜）产品产业发展的经济基础和城镇化水平、生态保护等条件，着力构建农（畜）产品产业"十品六园三圈一平台一中心"（"106311"）的立体空间布局，这有利于补上农（畜）产品加工业薄弱的短板并促进农牧业和相关产业融合发展。

资料链接： 十品——在十大优势特色农畜产品"青稞、蔬菜、奶牛、牦牛、藏猪、藏鸡、藏系绵羊、绒山羊、藏药材、林果"的优势产区建设原料基地，发展十大优势特色农畜产品加工业。

六园——是指按照"核心突出、区域联动、辐射周边"的原则，建设"拉萨市曲水县绿色农产品加工园、日喀则市工业园、昌都市工业园（经开区）、山南市工业园、林芝高原生物产业园、那曲物流园区"六大农畜产品加工产业园。

三圈——是指三大高原特色农产品旅游体验圈，包括藏中农耕文化与特色产品旅游体验圈、藏东南景观农业与休闲旅游体验圈、藏西北游牧文化与草原生态旅游体验圈。

一平台——指以现代物流设施为特征的农产品商贸流通和电子商务信息平台。

一中心——是指将拉萨市打造成为高原特色农畜产品原料与加工产品的生产中心、物流集散中心、产品展示与贸易中心、加工技术交流示范中心、信息发布中心，成为引领和带动西藏现代农畜产品"研种养加销"发展的"引擎"。

本资料链接根据西藏经信厅内部资料《西藏特色优势产业发展现状及发展思路》和《西藏高原特色农产品基地发展规划（2015—2020年)》撰写。

为了补上农牧区和城镇近郊一、二、三产业融合发展的短板，需要打造高原生物产业品牌，大力发展具有西藏特色和资源开发优势的农畜产品加工业，提升农畜产品附加值和品牌效应，加快推进高原特色食饮品生产基地和产业带建设，从而支撑"高原特色农产品基地"建设。一是要贯彻落实《关于深入开展增品种、提品质、创品牌促进西藏特色优势加工业发展的意见》，巩固提升传统产业优势，保障农畜产品加工业的原材料供应，建立健全高原特色产业标准体系。二是要着力培育高原生物产业龙头企业，形成辐射效应，带动全产业链发展。三是要完善市场体系，搭建"线上线下"电商营销平台和对内对外市场流通体系，建设物流网络，扩大农畜产品销路并降低营销成本。

（2）促进特色工业规模发展及与相关产业融合发展

西藏不具备发展所有工业门类的生态环境和资源条件，需要聚力发展绿色工业和清洁能源产业。一是促进天然饮用水产业规模发展、全域发展及与有关产业融合发展。2017 年，西藏的天然饮用水产业的年产量、产值还分别只有近 80 万吨、15.79 亿元，离"十三五"末产量 500 万吨以上、产值 400 亿元以上的目标值相差极大，需加速发展。该产业具备全域发展的资源条件，但要避免"小散弱"问题。要加快天然饮用水产业和高原特色食饮品、旅游、藏药和保健品等产业融合发展，延伸天然饮用水和相关产业的产业链和价值链。

二是促进优势矿产业规模发展和绿色发展。西藏的矿产资源具备支持优势矿产业规模发展的条件，而脆弱的生态环境则要求该产业走绿色集聚发展道路。需科学划分和整合矿区，合理配置矿权，优化矿产业布局；扶持一批高资质、规模化、集约化的现代矿山龙头企业，加快组建西藏盛源矿业集团，促进矿产资源规模化、集约化开发，扩大优势矿产业支撑作用。同时要严守生态环保底线，引进和发展绿色开采技术，建设绿色、安全、和谐矿山，加强对采矿区环境保护，促进优势矿产业绿色发展。

三是促进清洁能源产业规模发展和高水平发展。西藏具备规模发展清洁能源产业的资源条件，且该产业对环境威胁小，甚至有益于改善环境，基本属于高新技术产业和绿色产业，需要走高水平发展道路。该产业对于推动经济发展、建设美丽西藏和产业富民具有基础产业地位，是建设国家清洁能源基地和"西电东送"接续基地的战略支撑产业，应支持其优先发展和做大做强。

四是加快绿色建材业转型升级步伐。西藏的建筑建材业已具有相对规模优势，当前和今后需适当控制新增产能，按照"上大关小"的原则大力发展新型绿色建材业，积极推进淘汰落后产能，扩大绿色新型建材产能，推动建材业绿色发展、集聚发展和高质量发展。首先，要统筹布局水泥产能，加快建设绿色新型建材，大力发展新型水泥，加快中材祁连山、山南华新、日喀则高新、昌都高争以及城投祁连山等续建、新建、扩建项目建设。其次，推进建材企业整合重组，组建大型建材集团企业，促进建材业规模发展。再次，推进清洁生产和资源循环利用，严格执行国家和地区环保标准，提升资源综合利用水平，走绿色发展道路。最后，要依托丰富的非金属矿产资源，大力开发高强、轻质、耐寒、多功能、低能耗的绿色新型建筑材料，在川藏、中尼铁路建设和支线机场、高等级公路建设中争取更多的建材供应份额。

总之进入新时代，要以推进供给侧结构性改革为主线，努力实践新发展理念，以创新驱动、绿色发展为引领，积极补上特色工业短板，助力构建绿色环保、特色鲜明、优势突出、可持续发展的高原现代产业体系。

（3）促进特色支柱服务业全域全时发展及与相关产业融合发展

一是促进旅游文化产业全域全时融合发展。在西藏，旅游业是最重要的特色支柱服务业。近年来，自治区党委、政府正在按照"打好特色牌、走好高端路、扶好精品点、唱好全域戏"的"四好要求"，着力推进旅游业全域全时发展、与相关产业融合发展及高水平发展。在全域发展方面，各地（市）、县（区）都将旅游业作为自己的重要支柱产业纳入了当地中长期发展规划，未来需要大力发展乡村旅游（如藏家乐、牧家乐、农家乐），进一步拓展全域覆盖面。在全时发展方面需要着力补上淡季旅游短板。近年来，"冬游西藏""春游西藏"等补短板的努力取得显著成效。例如，为破解西藏旅游"半年经济"难题，打响"地球第三极"品牌，自治区旅游发展厅于 2018 年 2 月 1 日至 4 月 30日、2018 年 11 月 1 日至 2019 年 3 月 15 日开启了两轮"冬游西藏·共享地球第三极"活动，取得了显著成效。2018 年 1 月至 4 月，全区累计接待国内外游客 2667492 人次，同比增长 63.5%，实现旅游总收入352343 万元，同比增长 62.8%；2018 年 11 月全区共接待游客 37.8 万人次，同比增长 137.8%，实现旅游收入 9.19 亿元，同比增长 78.3%。建议在继续推进"冬游西藏·共享地球第三极"活动的同时，推进"秋游西藏"（如藏东"三江茶马文化艺术节"就是在 9 月中旬开幕）、"春游西藏"（如林芝"桃花文化旅游节"）活动，认真策划各时段主题和分段设计优惠政策，以便取得更好的效果。

在促进产业融合发展方面，需发挥政府主导作用。首先，政府要在旅游业和文化产业、民族手工业等相关产业的发展规划中，明确旅游业和相关产业融合发展的目标、内涵、路径和政策措施。其次，政府要加大财税、金融、土地等政策支持引导力度，为产业融合发展营造优良的政策环境。再次，要尽量将旅游业和拟融合的文化产业、民族手工业等集聚到产业园区，在集聚中促进彼此合作交融；集聚有困难的可通过"旅游＋""藏文化＋""互联网＋"等模式促进旅游业和相关产业融合发展。最后要鼓励有实力的旅游企业跨产业、多元化发展，形成商务旅游、文化旅游、高原农牧业旅游、高原科考探险旅游等产业融合新业态。

二是促进旅游业高水平、高质量发展。第一，要继续推进旅游服务标准化建设，完善西藏旅游服务地方标准体系，着力推进旅游产业转型升级、提质增效。第二，要大力支持本土旅游企业发展，在支持龙头旅游企业的同时，扶持小微旅游企业、旅游创新创业项目发展，引导企业合理分工，使西藏旅游企业经营能覆盖研发设计、生产经营、衍生品开发等重要节点领域，完善西藏旅游产业链。激发市场活力和创新动力，形成西藏旅游经济新引擎。第三，利用拉萨的首位度地位，将其打造成旅游投融资、旅游创业创意等旅游实体聚集地，利用"拉萨—山南"都市文化旅游圈的扩散辐射效应，拉动周边旅游文化产业发展。第四，鼓励旅游企业利用网络新技术、新理念应对西藏旅游空间跨度大、季节性显著等现实经营困难，完成跨越式发展。开发 APP 程序等现代技术助力经营管理，加强旅游企业原创产品生产创新力，促进西藏旅游创新发展。第五，要完善人才吸引、激励机制。出台有吸引力的引智留人政策（如落户、特殊津贴、购房等优惠政策），规范旅游业从业人员薪酬和社会保障制度；构建具有地方特色的西藏旅游职业资质认证和分级评价制度，强化西藏旅游从业人员职业认同和职业归属；利用区内高校、区内培训机构、对口支援高校加大本土旅游人才培养力度，订单式培养大量"用得上、留得住、下得去"的旅游管理和服务人才。

3. 要利用好区内外、国内外两种资源和市场来强优势和补短板

西藏的人力资本、产业资本、金融资本并不丰裕，科技教育比较落后，市场比较狭小，仅靠自身力量难以完成产业"强优补短"的任务。

（1）用好用足援藏政策优势

要继续以全国对口援藏为契机，创新思路，用好用足援藏政策，拓展产业援藏的广度和深度。要加强与对口援藏的部门、省市、大型央企的沟通协调，力求在重大项目规划和政策建议方面提前谋划、提前介入；积极争取把各省市对口援建项目与西藏的"两屏五地一通道"战略定位对接起来，与西藏的重大基础设施项目建设对接起来，与西藏的"十大工程""七大产业"对接起来。充分利用援藏省市资金、科技、人才、市场等方面的优势，优化产业、科教、人才等援藏布局，使援藏资源更多地向特色产业发展方面倾斜，并能够在特色农牧产业基地、企业、产业园区和科技园区落地；要拓宽交流合作领域，根据市场需求，结合区情实际和需要，制定出台鼓励内地企业参与西藏特色产业发展的特殊优惠政策，探索资金、技术、土地经营权入股等新的产业援藏合作模式。

（2）扩大西藏影响力，利用好国内外资源和市场

要充分利用西藏地处祖国西部及沿边的区位优势，发挥西藏"地球第三极"和藏文化集聚地的旅游文化资源优势，发挥好全国重要的牧区和林区、重要的世界旅游目的地、重要的战略资源储备地、"西电东送"接续地、沿边大区等优势，加大招商引资力度，积极引进利用国内外优质资源，拓展国内外市场，促进西藏与全国各地及国际社会的

交流，进一步扩大西藏在国内、国际的知名度和影响力。特别是要大力宣传"畅游新西藏·守护第三极""冬游西藏·共享地球第三极"的政策和发展理念，加大与国内外的旅游文化合作，加快西藏旅游文化产业发展。加大与南亚邻国和周边省区市的边贸物流、旅游文化、交通邮通、清洁能源、生态屏障建设等合作力度，实现互联互通和互利共赢，打造多维度命运共同体。要利用好区外"经济领土飞地"，助力西藏补上制造业等产业短板。例如，建在青海格尔木的藏青工业园，对于补齐西藏有色金属冶炼、新能源新材料、装备制造、跨省区物流商贸、盐湖化工的短板，① 具有重要意义。

4. 在西藏补产业发展条件短板要兼顾硬条件和软条件

在西藏补产业发展短板，包括补软硬件发展条件短板。

（1）继续补基础设施建设短板

如前所述，西藏经过和平解放以来近 70 年的建设，已形成四通八达的立体交通、邮电通信体系；能源保障不断提升，青藏、川藏、藏中电力已联网，藏电已经外送；水利设施更加完善，基础设施瓶颈制约得到极大缓解。但铁路组网、高速铁路、支线机场、高等级公路、乡村公路、边境公路、偏远乡村宽带和互联网等仍存在明显短板。要抓住国家支持川藏铁路等重大基础设施建设的契机，继续把补基础设施短板作为西藏当前和今后较长时期的突出战略任务，完善基础设施项目库，向国家争取更多的重大项目投资，将国家投资项目落地做好，加快推进重大、紧急基础设施建设。

（2）引进、培育人才、资本等优质要素

一是在人才要素方面。近年来，全国许多大中城市的"抢人"政策力度很大，倒逼西藏要出台更有力度的进人、用人、留人政策；同

---

① 参考了西藏自治区人民政府驻格尔木办事处、西藏自治区藏青工业园区管委会网站的"藏青工业园园区简介"。

时，要利用人才援藏、科教援藏政策，挖掘区内高校、科研机构和职业技能培训机构的潜力，加大本土人才培养力度。要建立柔性引才机制和绿色通道，以双向挂职、项目合作、指导等形式，吸引各类人才以多种方式参与西藏建设。要完善职称评聘、技术等级认定等政策，淡化论文导向，注重实际技能和贡献，营造更加优良的人才成长环境。

二是在资本要素方面。要继续争取中央财政资金和国家专项投资的支持，优化税收减免、转移支付和专项投资政策。要积极探索利用区外、境外资本的新渠道，扩大民间资本准入领域；鼓励民间资本参与基础设施建设，引导外资作为社会资本投向政府与社会资本合作（PPP）项目，推动西藏基础设施建设的市场化运营；要切实提高对激发民间投资活力重要性的认识，完善政策措施，为民间资本投资落地创造优良的政策环境，努力促进民间投资更快增长。

（3）深入推进"放管服"改革，不断优化营商环境

通过"放管服"等制度改革，优化体制机制，补齐制度短板。要完善"一站式"审批综合服务机制，对需要审批、核准和备案的事项，必须公开相应的要求条件和相关制度，并优化程序、明确流程、厘清责任，承诺办结时限。充分发挥投资项目在线审批监管平台作用，实现项目网上申报、并联审批、信息公开、协同监管，不断提高审批效率和服务质量。

（4）优化财税金融等政策支持体系

优化财税、金融等政策支持体系是补软件短板的重要体现。我们在前述"现状"之"实践举措"中已经提到许多相关的财税、金融、人才、土地等政策，如设立产业引导基金、风投基金、担保基金等。现有的优惠政策体系种类已经比较完整，将来只是需要根据特色产业厚植优势、补齐短板的需要，优化政策体系内部结构、持续加大政策支持力度和增强引导的效果。需要强调的是，西藏的优惠政策比较依赖中央给予的减免税收、财政转移支付、重大项目专项投资、对口支援、优惠贷款

利率、贷款坏账核销等照顾性政策，随着国家经济增长放缓、财政事权不断增加，过度依赖国家转移支付、专项投资和对口援藏存在一定的风险。西藏急需要通过大力发展实体经济不断增强自身的生财、聚财、理财能力，以便通过自身财力的增量能加大产业支持引导政策的力度。

（5）加快推进互联网与各行各业的深度融合

大力实施"互联网＋""藏文化＋""旅游＋"等战略，加快推进互联网与各行各业的深度融合，促进旅游、文化产业与相关产业融合发展，拓展经济发展新空间，衍生经济新业态，助推特色产业融合发展和转型升级。鼓励各类企业进入高科技和产业链长、带动效应显著的行业领域，促进传统特色产业转型升级和新兴高新技术产业加快发展。

（6）补齐基本公共服务均等化短板

基本公共服务既是最基本的民生需求、重要的产业发展软条件，也是自治区党委、政府致力于补齐的主要短板之一。西藏基本公共服务总体水平位居全国前列，其短板是存在城乡不均等、为生产生活服务不均衡等问题。补齐该短板就是要促进基本公共服务均等化，这包括两方面目标：一是努力让西藏城乡居民能享受到与内地较发达省市水平大致相当的教育、医疗等公共服务，这需要长期推进西藏经济特色追赶战略、用好用足国家扶持与对口援藏政策才能逐步实现。二是让广大农牧民能享受到与城镇居民大致均等的公共服务。为此要优先发展科教事业，着力推进文化繁荣工程，加快"健康西藏"建设，长期坚持服务面向农牧区，把贫困地区和困难农牧民作为"五下乡"活动①的重点；持续实施农牧区"水电路讯网、科教文卫保"十项提升工程，推进农牧区饮水安全、供电、通信、乡村道路硬化、太阳能公共照明、村庄绿化美化等民生项目，利用"互联网＋"促进优质医疗教育文化体育资源向乡

---

① 是指自治区组织的文化科技卫生法律和爱国爱教宣传"五下乡"集中示范活动，旨在把戏台搭到村头、把科技送到地头、把健康送到手头、把温暖送到心头，架起党和群众间的"连心桥"，为补齐农牧业农牧区发展短板，推动基本公共服务均等化发挥积极作用。

村延伸，促进城镇公共设施向农牧区延伸；逐步推进城乡社保整合和并轨；持续推进近年来已开始实施的公共服务下乡、人才下乡工程，为乡村振兴注入新动能；持续推进电子商务向农牧区延伸，拓展农畜林特产品销售渠道，促进农牧民增收，提升农牧民生产生活便利化水平。

第九章　西藏旅游产业与区域经济的耦合度分析

一、西藏旅游产业与区域经济的双向影响

　　旅游产业与区域经济的发展是相辅相成的，旅游产业的发展离不开区域经济发展状况的支撑，区域经济的发展又需要旅游产业发展助力。本章在对前人相关研究基础上，从以下两点说明西藏旅游产业与区域经济的双向影响，其一，旅游产业对区域经济的作用，分为收入效应、就业效应、创汇效应和产业关联效应四方面进行阐释；其二，区域经济对于旅游产业的作用，从基础效应、需求效应、技术效应和形象效应四点展开说明。西藏旅游产业与区域经济耦合协调发展作用机理如图9-1所示。

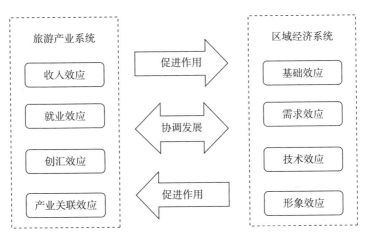

图9-1　西藏旅游产业与区域经济耦合协调发展作用机理

（一）旅游产业对经济发展的作用

1. 收入效应

旅游产业对于区域经济发展最直接的作用就体现在增加国民收入，通过将旅游资源与区域内其他资源进行整合来创造经济价值，旅游除了对于景点、旅行社和衣食住行创造的直接利益外，其产生的间接利益，如鼓励投资、促进旅游附带产品销售等收入同样不容小觑，对于促进第三产业产值增加、经济发展作用显著。在西藏"十一五"到"十三五"规划中，旅游业作为战略性产业的共识不断深化，定位从"支柱产业"到"战略支撑产业"再到"经济发展的主导产业"，其在经济社会发展的重要性凸显，也反映出旅游产业对于国民经济的价值所在。

表 9 - 1　西藏 2006—2018 年旅游总收入占地区生产总值与第三产业比重

年份	地区生产总值（亿元）	旅游总收入（亿元）	第三产业产值（亿元）	旅游总收入占地区生产总值比重（%）	旅游总收入占第三产业比重（%）
2006	290.76	27.71	158.98	9.53	17.43
2007	341.43	48.52	190.29	14.21	25.50
2008	394.85	22.59	219.64	5.72	10.29
2009	441.36	55.99	240.85	12.69	23.25
2010	507.46	71.44	274.82	14.08	26.00
2011	606.13	97.06	322.83	16.01	30.07
2012	701.65	126.48	378.24	18.03	33.44
2013	816.57	165.18	438.77	20.23	37.65
2014	921.73	204.00	493.12	22.13	41.37
2015	1027.43	281.92	553.11	27.44	50.97
2016	1151.41	330.75	606.46	28.73	54.54
2017	1310.92	379.37	674.55	28.94	56.24
2018	1477.63	490.14	719.01	33.17	68.17

注：数据来自《西藏统计年鉴（2018）》和《西藏自治区国民经济和社会发展统计公报（2018）》。

对比表 9-1 数据，2006—2018 年自治区旅游总收入从 27.71 亿元到 490.14 亿元，实现了近乎 18 倍的增长，且旅游总收入在第三产业中的比重持续上升，2018 年达 63.17%，说明旅游产业在第三产业中占据重要地位，其发展对于第三产业产值的提升具有重要影响。西藏近 13 年来地区生产总值由 290.76 亿元增至 1477.63 亿元，与内地省市差距逐渐缩小，旅游总收入占地区生产总值比重 33.17%，证明旅游产业能够有力促进西藏区域经济发展。

2. 就业效应

就业率高低能够一定程度反映出经济发展好坏，同理经济发展状况也能反向作用于就业，就业状况良好可以为社会发展创造更多的经济价值。据世界旅游组织测算，旅游业每增加 1 个就业岗位，可间接带动 7 个人就业。旅游产业作为一个复合型、关联程度较高的产业，其发展可以促进第三产业内其他相关产业的发展进程，且旅游产业具有行业多元、就业层次广泛和参与门槛低的特点，对于西藏来说，城镇居民工作状态与收入有极大改善，重点在于提升农牧民收入。不得不说农牧民的文化程度普遍不高，旅游部分相关产业对于从业者学历和技能无过高要求，能契合当前促进农牧民就业的现实需求。旅游产业一方面能够直接产生就业机会，如景点、旅行社、酒店等；另一方面能够创造餐饮娱乐、运输、保险等间接就业机会。因此，旅游产业是具有就业促进效应并能够很好地作用于区域经济发展。

表 9-2　　西藏 2006—2018 年三次产业及第三产业从业人数

年份	第三产业从业人员数（万人）	三次产业从业人员总数（万人）	第三产业占比（%）
2006	46.60	148.20	31.44
2007	52.45	158.15	33.16
2008	57.00	163.50	34.86
2009	58.72	169.07	34.73

续表

年份	第三产业从业人员数 （万人）	三次产业从业人员总数 （万人）	第三产业占比 （％）
2010	61.58	173.39	35.52
2011	69.57	185.55	37.49
2012	81.36	202.06	40.30
2013	83.80	205.54	40.80
2014	88.86	213.68	41.60
2015	106.88	234.73	45.50
2016	116.63	254.36	45.85
2017	119.18	265.36	44.90
2018	113.94	260.20	43.8

注：数据来自《西藏统计年鉴（2018）》。

观察表 9 - 2 数据可得，西藏区内三次产业从业人员总数持续增加，其中第三产业从业人员数稳定增长，且第三产业在区内从业人员总数占比呈不断上涨趋势并已达约 46%。从业人员数增长趋势和良好的就业形势侧面反映出西藏目前经济状况稳定向好，也在某种程度上说明作为西藏经济主导产业的旅游产业发展可观，大力发展旅游产业，带动就业提升，从而进一步增加经济发展繁荣度有理可依。

为了更加精确探究旅游产业对于区域经济的就业促进作用，本文将运用 SPSS 软件对西藏自治区的旅游产业收入（亿元）与第三产业就业人员（万人）进行相关与回归分析，选取西藏自治区旅游产业国内收入与第三产业就业人数两个变量代入软件进行分析，数据均来源于《西藏统计年鉴（2019）》。对数据进行分析，从表 9 - 3 可以发现西藏国内旅游收入与第三产业从业人员相关系数 R 为 0.959，在 0.01 水平上显著相关，相关系数 R 越接近于 1，说明国内旅游收入与第三产业从业人数之间的相互影响越强烈。图 9 - 2 为国内旅游收入与第三产业从业人数的散点图整体呈增长趋势，说明二者存在正向线性关系。

表 9 - 3　　　　　西藏国内旅游收入与第三产业从业人员相关性

项目		第三产业从业人员	国内旅游收入
Pearson 相关性	第三产业从业人员	1.000	0.959
	国内旅游收入	0.959	1.000
Sign.（双侧）	第三产业从业人员	0	0
	国内旅游收入	0	0
N	第三产业从业人员	13	13
	国内旅游收入	13	13

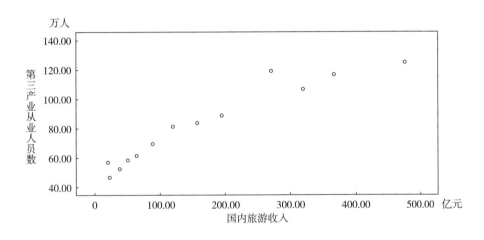

图 9 - 2　西藏国内旅游收入与第三产业从业人员散点图

　　将西藏国内旅游收入作为自变量 X，第三产业从业人员设为因变量
Y，由于二者满足正向线性关系，可以设回归方程为 Y = bX + a（a，b
为常量）。通过运用 SPSS 软件回归分析得到以下相关数据信息，对比
可得 a = 52.180，b = 0.178，R = 0.959，R^2 = 0.919，调整后 R^2 =
0.912，显著性 Sign = 0，其小于 0.05 说明自变量对因变量有显著影响，
且回归方程是具有说明价值的。所以，一元线性回归方程为 Y =
0.178X + 52.180，同等程度说明西藏国内旅游收入每增加 1 亿元，西藏
第三产业就业人数会增加 1780 人，由此可见，国内旅游收入能够有力

影响第三产业就业人数，从而进一步表明旅游产业创造的经济价值能够推动区域经济发展。

表9-4　　　　　　　　　模型可决系数表

模型	R	R^2	调整 R^2	标准估计的误差
1	0.959[a]	0.919	0.912	8.10423

表9-5　　　　　　　Anova[a]（方差分析表）

模型		平方和	df（自由度）	均方	F	Sign.（显著性）
1	回归	8242.448	1	8242.448	125.497	0[b]
	残差	722.463	11	65.678	—	—
	总计	8964.911	12			

表9-6　　　　　　　　　回归系数表

模型		非标准化系数		标准化系数	t	Sign.（显著性）
		B	标准误差	试用版（beta）		
1	（常量）	52.180	3.492	—	14.941	0
	国内旅游收入	0.178	0.016	0.959	11.203	0

3. 创汇效应

外汇储备是衡量某国或某地区经济实力和国际支付能力强弱的重要指标，外汇储备一般分为对外贸易出口商品的贸易创汇形式和采取非贸易途径产生的非贸易创汇形式。入境旅游收入是属于非贸易形成外汇收入的重要形式，能够影响区域外汇收入。2011年南亚贸易大通道项目的深化，推动了樟木、吉隆等贸易口岸的基础设施建设，促进了边民互市贸易的发展，西藏贸易出口额实现了较大幅度的提升。周边国家政局的稳定、西藏交通状况的日益改善和民族手工业等特色优势产业快速发展等原因有力推进了西藏对外贸易的迅猛发展。

根据表9-7可以发现在2011—2014年，由于西藏贸易口岸发展状况良好和贸易优惠政策等的作用下，旅游外汇收入占贸易出口比重仅为3%左右。2015年之后，境外旅游收入占贸易出口额比重持续增加，说明目前境外旅游为增加外汇收入的主要方式。因此，西藏发展旅游产业能够有利于经济发展、对外贸易和外汇收入，基于此，自治区应该继续加强旅游产业发展，从而强有力支撑区域经济未来的发展。

表9-7 西藏2006—2018年入境旅游收入占贸易出口额比重

年份	入境旅游收入（万美元）	贸易出口额（万美元）	入境旅游收入占贸易出口额比重（%）
2006	6094	22222	27.42
2007	13529	32638	41.45
2008	3112	70721	4.40
2009	7873	37535	20.98
2010	10359	77102	13.44
2011	12963	118310	10.96
2012	10570	335501	3.15
2013	12786	326905	3.91
2014	14469	210086	6.89
2015	17666	58179	30.36
2016	19439	47027	41.34
2017	19751	44136	44.75
2018	24700	40170	61.49

注：数据来自《西藏统计年鉴（2018）》。

4. 产业关联效应

西藏自治区"十三五"规划中，充分肯定了西藏"十二五"的发展成果，明确了西藏旅游业必须走"高端、精品、特色"的发展路径，西藏旅游发展已经到了建设重要的世界旅游目的地的实质阶段，因此必须整合优质资源、完善现有资源和基础设施、加快相关产业提质增效，进而为区域经济发展作出更多贡献。

根据世界旅游组织测算，旅游收入每增加 1 元，可带动相关行业增收 4.3 元，说明旅游产业是一个关联度极高的产业，可以拉动相关产业的进展。学者对此也多有研究，结果显示旅游业是牵涉广泛、具有重要影响作用的极强综合性产业。西藏旅游产业近年发展成效有目共睹，现阶段西藏交通状况极大改善，运输业得到发展，2017 年铁路营运里程786 公里，公路里程 89343 公里，全年完成货运周转量 151.79 亿吨公里，比上年增长 10.0%；全年邮政业务总量 4.21 亿元，增长 22.4%；①且保险收入也有所提升。截至 2018 年年底，自治区内旅行社已达 311 所，星级饭店 243 家，住宿、餐饮、休闲娱乐、特色产品销售等方面愈加多元化。旅游产业集合了多个行业产品，通过旅游业平台进行推广，并推动着不同行业共同进步发展。

（二）西藏区域经济对旅游产业的作用

1. 基础效应

从消费者心理来说，基础设施能够最直接影响游客体验度和好感度，进一步去影响顾客宣传度。旅游产业具有前期投资需求大、回本周期长的特点，旅游基础设施完善更是需要资金支撑。而基础设施需要资金数量巨大，那么建设与否是依托于经济发展水平的，经济发展水平高，一方面可以为旅游业发展提供资金支持，另一方面能够将资金分拨给基础设施项目。目前内地部分省市在基础设施建设方面采用 PPP 模式进行融资，是一种既能缓解财政压力又能加快基础设施建设的可行性措施。

西藏自治区"十二五"期间，政府重点加快了旅游环线公路、旅

---

① 《西藏自治区国民经济和社会发展统计公报（2018）》。

游景区与旅游景区之间的公路黑色化，新建了一批旅游咨询服务中心，开展了旅游厕所革命，强化了景区基础设施建设，累计投入达到448.8亿元。"十三五"规划中提出到2020年，全区3A级以上旅游景区全部通油路、通电、通水、通宽带、通无线网络、有环卫设施与咨询服务中心，并新建和改扩建2000座厕所。可见，西藏在加快旅游产业的基础设施建设，这些举措将为旅游产业的发展奠定坚实基础。

2. 需求效应

社会整体发展带来的居民生活水平的提高，人们在有了物质生活上的满足后，开始追求精神层面的满足感，旅游已成为生活中不可或缺的重要组成部分。据统计，2018年全年国内旅游人数55.39亿人次，同期增长10.8%，出入境旅游总人数2.91亿人次，同比增长7.8%。2018年实现旅游总收入5.97万亿元，同比增长10.5%，且对GDP综合贡献为9.94万亿元，占GDP总量的11.04%；旅游就业7991万人，占全国就业总人口的10.29%，这些数据直观地展现了经济发展迅猛下旅游业近年发展之繁盛，人们滋生更多的旅游需求。正如前文所提及的马斯洛需求层次理论，在满足最低生理需求后，人们会开始产生更高层次的情感需求、社会需求和自我实现等价值需求，旅游可以满足人们放松、享受、娱乐等自我完善需要，基于此旅游产业得以飞速发展。

近年西藏区内城镇居民和农牧民人均年收入均已得到改善，可支配收入、闲暇时间与精神需求促使旅游动机的萌生，必定引起旅游消费的增加。经济发展水平提升，收入增加，能够直接表现为居民旅游需求的增加，总而言之，一国或地区经济发展水平高低能够决定当地居民旅游需求的强弱。

旅游需求收入弹性是旅游产品需求变动率与人均国民收入变动率之比，公式为：$E = (\Delta Q / Q) / (\Delta I / I)$，在本文中通过将旅游总收入增长率与人均GDP增长率的比值作为旅游收入弹性的计算方式。其数值显示旅游产值与国民经济产值收入呈现正向相关关系，即旅游产业越高则国民经济产值收入越多，反之越少。将 2005—2018 年相关数据进行计算，结果如表 9 - 8 所示。

表 9 - 8   西藏 2005—2018 年旅游需求收入弹性

年份	旅游总收入（亿元）	旅游总收入增长率（%）	人均 GDP（亿元）	人均 GDP增长率（%）	旅游需求收入弹性
2005	19.35	—	9098	—	—
2006	27.71	43.20	10396	14.27	3.03
2007	48.52	75.10	12109	16.48	4.56
2008	22.59	- 53.44	13861	14.47	- 3.69
2009	55.99	147.85	15295	10.35	14.29
2010	71.44	27.59	17319	13.23	2.09
2011	97.06	35.86	20077	15.92	2.25
2012	126.48	30.31	22936	14.24	2.13
2013	165.18	30.60	26068	13.66	2.24
2014	204	23.50	29252	12.21	1.92
2015	281.92	38.20	31999	9.39	4.07
2016	330.75	17.32	35143	9.83	1.76
2017	379.37	14.70	39259	11.71	1.26
2018	490.14	29.20	43397	10.54	2.77

注：数据来自《西藏统计年鉴（2018）》。

分析数据可以看出，近 13 年来，除 2008 年外，旅游需求收入弹性均大于 1，即旅游总收入的增长量远大于人均国民生产总值的增长量，旅游需求量对收入有较大弹性，说明旅游需求水平对收入水平变动较为敏感，当收入普遍增加时，能够刺激人们旅游消费需求欲望，二者之间产生良性互动，从而旅游产业发展随经济发展状况整体呈现稳中有快、稳中向好的趋势。

3. 技术效应

科技是第一生产力，在电子信息化飞速发展的现代社会中，科学技术在旅游产业发展中同样发挥着关键作用。旅游信息统计、旅游公司管理、旅游景点宣传、旅游商品开发等均需要对应的科学技术辅助，高科技能够加快经济活动运行速度，提升旅游产业生产率，确保在有限资源的情况下使旅游经济效益最大化。目前，旅游信息系统已经相当完善发达，旅游者可以进行互联网路线查询、酒店和门票提前预订、租车等相关服务，极大节省了出游时间，能够提升旅游者自身和旅游服务部门效率。

高效、便捷、投资成本不高的多媒体宣传平台现今发展愈加多元化，旅游企业应该把握良好契机进行旅游景点及企业形象宣传。在互联网蓬勃发展的今天，视频软件成为群众的主流娱乐方式，利用手机软件、视频软件等新媒体开发宣传平台，能够提升旅游公司在媒体市场的占有率，更有益于旅游目的地宣传。2017 年短视频平台脱颖而出，全世界的壮丽山水，正通过短视频这种不需要翻译的语言传播。从 2019 年百度的创作年度报告可以看出，短视频软件的用户数量已达到 5.94 亿之多，其中抖音 APP 国内日活跃用户突破 2.5 亿人次，短视频用户数在国内网民中占比高达 74.19%，2018 政务号领域文化旅游以 9.8% 的比例居第三，说明短视频平台正成为旅游资源宣传的新方式，专业团队高超的摄影和后期制作技术、专人进行市场营销推广，美食打卡、景点打卡以及旅店打卡等环节均可以提升旅游景点及相关服务产业的知名度。因此，区域经济发展所带来的科技创新能够作用于旅游产业，为企业和旅游者同时提供高效和便捷。

4. 形象效应

旅游目的地形象其实是游客以及潜在游客对旅游目的地的整体评价和认知，是对旅游地社会、政治及旅游发展等所有层面的认知与理念的结合，是目的地在游客以及潜在游客眼中的整体形象。中央第五次西藏工作座谈会以来，西藏发展旅游的重要性在全国"两会"多次被提及；习近平总书记在庆祝西藏和平解放60周年大会及一系列重要讲话中，作出了把"西藏建设成重要的世界旅游目的地"的重要指示，将西藏旅游发展提升到一个空前的高度；第六次西藏工作座谈会从国家层面提出"支持拉萨国际旅游文化城市、林芝国际生态旅游区和冈底斯国际旅游合作区建设"，将西藏旅游发展推到了建设重要的世界旅游目的地的实质阶段。西藏应紧紧把握国家及自治区政府大力支持的契机，完善基础和服务设施，增加美誉度和顾客好感度，强化西藏旅游知名度，加强与内地省市及南亚国家之间的推广与紧密合作，不断深化西藏旅游形象。

特殊的气候特征和高原反应因素导致游客对西藏旅游季节选择仅局限于夏季，为了打造"淡季不淡，旺季更旺"的西藏旅游方式，解决西藏旅游淡旺季失衡的现实问题，自治区目前与内地省市展开多项合作推广"冬季旅游""全时旅游"，并在全区大力推广"全域旅游"，一系列措施以区域经济发展状况为基本，旨在改善西藏旅游季节性不均问题，以将旅游产业突破传统形式实现全面多层次发展。

二、西藏旅游产业与区域经济耦合协调发展实证研究

本部分耦合协调发展研究主要针对西藏旅游产业与区域经济两个系统，首先通过对学者相关研究进行对比总结，建立了符合实际且具有代表性的多个指标，旨在定量评价旅游产业与区域经济耦合协调发展概况。将2006—2018年的相关数据代入耦合协调度模型各个公式中进行计算，得出两个系统耦合协调度。其次分别将旅游产业与区域经济两个系统与其内部各指标要素运用灰色关联度分析，探究系统与内部要素之间关联程度，计算得到影响程度排名，从而为后文促进西藏旅游产业与区域经济两个系统加速发展及二者耦合协调发展研究的相关对策建议的

提出提供理论依据。

（一）西藏旅游产业与区域经济耦合协调度评价模型分析

1. 旅游产业与区域经济耦合协调度评价模型

（1）综合发展水平评价模型。建立综合发展水平评价模型需要先行分别设定旅游产业系统综合发展评价函数和区域经济系统综合发展评价函数，为构建耦合协调度模型奠定基础。

本文设 $\eta_1(x)$ 和 $\eta_2(y)$ 分别为旅游产业和区域经济的综合发展水平，设 X_1、X_2、$X_3\cdots X_m$ 为旅游产业系统的各指标，Y_1、Y_2、$Y_3\cdots Y_n$ 为区域经济系统各指标，建立两个系统的综合发展水平评价模型，分别为

$$\eta_1(x) = \sum_{i=1}^{m} x_i a_i \tag{9.1}$$

$$\eta_2(y) = \sum_{j=1}^{n} y_j b_j \tag{9.2}$$

其中，a_i 和 b_j 分别是旅游产业和区域经济的指标权重，在后文具体计算过程中根据熵值法进行确定；x_i 和 y_j 表示两个系统的指标标准化值，其计算方法为 $x_i = \dfrac{X_i}{X_{i(\max)}}$、$y_j = \dfrac{Y_j}{Y_{j(\max)}}$。

（2）协调度模型。通过借鉴物理学中耦合相关概念及系数模型，推广得到多个系统的协调度模型为

$$C_n = n\{(\eta_1 \cdot \eta_2 \cdot \eta_3 \cdot \cdots \eta_n)/(\eta_i + \eta_j)\}^{1/n} \tag{9.3}$$

本文主要研究旅游产业与区域经济两个系统的耦合协调程度，因此在研究时令 $n=2$，则旅游产业与区域经济的协调度模型公式为

$$C_2 = 2\{(\eta_1 \cdot \eta_2)/[(\eta_1 + \eta_2)(\eta_1 + \eta_2)]\}^{1/2} \tag{9.4}$$

将协调度公式进行化简，可得旅游产业与区域经济协调度模型为

$$C = 2\sqrt{\frac{(\eta_1 \cdot \eta_2)}{(\eta_1 + \eta_2)^2}} \tag{9.5}$$

其中，C 值表示两个系统的协调度，其取值为 $0 \leqslant C \leqslant 1$，$C$ 值越大

表示两个系统的协调度越高，两系统呈现良性的有序协调发展；C 值越小说明两系统之间协调发展状态不佳。协调度 C 与耦合度 D 的数值表示的阶段含义在某种程度上趋于一致，具体划分的不同阶段和所表示的状态在下文统一详述，但协调度 C 仅能说明两系统之间的关联性高低，但对于系统间的耦合协调状态难以真实反映和解释清楚，故而下文将耦合协调度模型及公式进行说明。

（3）耦合协调度模型。耦合协调度模型的基本公式为

$$D = \sqrt{C \cdot T} \tag{9.6}$$

$$T = \alpha\eta_1 + \beta\eta_2 \tag{9.7}$$

其中，D 值为耦合协调度；T 表示两系统的综合协调指数，反映两系统整体协同作用及经济贡献能力；α、β 是常数，表示待定系数。

在总结前人研究基础上，通过对比董增川、张小艳[1]和生延超、钟志平[2]在不同领域对于耦合协调度等级的划分标准基本趋同，总结得到以下表格的旅游产业与区域经济耦合协调度等级划分标准，当 $D=0$ 时说明两系统之间不存在相关关系，为无序发展状态；$0\sim0.29$ 为两个系统的低水平耦合阶段；$0.30\sim0.49$ 是两系统的颉颃阶段，即两系统发展不相上下，呈现互相抗衡状况；$0.50\sim0.79$ 为两个系统的磨合阶段，系统之间的协调度偏向好转；$0.80\sim1.00$ 是高水平耦合阶段，两系统耦合状态良好，可以相互作用和共同良好发展；$D=1$ 时指两个系统之间的耦合协调状态最优。将耦合协调度详细划分为 10 个等级，便于分析系统之间的协调关系，有针对性制订发展计划。

---

① 董增川，张小艳. 中国城市经济与用水技术效率耦合协调度研究 [J]. 资源科学，2008.

② 生延超，钟志平. 旅游产业与区域经济的耦合协调度研究——以湖南省为例 [J]. 旅游学刊，2009，24（8）：23－29.

表9-9　　　　　　旅游产业与区域经济耦合协调度等级划分标准

耦合协调度 D	0 ~ 0.09	0.10 ~ 0.19	0.20 ~ 0.29	0.30 ~ 0.39	0.40 ~ 0.49
协调等级	极度失调	严重失调	中度失调	轻度失调	濒临失调
耦合发展阶段	低水平耦合协调阶段			颉颃阶段	
耦合协调度 D	0.50 ~ 0.59	0.60 ~ 0.69	0.70 ~ 0.79	0.80 ~ 0.89	0.90 ~ 1.00
协调等级	勉强协调	初级协调	中级协调	良好协调	优质协调
耦合发展阶段	磨合阶段			高水平耦合协调阶段	

表9-10　　　　　　　　　　耦合发展类型分类

基本类型		
$\eta_1 - \eta_2 > 0.1$	$0 \leqslant |\eta_1 - \eta_2| \leqslant 0.1$	$\eta_2 - \eta_1 > 0.1$
区域经济滞后型	同步型	旅游产业滞后型

2. 西藏旅游产业与区域经济耦合协调指标体系的构建过程

（1）评价指标选取。本文旅游产业与区域经济两大系统相关指标的选取，在向前学者们的研究借鉴的基础上，本着以下几点原则进行：

第一，科学性原则，即本文所选取的指标必须有据可依，有固定的理论和前人相关研究成果作为支撑；第二，客观性原则，指标选取符合客观事实，能够代表地域实际发展状况，并非个人主观任意选取所得；第三，数据易获得性原则，本文选取耦合协调度模型和灰色关联度分析，其具体实证分析完全依靠数据完成，因此每项指标的数据均要能够从《西藏统计年鉴》或《西藏自治区国民经济和社会发展公报》等途径获得，否则后文实证计算分析将无法进行；第四，代表性原则，指标的确定应能代表西藏旅游产业与区域经济发展概况，从而根据分析的结果提出的相关对策建议才能具有实践价值。

根据以上原则，在参考已有研究的基础上，得到如表9-11所示的包含21项指标的西藏旅游产业与区域经济两系统耦合协调发展指标体系。

表 9－11　西藏旅游产业与区域经济两系统耦合协调发展指标体系

耦合系统	指标类型	评价指标	指标序号	单位
旅游产业系统	收入效应	国内旅游收入	X_1	亿元
	创汇效应	旅游外汇收入	X_2	万美元
	产业效应	社会消费品零售总额	X_3	亿元
		国内旅游人数	X_4	人
		国外旅游人数	X_5	人
	就业效应	限额以上住宿餐饮业从业人员	X_6	人
		限额以上批发零售业从业人员	X_7	人
区域经济系统	基础效应	公路通车里程	Y_1	公里
		公共厕所数	Y_2	座
		新增固定资产	Y_3	亿元
		邮电业务总量	Y_4	亿元
	资金效应	地区生产总值	Y_5	亿元
		第三产业产值	Y_6	亿元
		地方财政收入	Y_7	亿元
		地方财政支出	Y_8	亿元
	需求效应	人均地区生产总值	Y_9	元
		农牧民人均可支配收入	Y_{10}	元
		城镇人均可支配收入	Y_{11}	元
	技术效应	互联网普及率	Y_{12}	%
	形象效应	限额以上住宿餐饮业法人单位	Y_{13}	个
		限额以上批发零售业法人单位	Y_{14}	个

（2）运用熵值法确定权重。本章节所用数据均从《西藏统计年鉴》《西藏自治区国民经济和社会发展公报》、统计局和国家数据等网站、西藏自治区官网等途径获得，选取西藏旅游产业与区域经济两系统耦合协调发展 21 项指标在 2006—2018 年内的所有数据。

此处采用熵值赋权法确定指标权重，熵值赋权法根据选取年限的相关实际数据，通过公式计算得到指标权重，减少了客观因素对权重准确度的影响。具体计算步骤如下：

a. 由于所得的原始数据繁多且单位不统一，首先将数据进行标准化处理，通过以下公式进行非负化处理：

$$x_{ij} = \frac{X_{ij} - X_{ij(\min)}}{X_{ij(\max)} - X_{ij(\min)}} \qquad (9.8)$$

$$y_{ij} = \frac{Y_{ij} - Y_{ij(\min)}}{Y_{ij(\max)} - Y_{ij(\min)}} \qquad (9.9)$$

根据计算得到如下各表西藏 2006—2018 年西藏旅游产业与区域经济两个系统标准化处理后的数据。

表 9 - 12　　西藏旅游产业与区域经济两系统各指标标准化数值

耦合系统	指标类型	评价指标	2006 年	2007 年	2008 年
旅游产业系统	收入效应	国内旅游收入	0.01	0.05	0.00
	创汇效应	旅游外汇收入	0.18	0.63	0.00
	产业效应	社会消费品零售总额	0.00	0.05	0.09
		国内旅游人数	0.01	0.06	0.00
		国外旅游人数	0.29	1.00	0.00
	就业效应	限额以上住宿餐饮业从业人员	0.00	0.37	0.22
		限额以上批发零售业从业人员	0.00	0.01	0.38
区域经济系统	基础效应	公路通车里程	0.00	0.09	0.15
		公共厕所数	0.53	0.53	0.54
		新增固定资产	0.02	0.05	0.00
		邮电业务总量	0.00	0.20	0.41
	资金效应	地区生产总值	0.00	0.05	0.10
		第三产业产值	0.00	0.06	0.12
		地方财政收入	0.00	0.02	0.05
		地方财政支出	0.00	0.05	0.12
	需求效应	人均地区生产总值	0.00	0.06	0.12
		农牧民人均可支配收入	0.00	0.04	0.09
		城镇人均可支配收入	0.00	0.10	0.17
	技术效应	互联网普及率	0.00	0.06	0.08
	形象效应	限额以上住宿餐饮法人单位	0.54	0.83	0.29
		限额以上批发零售法人单位	0.00	0.00	0.40

续表

耦合系统	指标类型	评价指标	2009 年	2010 年	2011 年
旅游产业系统	收入效应	国内旅游收入	0.09	0.13	0.20
	创汇效应	旅游外汇收入	0.29	0.44	0.59
	产业效应	社会消费品零售总额	0.15	0.24	0.34
		国内旅游人数	0.14	0.19	0.27
		国外旅游人数	0.36	0.54	0.68
	就业效应	限额以上住宿餐饮业从业人员	0.31	0.19	0.43
		限额以上批发零售业从业人员	0.32	0.35	0.45
区域经济系统	基础效应	公路通车里程	0.20	0.30	0.41
		公共厕所数	0.55	0.45	0.38
		新增固定资产	0.10	0.14	0.32
		邮电业务总量	0.66	0.90	0.08
	资金效应	地区生产总值	0.15	0.21	0.31
		第三产业产值	0.16	0.22	0.32
		地方财政收入	0.06	0.10	0.20
		地方财政支出	0.17	0.23	0.37
	需求效应	人均地区生产总值	0.17	0.24	0.34
		农牧民人均可支配收入	0.14	0.21	0.31
		城镇人均可支配收入	0.22	0.29	0.35
	技术效应	互联网普及率	0.13	0.11	0.15
	形象效应	限额以上住宿餐饮法人单位	0.09	0.00	0.09
		限额以上批发零售法人单位	0.39	0.39	0.38

耦合系统	指标类型	评价指标	2012 年	2013 年	2014 年
旅游产业系统	收入效应	国内旅游收入	0.29	0.40	0.50
	创汇效应	旅游外汇收入	0.45	0.58	0.68
	产业效应	社会消费品零售总额	0.43	0.54	0.63
		国内旅游人数	0.36	0.46	0.57
		国外旅游人数	0.43	0.52	0.59
	就业效应	限额以上住宿餐饮业从业人员	1.00	0.77	0.66
		限额以上批发零售业从业人员	0.52	0.54	0.87

续表

耦合系统	指标类型	评价指标	2012 年	2013 年	2014 年
区域经济系统	基础效应	公路通车里程	0.46	0.58	0.69
		公共厕所数	0.00	0.76	0.82
		新增固定资产	0.26	0.53	0.69
		邮电业务总量	0.28	0.43	0.55
	资金效应	地区生产总值	0.40	0.52	0.62
		第三产业产值	0.43	0.54	0.65
		地方财政收入	0.32	0.39	0.61
		地方财政支出	0.46	0.52	0.66
	需求效应	人均地区生产总值	0.43	0.54	0.65
		农牧民人均可支配收入	0.41	0.52	0.62
		城镇人均可支配收入	0.43	0.53	0.60
	技术效应	互联网普及率	0.24	0.27	0.33
	形象效应	限额以上住宿餐饮法人单位	0.66	0.77	0.63
		限额以上批发零售法人单位	0.65	0.66	0.86

耦合系统	指标类型	评价指标	2015 年	2016 年	2017 年
旅游产业系统	收入效应	国内旅游收入	0.72	0.86	1.00
	创汇效应	旅游外汇收入	0.87	0.98	1.00
	产业效应	社会消费品零售总额	0.74	0.85	1.00
		国内旅游人数	0.77	0.89	1.00
		国外旅游人数	0.76	0.85	0.93
	就业效应	限额以上住宿餐饮业从业人员	0.52	0.76	0.80
		限额以上批发零售业从业人员	1.00	0.87	0.78
区域经济系统	基础效应	公路通车里程	0.75	0.84	1.00
		公共厕所数	0.86	0.86	1.00
		新增固定资产	1.00	0.64	1.00
		邮电业务总量	0.73	1.00	0.59
	资金效应	地区生产总值	0.72	0.84	1.00
		第三产业产值	0.76	0.87	1.00
		地方财政收入	0.66	0.78	1.00
		地方财政支出	0.78	0.92	1.00

耦合系统	指标类型	评价指标	2015 年	2016 年	2017 年
区域经济系统	需求效应	人均地区生产总值	0.75	0.86	1.00
		农牧民人均可支配收入	0.74	0.84	1.00
		城镇人均可支配收入	0.76	0.87	1.00
	技术效应	互联网普及率	0.36	0.62	1.00
	形象效应	限额以上住宿餐饮法人单位	0.63	0.91	1.00
		限额以上批发零售法人单位	0.88	1.00	1.0

b. 计算第 j 项指标每年的数值分别在所有年份数值总和中的比重

$$P_{ij} = \frac{X'_{ij}}{\sum_{i=1}^{m} X'_{ij}}, \quad j = 1,2,3 \cdots m \qquad (9.10)$$

c. 计算第 j 项指标的熵值

$$e_j = -k \times \sum_{i=1}^{m} (P_{ij} \cdot \ln P_{ij}) \qquad (9.11)$$

其中，k 与指标样本数 m 有关，则 $K = \dfrac{1}{\ln nm}$，且 $k > 0$，所以 e_j 为非负数。

d. 计算第 j 项指标的差异系数

$$h_j = 1 - e_j \qquad (9.12)$$

一般来说，指标值 X_{ij} 的差异越大，评价作用越大，熵值就越小，那么 h_j 越大则说明指标越有作用。

e. 计算第 j 项指标的权重

$$W_j = \frac{h_j}{\sum_{j=1}^{m} h_j}, \quad j = 1,2,3 \cdots m \qquad (9.13)$$

根据以上公式，将 2006—2018 年的数据代入 Excel 中进行熵值赋权法计算，得到如表 9-13 所示两个系统各指标的权重。

表 9 - 13　　　　　　西藏旅游产业与区域经济指标权重汇总

耦合系统	指标类型	评价指标	权重	权重效应和
旅游产业系统	收入效应	国内旅游收入	0.1796	0.1796
	创汇效应	入境旅游收入	0.1257	0.1257
	产业效应	社会消费品零售总额	0.1497	0.4372
		国内旅游人数	0.1677	
		国外旅游人数	0.1198	
	就业效应	限额以上住宿业从业人员	0.1257	0.2574
		限额以上餐饮业从业人员	0.1317	
区域经济系统	基础效应	公路通车里程	0.0674	0.2725
		公共厕所数	0.0562	
		新增固定资产	0.0787	
		邮电业务总量	0.0702	
	资金效应	地区生产总值	0.0730	0.2977
		第三产业产值	0.0702	
		地方财政收入	0.0843	
		地方财政支出	0.0702	
	需求效应	人均地区生产总值	0.0702	0.2106
		农牧民人均可支配收入	0.0730	
		城镇人均可支配收入	0.0674	
	技术效应	互联网普及率	0.0899	0.0899
	形象效应	限额以上住宿餐饮法人单位	0.0646	0.1292
		限额以上批发零售法人单位	0.0646	

3. 西藏旅游产业与区域经济耦合协调分析

（1）综合发展水平计算。根据式（9.1）和式（9.2）计算得到旅游产业与区域经济两个系统的综合发展水平 $\eta_1(x)$ 和 $\eta_2(y)$，并根据式（9.5）、式（9.6）和式（9.7）分别得到系统的 C、D 和 T 值，最终结果如表 9 – 14 所示。

表 9 – 14   西藏旅游产业与区域经济的综合评价指数

年份	η_1	η_2	$\eta_1 - \eta_2$	T	C	D
2006	0.0446	0.0645	-0.0199	0.0526	0.9831	0.2273
2007	0.2185	0.1215	0.0970	0.1797	0.9584	0.4150
2008	0.0891	0.1431	-0.0540	0.1107	0.9725	0.3281
2009	0.1898	0.1675	0.0223	0.1809	0.9980	0.4249
2010	0.2308	0.1699	0.0609	0.2064	0.9884	0.4517
2011	0.3340	0.2441	0.0899	0.2981	0.9878	0.5426
2012	0.4142	0.3362	0.0780	0.3830	0.9946	0.6172
2013	0.4502	0.4532	-0.0030	0.4514	1.0000	0.6718
2014	0.5356	0.5358	-0.0001	0.5357	1.0000	0.7319
2015	0.6365	0.6177	0.0188	0.6290	0.9999	0.7930
2016	0.7184	0.6868	0.0315	0.7057	0.9997	0.8400
2017	0.7708	0.8288	-0.0580	0.7940	0.9993	0.8908
2018	0.9390	0.9999	-0.0609	0.9633	0.9995	0.9802

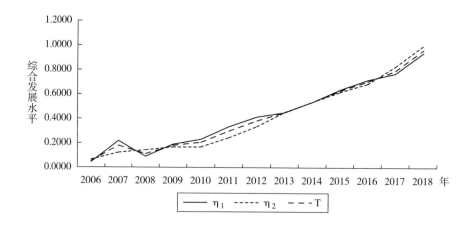

图 9 – 3   西藏旅游产业与区域经济综合发展程度

结合表 9 – 14 和图 9 – 3，我们可以看出，2006—2018 年西藏旅游产业与区域经济两个系统的综合发展水平呈逐年递增趋势，$\eta_1 > \eta_2$，且 T

值也基本上呈正增长，仅在 2008 年有所回落，2008 年旅游产业系统发展水平 η_1 低于区域经济发展水平 η_2，T 值也相应减少。但 13 年间 T 值始终稳步保持在 η_1 与 η_2 中间，说明两个系统具有良好的整体综合效益。

一方面，旅游产业系统综合发展水平呈"上升→下降→上升"趋势。2006—2007 年西藏在"十一五"开局之年将旅游产业定位为西藏的支柱产业，按照"一产上水平、二产抓重点、三产大发展"的产业建设指导原则，加快发展旅游业。坚持特色精品原则，大力发展国内旅游，积极发展国际旅游，适度发展出境旅游，促进旅游业率先实现跨越式发展，加之 2006 年青藏铁路通车历史性事件的影响，西藏旅游瓶颈交通状况的解决促使西藏旅游产业发生巨大进展，我们可以看到 η_1 由 2006 年的 0.0446 提升至 2007 年 0.2185；2008 年下降的主要原因是国际金融危机等事件的间接影响，进藏游客减少，η_1 降低至 0.0891，综合效益 T 值也相应减少。各项指标中，除了社会消费品零售总额和限额以上批发零售人员，其他指标数据均有不同程度下降，旅游外汇收入和国外旅游人数降幅最高，说明突发事件对西藏旅游产业的影响主要体现在创汇效应和产业效应；通过政府和旅游部门的大力支持与努力，2009 年开始西藏旅游业得到回暖并在 10 年间持续增长，η_1 曲线的斜率表明现西藏旅游产业发展水平增速保持递增趋势。

另一方面，区域经济综合发展整体呈逐年上升趋势。"十五"时期是西藏自治区历史上发展和稳定的最好时期，西藏经济连续 5 年保持 12% 以上的增速，西藏经济从加快发展走向了跨越式发展。"十一五"期间，西藏经济延续了"十五"以来的跨越式发展势头，产业结构进一步优化，随着青藏铁路的建成通车，已初步形成了中、东、西三个各具特色的区域经济格局，自我发展能力不断增强。"十二五"期间全社会固定资产投资累计 4642 亿元，是"十一五"时期的 1.8 倍，对经济社会发展起到了重要支撑作用。因此我们可以看到，2006—2017 年，区域经济发展水平逐年增加，η_2 从 2006 年的 0.0645 增加到 2018 年 0.9999；2008 年增速降低主要原因在于受汶川地震和国际金融危机等事件的间接影响，对于西藏自治区的经济增长中心拉萨市经济和社会秩序造成了影响，拉萨市直接损失达到了24468.789万元，对比指标各项数据主要表现为新增固定资产和限额以上住宿餐饮从业法人单位的减少，其余12项指标数据仍增加，反映出突发事件对旅游产业的影响较为明显，区域经济中基础效应和形象效应略有影响，资金效应、收入效应和技术效应为增加趋势，整体保持平稳运行，说明西藏始终从基础设施建设、增加居民可支配收入和提升技术软实力各方面保持着对旅游产业上的隐性资金投入；2009—2010年阶段区域经济综合发展水平波动趋于收敛，但经济总体保持较高水平发展；2010—2018年区域经济发展增速明显，整体来说西藏区域经济发展水平保持中高速稳定增加态势。

（2）西藏旅游产业与区域经济耦合度分析。根据前文公式推算，计算得到西藏旅游产业与区域经济两大系统耦合度、耦合协调度及类型结果如表9-15所示。

表9-15　旅游产业与区域经济两大系统耦合度、耦合协调阶段

年份	协调度 C	耦合协调度 D	耦合协调等级	耦合协调阶段
2006	0.9831	0.2273	中度失调	低水平耦合协调阶段
2007	0.9584	0.4150	濒临失调	颉颃阶段
2008	0.9725	0.3281	轻度失调	颉颃阶段
2009	0.9980	0.4249	濒临失调	颉颃阶段
2010	0.9884	0.4517	濒临失调	颉颃阶段
2011	0.9878	0.5426	勉强协调	磨合阶段
2012	0.9946	0.6172	初级协调	磨合阶段
2013	1.0000	0.6718	初级协调	磨合阶段
2014	1.0000	0.7319	中级协调	磨合阶段
2015	0.9999	0.7930	中级协调	磨合阶段
2016	0.9997	0.8400	良好协调	高水平耦合协调阶段
2017	0.9993	0.8908	良好协调	高水平耦合协调阶段
2018	0.9995	0.9802	优质协调	高水平耦合协调阶段

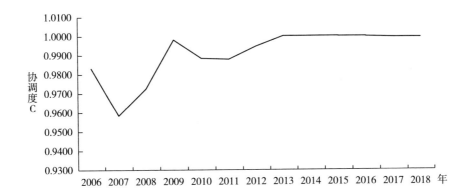

图9-4 西藏旅游产业与区域经济耦合度

整体来说，旅游产业与区域经济耦合度较为稳定，始终保持在 0.95~1。根据表9-15，我们发现2006—2018年 $0 \leqslant |\eta_1 - \eta_2| \leqslant 1$，所以西藏旅游产业与区域经济两个系统的整体发展始终呈同步型。

2006—2007年两系统耦合度下降，由于耦合度主要由两个系统的综合发展水平 η_1 和 η_2 计算得到，2006年西藏旅游产业得益于青藏铁路通车而迅猛发展，而区域经济发展速度相较之极为平稳，综合发展水平存在偏差，对比二者协调度有所减弱。

2008—2010年两个系统的耦合度得到回升，源于西藏2008年旅游产业综合发展水平下降，与区域经济发展程度相当，基本呈同步型发展。

2010—2011年两系统耦合度稍有回落，结合综合发展水平可知，旅游产业发展增速稍快，"十二五"将旅游业定位为战略支撑产业，旅游业为龙头的现代服务业快速发展，进一步提高其发展地位，基础设施不断加强为旅游产业的发展奠定坚实基础，二者耦合度存在微小偏差。

2011—2017年耦合度增加并维持在稳定状态，由0.9887增加到1并稳定波动于0.999左右，两系统的综合发展水平也均为稳定增长状态，说明西藏旅游产业与区域经济两系统磨合状态越来越好，两系统呈现同步型发展状态。

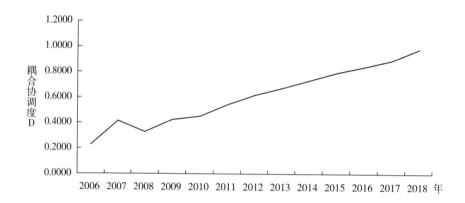

图 9-5　西藏旅游产业与区域经济耦合协调度

2006—2017 年西藏旅游产业与区域经济两大系统耦合协调度总体保持递增趋势，其中 2008 年稍有下降，划分三个阶段进行具体分析：

其一，2006—2007 年，该阶段旅游产业与区域经济的耦合协调度由 0.2273 增加为 0.4150，耦合协调等级由中度失调发展到濒临失调，耦合协调阶段由低水平耦合协调阶段到颉颃阶段，说明该阶段旅游产业与区域经济耦合状态有所好转。源于西藏"十一五"开始即对旅游产业定位为支柱产业，政策的作用、交通及基础设施的改善均使旅游产业空前发展，也能一定程度起到带动经济的作用，两系统的综合发展水平均有增加，从而实现旅游产业与区域经济协同发展。

其二，2007—2008 年，该阶段旅游产业与区域经济耦合协调度由 0.4150 降为 0.3281，耦合协调等级由濒临失调升为轻度失调，耦合协调阶段仍处于颉颃阶段，说明该阶段旅游产业与区域经济耦合发展状况受到负向影响。分析为 2008 年汶川地震及国际金融危机等多项间接影响，减速旅游产业发展，而区域经济仍保持低增速的增长，从而影响两系统的耦合状态。

其三，2009—2018 年，该阶段两系统间耦合协调度保持稳步提升，由 0.4249 增加为 0.999 左右，耦合协调度等级逐级加强，耦合协调阶段逐渐优化为优质协调，说明近 10 年旅游产业与区域经济均得到大力发展，两系统综合评价水平保持上升。主要原因是西藏在"十二五"和"十三五"的发展规划中对于旅游业的定位不断提升，从战略支撑产业到将旅游业培养成西藏自治区国民经济的主导产业，政策支持下西藏旅游业大力发展，伴随近年来经济的两位数增长，旅游产业与区域经济两系统呈现同步型发展，达到了耦合协调发展的优质协调状态。

总结以上分析，综合发展水平仅代表一个时期旅游产业与区域经济的发展概况和综合效益，耦合协调度更能反映两系统在发展博弈中作用的强弱。西藏旅游产业与区域经济综合发展水平总体均呈现上升态势，其中也会受到突发事件的直接与间接影响，旅游产业主要表现为创汇效应和产业效应更易受影响，社会消费品需求总体保持上涨，侧面反映出西藏经济发展未受太大影响；区域经济系统内除新增固定资产和限额以上住宿餐饮法人单位略有影响，总体上资金效应、基础效应、形象效应、技术效应和收入效应中各项指标数值均为增加，表明西藏区域经济运行状况良好。两系统协调度高低与综合发展水平无太大联系，我们可以发现西藏旅游产业与区域经济协调度呈现波动趋势，2015—2018 年呈现递减与实际情况会稍有不符，因此最终结论主要依靠耦合协调度进行说明，耦合协调度结合两系统综合评价指数和协调度，对于西藏旅游产业与区域经济发展实际情况更具有说服力。

（二）西藏旅游产业和区域经济两系统各自内部指标因素的关联度分析

1. 灰色关联分析方法

灰色关联分析方法，是衡量因素间关联度的量化指标，用来判断各因素之间发展趋势之间的相似或差异的动态趋势。将因素的样本数据代入关联系数公式中进行计算，关联系数的平均值则表示因素内各指标的关联度，若因素之间的变化趋势较为同步，说明各因素之间的关联程度较高；反之，变化趋势差距较大则表明关联程度偏低，以处理数据灵活的特点能应用于样本数量较少且关系为线性关系的系统分析。

分析步骤如下：

（1）确定参考数列和比较数列。参考数列是用来反映系统行为特征的数据序列；比较数列是指影响系统行为的因素组成的数据序列。本文选取旅游产业系统发展水平和区域经济系统发展水平为参考数列，用 $F(x)$ 进行表示；两个系统中的多个指标为相应的比较数列，用 $X_i(t)$ 进行表示，i 表示序列数，$i = 1，2，3…，13$，t 表示时间，$t = 1，2，3…，13$，实质上时间为 2006—2018 年，数据也为相应年份数据。

（2）对比较数列和参考数列进行无量纲化处理。由于各数据的物理意义存在区别，直接用于分析会导致分析存在偏差，影响结论的准确性，那么就需要对数据进行无量纲化处理，一般主要运用标准化的方法，求出比较数列和参考数列的绝对差 $|f_i(x) - x_i(t)|$，然后从绝对差的数据中找到最大极差 $\Delta\max|f_i(x) - x_i(t)|$ 和最小极差 $\Delta\min|f_i(x) - x_i(t)|$。

（3）求参考数列与比较数列的灰色关联系数 δ_i。关联程度指曲线间相互关联的程度，选定系统综合发展水平为参考数列，则系统内各指标为比较数列，将两个数列中的数据代入灰色关联度公式中进行计算，其计算公式为 $\delta_i = \dfrac{\Delta\min|f_i(x) - x_i(t)| + \rho\Delta\max|f_i(x) - x_i(t)|}{|f_i(x) - x_i(t)| + \rho\Delta\max|f_i(x) - x_i(t)|}$，其中 ρ 为分辨系数，一般在 $0\sim1$，通常取 0.5。通过计算能够得到影响系统发展各因素的关联系数，从而明晰各指标对于系统综合发展水平的影响程度。

（4）计算关联度 α_i。关联度即为关联系数的平均值，其公式为 $\alpha_i = \dfrac{1}{N} \sum\limits_{}^{N} \delta_i$，计算得到的 α_i 值越接近 1，说明相关性越好。

本文将旅游产业系统及内部因素和区域经济系统及内部要素进行分别灰色关联度分析，分别选取指标进行研究系统发展与其内部因素的关联度，以说明哪些指标对系统的影响程度更大，以指导后期发展对策的制定。

2. 西藏旅游产业灰色关联度分析

根据以上步骤，西藏旅游产业灰色关联度分析，先将 2006—2018 年旅游产业 7 项指标数据进行无量纲化处理后，代入 Excel 中进行相关公式运算，与旅游产业综合发展水平 η_1 计算得到差值为计算依据，选取旅游产业系统内各指标极差的最大值和最小值如表 9 - 16 所示。

表 9 - 16　　西藏旅游产业系统内各指标极差最大值与最小值

指标	$\max \lvert f_i - x_i \rvert$	$\min \lvert f_i - x_i \rvert$
国内旅游收入	0.1950	0.0079
旅游外汇收入	0.2638	0.0003
社会消费品零售总额	0.1740	0.0051
国内旅游人数	0.1707	0.0266
国际旅游人数	0.5091	0.0610
限额以上住宿餐饮业从业人员	0.5858	0.0297
限额以上批发零售业从业人员	0.3635	0.0103

maxmax 两级最大差	minmin 两级最小差	（ρ＊maxmax）	（ρ＊maxmax）＋minmin
0.5858	0.0003	0.2929	0.2932

将以上数据代入关联度计算公式中，就可以计算每个指标每年与旅游产业发展效益之间的关联度，取其平均值即得到每个指标的灰色关联度，计算得到西藏旅游产业系统中旅游产业综合效益与 7 项指标分别的关联度排名如表 9 - 17 所示。

表9-17　　　　　西藏旅游产业系统内各指标灰色关联度排名

耦合系统	指标类型	评价指标	灰色关联度	排名
旅游产业系统	收入效应	国内旅游收入	0.7325	4
	创汇效应	旅游外汇收入	0.8295	2
	产业效应	社会消费品零售总额	0.8860	1
		国内旅游人数	0.7617	3
		国外旅游人数	0.7024	6
	就业效应	限额以上住宿餐饮业从业人员	0.7137	5
		限额以上批发零售业从业人员	0.6762	7

从以上结果可以看出，社会消费品零售总额与旅游产业综合发展水平灰色关联度最高，包括批发和零售业、住宿和餐饮业等所产生的全部销售额，说明社会消费品零售总额极大影响旅游产业的直接和间接发展，从而作用于旅游产业综合发展水平；旅游外汇收入关联度水平位居第二，说明旅游外汇收入与旅游产业发展息息相关，因此增加入境旅游人数，进一步发展国际旅游刻不容缓；国内旅游人数与旅游产业综合发展关联度排名第三，国内旅游人数是西藏旅游人数中的主力军，因此通过增加国内旅游人数和社会消费品零售总额来提升产业效应对于旅游产业系统综合效益是可行的，应积极开拓国内市场，国内旅游人数之所以关联度高除了其产生的直接旅游消费，还能带动相关产业的发展、特色产品的销售和快递业等的间接发展；限额以上住宿餐饮业从业人员对于旅游综合效益关联度也较高，增加第三产业就业吸引力，为旅游业发展提供优质服务，从而为旅游产业更优发展助力；限额以上批发零售业从业人员的就业效应虽处于7项指标最末位，但0.6762的关联度对于旅游产业发展也有一定影响力，批发零售业从业人员能够直接影响零售商品额的销售量，增加批发零售业从业人员在提升就业的同时作用于旅游产业效益的提高。

3. 西藏区域经济灰色关联度分析

西藏区域经济灰色关联度分析与旅游产业分析步骤相同，首先对区域经济14项指标数据进行处理，以便进行关联度相关计算，代入Excel

中进行相关公式运算，与区域经济综合发展水平 η_2 计算得到差值作为计算依据，选取区域经济系统内各指标极差的最大值和最小值如表 9 - 18 所示。

表 9 - 18　　西藏区域经济系统内各指标极差最大值与最小值

指标	$\max\left\vert f_i - x_i\right\vert$	$\min\left\vert f_i - x_i\right\vert$
公路通车里程	0. 101	0. 0001
公共厕所数	0. 3655	0. 0001
新增固定资产	0. 2786	0. 0001
邮电业务总量	0. 4946	0. 0001
地区生产总值	0. 0788	0. 0001
第三产业产值	0. 1122	0. 0001
地方财政收入	0. 1449	0. 0001
地方财政支出	0. 0805	0. 0001
人均地区生产总值	0. 0728	0. 0001
农牧民人均可支配收入	0. 0824	0. 0001
城镇居民人均可支配收入	0. 0842	0. 0001
互联网普及率	0. 3739	0. 0001
限额以上住宿餐饮法人单位	0. 7070	0. 0001
限额以上批发零售法人单位	0. 2615	0. 0001

maxmax 两级最大差	minmin 两级最小差	（ρ * maxmax）	（ρ * maxmax）＋minmin
0. 707	0. 0001	0. 3535	0. 3536

根据计算得到西藏区域经济系统综合效益与各项指标的关联度排名如表 9 - 19 所示。

表 9 - 19　　西藏区域经济系统内各指标灰色关联度排名

耦合系统	指标类型	评价指标	灰色关联度	排名
区域经济系统	基础效应	公路通车里程	0. 9086	3
		公共厕所数	0. 7147	11
		新增固定资产	0. 8209	9
		邮电业务总量	0. 7008	13

续表

耦合系统	指标类型	评价指标	灰色关联度	排名
区域经济系统	资金效应	地区生产总值	0.9294	1
		第三产业产值	0.8684	7
		地方财政收入	0.8251	8
		地方财政支出	0.9054	5
	需求效应	人均地区生产总值	0.8938	6
		农牧民人均可支配收入	0.9116	2
		城镇人均可支配收入	0.9056	4
	技术效应	互联网接入端口	0.7376	10
	形象效应	限额以上住宿餐饮法人单位	0.6728	14
		限额以上批发零售法人单位	0.7068	12

根据表9-19，我们可以发现西藏地区生产总值与区域经济综合发展水平灰色关联度最高，地区生产总值能够说明地区经济实力与发展规模，人均地区生产总值表示地区经济发展质量，二者对于区域经济发展水平能够有力认证，西藏区域经济近年来呈现稳步增长，但相比于内地省市仍有差距，因此发展经济仍应作为西藏第一要务；农牧民可支配收入和城镇人均可支配收入与区域经济关联度也较高，可支配收入高低是对区域经济发展好坏的最直接反馈，同时拉动旅游产业发展，即通过拉动居民需求来促进旅游产业与区域经济同步发展；公路通车里程与区域经济发展之间灰色关联度排名第三，说明基础设施能从根本上影响区域经济发展，因此西藏必须不断完善基础设施建设，为后文对策制定提供依据；地方财政支出与收入也是区域经济系统发展的关键环节，尤其财政支出是政府投资建设的主要来源，增加政府投资建设能够极大影响地区经济发展；第三产业产值与区域经济发展水平灰色关联度0.8684，说明第三产业在西藏经济发展过程中占据重要地位，旅游产业作为第三产业中的最重要部分，第三产业中的其他服务业、餐饮业和住宿业等也是与旅游产业息息相关的产业，那么发展第三产业应作为提升区域经济

的重要手段，更能一定程度上促进旅游产业与区域经济之间的相互协调发展；互联网接入端口与区域经济综合发展水平关联度 0.73 左右，信息化高速发展的时代，互联网对于旅游产业及区域经济的发展影响同样不容小觑，加快西藏互联网建设，其效益最大化作用于区域经济和旅游产业尤为重要。

三、西藏旅游产业与区域经济耦合协调发展存在的主要问题

根据前文中西藏旅游产业与区域经济发展现状的分析，结合实证研究结论，我们可以得出西藏旅游产业与区域经济耦合协调发展存在的主要问题，简述如下：

其一，西藏旅游产业与区域经济协调度较高，但两个系统发展存在不均衡现象。对比各指标权重和关联度，我们可以发现各子系统对于两个系统综合发展水平贡献差异较大，在旅游产业系统中，产业效应和就业效应作用显著，收入效应和创汇效应不及前者一般；区域经济系统中，资金效应、基础效应和需求效应占比较高，技术效应和形象效应处于劣势。因此，西藏旅游产业与区域经济耦合协调发展过程中应更注重产业之间的相对均衡发展，优化产业布局，以促进区域经济整体协调发展，以获取经济效益最大化。

其二，相关基础设施仍需加紧完善。区域经济系统中，公路通车里程、公共厕所数、邮电业务总量和互联网接入端口这几项指标与区域经济发展水平关联度均不高，基础设施是制约旅游产业和经济发展的最根本因素，是地区经济发展实力的象征，那么西藏旅游产业与区域经济耦合协调发展过程中，相关基础设施的建设为最关键一环，除了交通设施方面，基础服务设施和旅游产业的配套设施升级刻不容缓。

其三，西藏旅游"一次性"现象居多，淡旺季明显问题急需改善。除了地理位置、气候和环境的因素外，西藏旅游资源的创新性和挖掘度

不够，国内旅游资源繁多，内地诸多省市旅游资源和定位与西藏有类似，要想刺激游客的需求度，就需要创建新型独特的旅游资源和旅游方式来吸引旅游者，并大力推广冬季旅游，西藏旅游淡旺季明显，导致旅游资源分配不均。

其四，旅游合作互利需加强。现阶段内地诸多省市开展旅游援藏的活动，如陕西文化和旅游厅与西藏签署合作协议、成都举办拉萨冬季旅游推介会、携程与西藏旅发委开启冬游西藏活动等，为西藏旅游产业创造诸多利益。那么，西藏要为旅游产业注入新的活力，加快发展，提高居民收入，为合作省市旅游发展创造更多可能性，增强利益互惠的机会，为合作省市、周边国家的旅游产业贡献力量。

四、西藏旅游产业与区域经济耦合协调发展的对策建议

结合西藏旅游产业与区域经济实证分析结果，本章对西藏旅游产业与区域经济耦合协调发展的思路和对策建议进行了探讨。根据前文实证研究，明确了西藏旅游产业与区域经济两个系统之间的协同发展关系，现阶段西藏旅游产业与区域经济耦合协调发展状况已达到高水平耦合阶段，与西藏旅游产业在经济总量中所占比重大的实际相符；进一步通过灰色关联度分析得到西藏旅游产业与区域经济两个系统与其内部各因素间的关联度。下阶段西藏旅游产业与区域经济耦合协调发展应秉持高质量发展理念，遵循创新、协调、可持续、开放性和以人为本、全面发展的原则，以指导制定相关对策。

（一）西藏旅游产业与区域经济耦合协调发展思路

1. 指导思想

习近平总书记在党的十九大报告中指出："我国经济已由高速增长阶段转向高质量发展阶段，正处在转变发展方式、优化经济结构、转换

增长动力的攻关期，建设现代化经济体系是跨越关口的迫切要求和我国发展的战略目标。"其内涵在于，高质量发展是适应经济发展新常态的主动选择，是贯彻新发展理念的根本体现，是适应我国社会主要矛盾变化的必然要求，是建设现代化经济体系的必由之路。高质量发展是贯彻新发展理念的根本体现。推动高质量发展，既是保持经济持续健康发展的必然要求，也是适应我国社会主要矛盾变化和全面建成小康社会、全面建设社会主义现代化国家的必然要求，更是遵循经济规律发展的必然要求。坚持新发展理念，推动高质量发展，就要坚持稳中求进，基于稳的前提有所进取，以进求稳，突出保障和改善民生，更好地满足人民群众多样化、多层次、多方面的需求，增强人民群众获得感、幸福感、安全感。

西藏旅游业"十三五"期间围绕"四个全面"战略布局和"创新、协调、绿色、开放、共享"五大发展理念，紧抓"一带一路""孟中印缅经济走廊"和面向南亚开放的重要通道建设的战略机遇，坚持"特色、高端、精品"的旅游产业发展要求，以促进旅游产业不断转型升级，以适应旅游产业发展新常态，加快旅游产业发展步伐。坚持依法治旅，健全生态保护机制，完善公共服务体系，实施精准扶贫，推进全域旅游，着力培育品牌、建设精品体系，将旅游业建设成为西藏经济社会发展的主导产业，建设具有高原和民族特色的世界旅游目的地。进入新时代，西藏发展在坚持贯彻习近平新时代中国特色社会主义思想和党的十九大精神的基础上，需要结合西藏发展实际情况，把握高质量发展的根本要求，加快优势产业发展并带动相关产业，发挥产业关联效应，从而推动区域经济不断高质量发展、高效率发展和可持续发展，努力走出一条符合新时代要求、具有西藏特点的高质量发展之路。西藏旅游产业作为区域经济发展的主导产业，以提高发展质量和效益为中心，坚持稳中求进、进中求好、补齐短板工作总基调，为推进西藏经济社会持续快速健康发展提供重要支撑。因此，西藏旅游产业与区域经济耦合协调发展需要高质量发展要求和新发展理念贯穿其中，并作为基本原则来促进旅游产业可持续发展和区域经济高质量发展。

2. 基本原则

（1）创新原则。创新原则主要在于解决发展动力不足的问题，西藏旅游产业和区域经济整体发展创新能力不足、科技水平不高，成为限制西藏旅游产业与区域经济发展的主要问题。在发展中创新，实施创新驱动战略，进一步培育发展新动能，是加快西藏区域经济发展首要所在。旅游产业也需要注重创新，打造全新发展模式与新型旅游方式，能够解决旅游淡旺季不均、一次性旅游等诸多问题。

（2）协调原则。协调发展重在解决发展不平衡的问题，习近平总书记在 2017 年 12 月召开的中央经济工作会议上，提出了区域协调发展的三大目标"要实现基本公共服务均等化、基础设施通达程度比较均衡、人民生活水平大体相当"。西藏自治区内城市与农牧区发展状况仍存在差距，区域协调发展必须注重基础设施建设，此为发展关键一环。在此基础上实施区域协调发展战略，进一步促进区域内协同发展。

（3）可持续原则。可持续发展是一个包含经济、社会、人口、资源与环境等要素的复杂系统，而区域可持续发展则是以各要素的协调发展与协同耦合为目标。西藏素有"世界第三极"和"世界旅游目的地"之称，加强生态环境保护、进一步推进美丽西藏建设是自治区政府建设规划的根本点。西藏旅游产业与区域经济发展必须符合可持续发展原则，在满足环境承载力基础上，开发旅游资源、实施经济建设，提升区域经济发展速度，实现旅游产业与区域经济高质量协同发展。

（4）开放性原则。西藏旅游产业与区域经济发展应始终秉持开放性原则，加强与毗邻南亚国家互利互惠和沟通交流，不断与外界进行人员、物质、能量和信息等方面交换，增加资源流动速度，提升旅游外汇收入，促进区域经济发展，进一步加快改革开放步伐，拓展发展空间，西藏旅游产业与区域经济才能更好地发展。

（5）以人为本、全面发展原则。西藏旅游产业与区域经济发展应
当把以人为本的价值取向贯穿于建设的各个方面、各个环节，助力实现
全面发展，从人民群众的根本利益出发，不断满足人民日益增长的美好
生活需要，切实保障人民群众的根本权益，让旅游产业与区域经济的发
展成果惠及全体人民，普遍性地提高人民群众的收入水平，结合"乡
村振兴"战略，切实解决好"三农"问题，助力2019年底基本消除绝
对贫困、2020年与全国各地全面同步建成小康社会。

（二）西藏旅游产业与区域经济耦合协调发展的对策建议

1. 发挥政府主导，提质区域经济发展

地方政府的方针政策对于产业发展具有基础导向和显著的支撑指引
作用，政府所创造的政策环境能最大化服务于产业发展需求，不断完善
的产业内相关设施，同时造福于产业和区域经济自身发展。区域经济与
旅游产业二者是相辅相成的发展关系，提升旅游产业发展状况，能够作
用于区域经济发展，区域经济发展同样可以反作用于旅游产业发展速
度。西藏旅游产业与区域经济两个系统，根据前文实证可知，相关指标
权重确定及灰色关联度在一定程度上反映出系统综合发展的主要影响因
素，因此，加快相关设施建设可以从以下几点着手：

其一，完善基础设施建设。交通作为旅游产业发展的三大支柱之
一，是制约旅游产业发展的根本性因素。公路旅游是近年来旅游交通中
的主要方式，公路通车里程对于西藏区域经济综合发展效益有重要影
响，旅游产业作为西藏的战略支撑产业，国家和自治区政府的投资力度
持续增加，但基础设施建设需要大量人力、物力和财力，仅依靠旅游部
门是难以实现的，基础设施方面直接影响旅游产业的发展进程和景点创
收效应与成本的比例，因此需要发挥政府主导作用，增加财政在基础设
施建设上的分配比重，不断完善交通网络体系，尤为景区与市区、偏远
景区之间的道路，是解决西藏旅游发展短板和旅游开发不彻底的根本

途径。

其二，优化配套设施。消费者体验度能够影响旅客对于旅游目的地的感知度与好感度，住宿、餐饮、娱乐等服务设施的质量和完备状况与旅游业发展作用大小息息相关，结合前文实证结论，住宿餐饮、批发零售等相关产业与区域经济发展关联度较高，那么政府和旅游相关部门应加大招商引资力度，提升旅游相关配套服务质量，也可结合 PPP 模式，调动民营企业投资积极性，间接带动区域经济。

其三，完善公共卫生安全应急管理系统。2020 年新冠肺炎疫情期间，政府的有力防控管理作用显著，后期复工复产的合理安排对于区域经济的发展具有良性作用。基于此西藏应在现有公共卫生安全应急管理体制基础上进一步加强完善，对于旅游产业及区域经济长远发展价值可观。应急管理系统一般包括预警机制、协调机制、法律机制、资金保障机制和公众参与机制，根据前文实证可知居民人均可支配收入与区域经济发展关联度偏高，因此政府在指挥管理基础上加强对居民的保障机制，如设立专门政府机构管理应急资金、大力宣传保险，切实维护居民实际利益，以应对突发事件对于人民、经济、社会的不可抗力损失，进而维护区域经济稳定运行。

2. 优化产业布局，促进产业联动作用

旅游产业与区域经济的发展速度与两系统耦合程度有一定联系，即加快两系统各自发展速度也能相应影响耦合协调度，目前西藏旅游产业发展速度总体较快，那么提高自治区经济发展速度为当务之急。前文关于西藏旅游产业与区域经济耦合度的研究，在区域经济系统中，新增固定资产投资、农牧民人均可支配收入和第三产业产值这几项指标权重占比较高，说明其对于区域经济发展影响较大，那么发展区域经济应从这些方面入手，优化产业布局，产生联动效益，从而作用于区域经济整体发展。

首先，大力发展旅游业首当其冲，旅游业是关联度高、投资少和见效快的产业，是经过历史经验证明适合西藏区域经济发展的优质产业，旅游业的发展能够带动第三产业内其他相关产业的发展，提升第三产业产值进而提高经济发展水平，目前西藏旅游发展状况整体较好，需要稳中加快，探寻新型发展模式，如生态旅游、冬季观鸟旅游、社交化旅行、圣地巡礼和网红旅游等，解决目前旅游淡旺季不均的实际问题。

其次，增加固定资产投资，前文实证中新增固定资产对于区域经济发展贡献度较高，基于西藏资源禀赋优势，新能源产业行业势如破竹，应不断采用先进技术装备，推动西藏新能源产业发展，进一步调整经济结构和生产力的地区分布，增强经济实力，为改善人民物质文化生活创造物质条件，对于转变经济发展方式，促进经济社会持续发展，具有重要意义。

最后，加快现代服务业发展，物流行业伴随电子商务飞速发展而崛起，物流发展与旅游业发展密不可分，邮电业务与区域经济关联度 0.7 以上，特色高原产品、文化产品等销售量均与旅游产业发展广度有联系。那么，西藏发展旅游产业必须依托现代服务业，产业联合所产生的巨大经济效益不仅作用于产业效益，更能够提升经济发展质量和发展速度，经济快速增长状态可以产生波及效应和扩散效应，能一定程度缓解西藏"二元经济结构"现状。

3. 增强区域合作，建立利益共享机制

在旅游产业系统的灰色关联度分析中，旅游外汇收入与系统发展水平关联度很高，而国内旅游收入和国内旅游人数对旅游产业综合发展水平效用程度紧随其后，西藏旅游业现阶段主要为国内游客占比居多，国内旅游收入增加可观，但发展境外旅游不仅对于西藏旅游产业大有裨益，对于我国整体文化输出和经济整体发展都有重要意义。因此，增强区域合作，统筹区域发展需求，建立产业利益共享机制，在加大开发国内市场的基础上，开拓国外市场，可从以下两个方面着手：

一方面，加强与国内省市旅游合作，西藏与新疆、青海、云南和四川多省相邻，当前已形成川藏线、新藏线、青藏线、滇藏线等自驾路线，四川、青海、云南和新疆等省份旅游产业发展是有目共睹的。旅游部门与旅行社合作推广，大力宣传特色精品旅游线路，利用互联网渠道，综合网民意向，推出季节性特色旅游路线，促进西藏与内地省市旅游资源互动共享。同时，建立省间"旅游大数据平台"，通过提前规划和对旅游人数限流分散，解决旅游人数暴增对环境承载力的影响，实现旅游可持续发展。

另一方面，加强与南亚国家旅游推广合作，西藏与缅甸、印度、不丹、尼泊尔等国以及克什米尔地区毗邻，是我国"一带一路"倡议中面向南亚开放的重要通道。如果没有立体的消费层次，单独的美景构建不了完整美妙的消费体验，西藏应抓住"一带一路"倡议和"南亚大通道"发展优势，加快向周边国家旅游宣传，深化朝圣文化旅游和旅游目的地形象宣传，为游客制定有特色、有温度、有主题的旅游产品和服务，并且提供给用户最佳的旅游解决方案，不需要反复挑选，提高决策价值，自然而然会为景区获得良性口碑和传播，旅游推广能够推进不同文化交流与融合，对于带动边境县经济发展效果显著。

4. 打造全域旅游，助推可持续发展的实现

全域旅游，已成为时下最为热门的旅游词汇。多个省市已将全面践行全域旅游发展理念纳入旅游发展规划中，重点宣传发展一批龙头景区，吸引客源以助推旅游业发展新气象。发展全域旅游即需要整合区域旅游资源，加快加强旅游景区基础设施和服务设施建设，联合相关产业发展形成产业链，带动相关产业大发展，最终形成"景城一体化发展"。但旅游资源并非取之不尽用之不竭，必须环境承载力、文物保护、资源合理利用等问题综合考虑，方能使旅游产业长远发展且作用最大化于区域经济。

全域旅游、全时旅游作为当前西藏倡导的全新旅游模式，旨在平衡

西藏旅游中存在的游客夏多冬少，旅游旺季更旺、淡季更淡的现状，西藏旅游在季节上的严重失衡对文化、旅游以及相关产业的发展造成显著负面影响，因此必须解决旅游资源发展利用不均的问题，合理规划旅游资源，实现西藏旅游产业可持续发展，更强的创效能力，进一步作用于西藏区域经济发展。

同时，形成西藏旅游"增长极"，以龙头景区带动地方旅游业一体化发展，以龙头景区推动旅游业与相关产业融合，以龙头景区带动地方经济社会发展。根据西藏实际旅游资源现状，培养以拉萨—布达拉宫、日喀则—珠峰、山南—羊卓雍措、林芝—雅鲁藏布江、昌都—茶马古道、那曲—纳木错和阿里—神山圣湖等著名景区为增长极辐射周围景区，探索景区最大扩展潜能，对扩展性强的地区进行扩建，以可持续发展观念为前提，完善基础设施，根据现实情况规划旅游区功能，必须在有限的旅游资源中，体现区域旅游特色来吸引消费者，使现有资源在满足消费者需求基础上，发挥效益最大化。提升旅游产业效益与区域经济的整体发展，坚持贯彻可持续发展理念，不断促进旅游产业与区域经济两系统耦合协调发展。

5. 刺激市场需求，创建新型旅游方式

在旅游产业系统中，社会消费品零售总额指标权重较高，与旅游产业系统灰色关联度则最高；在区域经济系统中，农牧民可支配收入和城镇居民人均可支配收入权重占比靠前，灰色关联度分析得到其与区域经济综合发展效益关联度较高。市场需求是旅游产业和区域经济发展的关键，人均可支配收入的增多自然产生消费需求的增加，人们更加倾向于享受型服务，注重服务品质和口碑，旅游成为大多数人的首选。面对消费者需求产生时，旅游的品质化和深度化成为游客重点关注，"抵达"已不是旅行者最大的动因和期待。在快节奏的当代社会，消费者的旅游需求，不再仅为旅游目的地、酒店、机票价格的单纯信息，他们需要更细致的旅行一条龙服务信息，从而高效决策和制订计划。简言之，可支配收入增多，购买力支撑需求加大，对于旅游行业来说都是市场机会。

其一，互联网在区域经济发展中逐渐具有较强代表性，互联网多样化、高效益及规模化的效益模式，使"互联网＋旅游"的不断深化是旅游产业发展的必然趋势，但对于西藏区域经济综合发展效益水平有待提高，西藏旅游行业发展中必须在利用好互联网大数据的作用，加强引进旅游行业和互联网行业相关人才，为西藏旅游产业提升文化软实力助力。西藏高校也可以通过加强计算机专业和旅游专业融合，增加对域内人才资源的培育，能够有效解决西藏人才缺乏的现实问题。

其二，探索发展新型旅游方式，在这个互联网时代，新型旅游方式必然与互联网密不可分，值得一提的是跨国医疗旅游，西藏由于特殊的地理位置能够孕育名贵、珍稀的藏药材，在临床治疗及预防和保健上有重要功效。对游客来说，跨国医疗课题在体验旅游目的地风光的同时进行疾病治疗，对西藏来说，除获取旅游产业收益外，还可以促进医疗行业和藏药产业的发展，结合 2019 年西藏自治区政府工作报告中提到加快医疗发展，政府部门、行业内部应加强协同合作，制定出更科学完善的医疗旅游行业标准规范，整合现有资源打造出具有较高国际竞争力的医疗旅游团队，并增强健康医疗体验。同时增加在医疗旅游发展方面的投入，打造国际医疗旅游水平。以此全面适应旅游、医疗协同发展的潮流，西藏医疗得到发展不仅可以造福区内人民，且为消费者旅游的全过程提供有力保障。因此，"医疗＋旅游"不失为新兴旅游方式下的一种选择。

第十章 西藏利用农业科技园区发展现代农牧业的案例分析

　　自 2000 年以来，科技部联合农业部、水利部、国家林业局、中国科学院、中国农业银行等部门，启动了国家农业科技园区建设工作。园区发展经历了试点建设（2001—2005 年）、全面推进（2006—2011年）、创新发展（2012 年至今）三个阶段。截至 2017 年年底，已批准建设了 246 个国家级园区，基本覆盖了全国各个省、自治区、直辖市。国家农业科技园区以实施创新驱动发展战略和乡村振兴战略为引领，以深入推进农业供给侧结构性改革为主线，以提高农业综合效益和竞争力为目标，以培养和壮大新型农业经营主体为抓手，着力促进园区向高端化、聚集化、融合化、绿色化方向发展，发展农业高新技术产业，提高农业产业竞争力，推动农业全面升级；着力促进产城产镇产村融合，统筹城乡发展，建设美丽乡村，推动农村全面进步；着力促进一、二、三产业融合，积极探索农业分享二、三产业利益的机制，大幅度增加农民收入，推动农民全面发展。

　　日喀则国家农业科技园前身为日喀则现代农业科技园区，2012 年 4月 24 日，经科技部组织专家进行考察后该园区正式被批准升格为国家农业科技园区。2016 年，园区顺利通过科技部专家的中期评估考核。2017 年开始建设的日喀则珠峰农业科技创意博览中心一期工程主体基本完工，该中心运营后，将成为集农牧业科技创新、技术展示、产业聚集、休闲观光为一体的"智慧高地、后藏明珠"。日喀则国家农业科技园建设得到了自治区人民政府、自治区科技厅、日喀则市委、市政府的高度重视，得到了自治区农科院、山东省科技厅、山东省农科院的大力支持，各项工作已取得了初步成果。

一、农业科技园区功能和产业多元化

2012 年 4 月，国家科技部批准成立的日喀则国家农业科技园区，当时确立的《园区规划》总体布局上分为核心区、示范区和辐射区三个部分，核心区在空间上形成"一心、三区、一带"的总体构架（即综合服务中心、青稞标准化生产区、畜牧健康养殖区、设施蔬菜生产区、西藏特色旅游观光带）。近年来随着日喀则市总体规划的调整，园区发展面临的形势任务都有了很大变化，2016 年，日喀则市邀请上海专家制定新的园区规划。在原白朗县核心区的基础上，建设日喀则珠峰农业科技创意博览中心（农业科技成果展示、产品展销及综合服务中心）。根据日喀则产业发展趋势，确定农业科技园区今后发展的模式为"一心两核六园多示范"，"一心"为"日喀则珠峰农业科技创意博览中心"，"两核"为白朗核心区和江孜核心区，"六园"为桑珠孜区、拉孜县、南木林县、谢通门县、萨迦县、康马县的产业园，"多示范"为示范到其余县。

日喀则珠峰农业科技创意博览中心，以现代农业科技研发与示范为主，集珠峰有机种养加工业技术创新研究、成果展示展销、综合管理服务、农业休闲观光四大功能区于一身，发展方向为农业科技博览、会展、科普培训以及休闲观光旅游，发展目的为努力打造成西藏高原现代农业科技示范园和西藏休闲观光旅游农业的示范基地。"两核六园"产业发展定位，白朗核心区主要以规模化设施蔬菜与藏药材生产加工为主；江孜核心主要以青稞精深加工与食用菌规模化种植为主；桑珠孜区产业园主要以光伏农业与健康奶业为主；拉孜县产业园主要以高海拔瓜果蔬菜种植示范与推广为主；南木林县产业园主要以

规模化牧草种植及优质脱毒马铃薯种植技术为主；康马县产业园主要
以规模化岗巴羊养殖及牧草种植为主；萨迦县产业园主要以规模化肉
羊、奶牛健康养殖为主；谢通门县产业园主要以规模化藏鸡养殖与食
用菌种植为主。

二、农业科技园区建设管理高效化

（一）园区基础设施日益完善

园区建设资金来源为国家投资、地方政府投资、援藏资金和企业资
金。自2012年园区成立至2016年国家科技部终验时，科技部门投入
2212.09万元、市政府投入300万元，2016年规划方案调整以后，园区
重点项目纷纷落地，投资力度加大。共投资了日喀则珠峰现代农业科技
创新博览园项目、万亩珠峰有机蔬菜生产基地暨日喀则市"菜篮子"
基地工程巴扎核心生产区建设项目、白朗有机农业产业园项目暨山东寿
光蔬菜产业集团白朗生产基地项目、白朗县国家级蔬菜生产基地提升改
造工程项目、红河谷现代农业科技示范区辐射能力提升建设项目、日喀
则珠峰种养加业·青稞加工项目等，目前这些项目均已启动建设，有的
已经投入使用。

（二）园区管理机制制定合理

园区采用行政派出机构和企业化运作相结合的管理机制，即园区管
委会＋投资管理公司。具体来说，首先，由政府设立"日喀则市农业
科技园区管理委员会"（简称"管委会"），作为政府的派出机构负责园
区的管理工作，管委会下设三个科室，如图10-1所示。其次，成立了
日喀则珠峰有机农业发展有限公司，以吸纳社会资金的方式作为开发、
建设、运营园区金融平台的管理机构，并负责园区的产业项目投资。

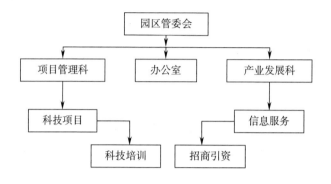

图 10 – 1　日喀则市农业科技园区管理委员会结构图

（三）园区编制配备完善

园区管委会成立于 2014 年 2 月，为市政府派出的正县级机构，机构性质未明确，批复事业编制 12 名。当前，园区党工委书记、主任由市级领导兼任，配备干部职工 12 名，其中副县级干部 2 名，科级干部 5 名，初级以下专技人员 4 名、未上编科员 1 名。管委会设 3 个科室，分别为办公室、项目管理科、产业发展科。办公场所于 2015 年底从白朗县搬至市政府大院老纪委楼，现有办公室 8 间、会议室 1 间，公务用车一辆。

（四）发展模式规范合理

园区坚持"政府服务、企业主体、市场运作、效益优先"的原则，采取政府与企业联办的发展模式，由政府投资基础设施建设，负责园区位置的选择和编制规划设计、实施方案、管理办法和规章制度等工作，并出台了针对园区的管理办法和优惠政策，2017 年 3 月，在园区内成立了具有法人资格和独立经营的投资管理公司——日喀则珠峰有机农业发展有限公司，对园区进行企业化经营和项目管理。公司注册资本 1 亿元，现已经注入资金 2.493 亿元。

三、农业科技园区经济社会效益显著

（一）园区入驻企业实现良好效益

全市入园企业共 17 家，2017 年 17 家入园企业完成投入 3.99 亿元，产值 2.56 亿元，缴纳税收 761 万元，带动贫困人口 1861 户 7749 人，实现人均增收约 3000 元。

（二）园区科技项目广泛实施

目前，园区与西藏自治区农科院、日喀则市农科所等科研机构进行了长期稳定的合作，农畜产品加工方面借助援藏渠道与四川大学、上海浦东农发集团孙桥农业联合发展有限公司等科研机构进行合作。2012—2013 年，园区实施科技项目 4 个（高原生态绿色蔬菜栽培技术创新园、特色畜牧养殖技术创新与技术示范推广项目、园区蔬菜种苗繁育与示范推广项目、娟珊牛规模化高效养殖技术示范与推广项目），总投资 569.84 万元；2014 实施科技项目 5 个（青稞新品种"喜马拉雅 22 号"高产项目、园区蔬菜保鲜技术集成研究与示范项目，青稞、豌豆系列产品加工技术研究、日喀则城郊杂交肉羊规模化舍饲养殖技术推广项目、青稞优种基地建设及青稞深加工技术研究），总投资 1033.25 万元；2015 年实施科技项目 5 个（奶牛高效繁殖及饲草种植加工技术改造、农区良种肉羊规模化养殖集成示范、无公害蔬菜净菜及果脯加工技术研究、江孜红河谷主要蔬菜工厂化育苗技术研究及示范、江孜香菇及菌类高效种植技术示范），总投资 609 万元。2016 年，实施科技项目 4 个（蔬菜花卉无土栽培技术示范、蔬菜新品种引进及秸秆反应堆技术研究、后藏特色食品"朋必"加工及保藏技术研究、萨福克种羊养殖与良种扩繁），总投资 583.44 万元。

（三）园区技术有效扩散

园区主要通过科技培训来进行技术扩散。园区围绕区域优势特色产业，聘请区内外专家及当地"土专家"进行授课，以理论知识与现场教学相结合的方式，围绕农牧民科技特派员、科技专业人才等开展培训。培训的内容包括蔬菜种植及无土栽培、大棚温室果蔬保鲜、绿色食品生产开发与管理、萨福克羊示范养殖等技术。六年来，园区以核心区为纽带积极培养种养殖能手，覆盖日喀则 18 个县区，为农牧区经济发展提供了强有力的科技人才支持。同时，我们了解到，珠峰农业科技创意博览中心建立起来以后，将与上海孙桥园区建立"远程技术指导"合作关系，上海的专家科研通过互联网的手段对园区进行技术指导，技术培训，技术扩散。

自 2012 年正式获得国家科技部批准成立国家农业科技园区以来，园区管理正有序开展、服务水平得到提升、示范效益初步显现、科技支撑不断深化。在推动农业科技成果转化，建立农业产业化经营体系，带动区域农业结构调整，增加农民收入等方面取得了不少的成绩。在农业供给侧结构性改革、具有西藏特点的"做神圣国土守护者，幸福家园建设者"乡村振兴战略的实施、全市有机种养以及产业深入发展等背景下，日喀则市国家农业园区不仅要继续完成"规范化"建设的任务，而且还需要"提质发展"。农业科技园区作为助推日喀则农牧业发展壮大和农牧民增收致富的重要抓手，将加快建设的进度，尽早发挥科技创新、产业孵化和人才聚集功能。园区将积极突破发展的瓶颈，在科技资源、投资融资、创新资源等要素和内地园区有一定差距的情况下，改变原有"园区管理创新动力不强，各类政策资源整合难""简单种植和养殖，农产品加工转化能力增值弱"等不足，打造日喀则国家农业科技园区的 2.0 升级版，通过组织体制和运行机制的进一步优化打造具有一流水平的高原农业科技园区。

第十一章　西藏高高原现代化经济体系
构建的整体思路及路径

　　本章拟在现代化经济体系相关理论的基础上，参考西部省份现代化经济体系构建的理论与实践，结合西藏的地理、制度和文化等特殊环境，寻找既符合我国经济发展的阶段和世界经济运行的规律，又符合区域实际的西藏高高原现代化经济体系的构建之路。

　　西藏高高原现代化经济体系构建的整体思路：深入贯彻落实党的十九大精神，认真学习贯彻习近平新时代中国特色社会主义思想，按照党中央、国务院决策部署，统筹推进"五位一体"总体布局和协调推进"四个全面"战略布局，坚持以满足人民日益增长的美好生活需要为根本出发点和落脚点，以供给侧结构性改革为主线，充分认识西藏高高原现代化经济体系的优势，以处理好"十三对关系"为方法，加强统筹引导，聚焦特色产业发展，深化简政放权、放管结合、优化服务改革，走出一条有中国特色西藏特点，推动特色产业高质量发展，构建西藏高高原现代化经济体系的新路径。

一、深化供给侧结构性改革

　　西藏连续 26 年保持了两位数增长，特别是党的十八大以来，西藏的经济发展速度保持在全国的前列。2018 年年底，地区生产总值已经达到 1477.63 亿元，按可比价格计算，比 1959 年增长了 191 倍。党的十九大报告中明确指出，我国社会主要矛盾已经转化为人民群众日益增长的美好生活需要和不平衡不充分发展之间的矛盾。为解决这一矛盾，必须以供给侧结构性改革为主线，通过提高供给结构的适应性和灵活性衔接消费和生产。

深化供给侧结构性改革，一是要加快实体经济建设，大力发展高原生物产业、旅游文化产业、清洁能源产业、绿色工业、现代服务业、高新数字产业、边贸物流产业等特色产业，加快产业转型升级步伐，促进高新技术成果转化，着力推动产业价值链由低端向高端的转型升级。提升企业创新能力，降低企业经营成本，强化制度约束与规范，从根本上提升供给体系的质量和效益。二是建立协同发展的产业体系，即实体经济、科技创新、现代金融、人力资源协同发展的产业体系。其中实体经济是经济的主体，科技是第一生产力，创新是引领发展的第一动力，现代金融是现代经济的血脉，人力资源是世界上最宝贵的资源。要把科技创新、现代金融、人力资源这些生产要素组合起来，协同投入实体经济，以推动企业技术进步、行业供求衔接和产业优化发展。最关键的是要把各种要素协同好，协同促进实体经济和产业体系优质高效发展。三是实施"四轮驱动"，推进区内国企、区内民企、区外国企、区外民企"四轮驱动"，健全企业参与涉企政策制定机制，开展招商引资，落实完善"全程代办·专班服务"机制，保护发展各类所有制经济的合法权益。

二、培养科技创新人才

科技人才是建设创新型国家、增强我国国际竞争力的主要力量，是推动经济社会发展的重要人力资源，也是西藏长期发展过程中较为薄弱的环节。统筹推进人才培养、引进和使用，大力优化人才发展环境，着力打造机制活、政策优、环境好的科技人才战略高地，培养聚集一批高层次创新创业人才和高水平创新创业团队，为服务西藏经济发展提供强有力的人才支撑。

　　培养科技创新人才，一是要打造衔接有序、梯次合理的人才培育体系。围绕西藏经济发展重大需求，统筹各类人才计划衔接，明确人才梯次培养支持定位，实现各类人才队伍协调发展。二是促进人才发展和经济发展深度融合。统筹推进区域、产业和行业人才资源开发，强化同经济对接、创新成果对接，更好地发挥人才引领和支撑产业发展作用。三是不断深化科技体制改革，逐步建立开放、流动、竞争、协作的科研新体制和人才使用新机制，激发科技人员的创造性和工作积极性。充分发挥每个科技人员的专业特长和调动他们的工作热情，既拓宽科技开发渠道，创造经济效益，又锻炼出一批懂经营、会管理、善开拓的复合型人才。四是深化开放合作交流。积极融入"一带一路"开放发展大局，围绕西藏重点产业对人才的需求，采取科技咨询、技术合作等方式，柔性汇聚国内外人才智力资源。采用多种方式，提升西藏地区的科技水平，加强科技人才储备。

　　应当注重加大对教育和基础研究的投入，全面提升人才素质。调整优化高等院校学科专业结构，办好一批工、农、医、药、管理、师范等人才紧缺专业，发展一批具有鲜明特色的优势专业，从根本上保障科技人才培养的数量和质量。加快发展现代职业教育，扩大办学规模，推进产教融合、校企合作、校地合作，大力推行订单式培养、定岗培养、定向培养等与就业紧密联系的培养模式，强化实习实训，促进工学结合，提高学生实践操作能力。重视基础教育，加快普及学前教育，均衡发展义务教育，全面普及高中阶段教育，促进普通高中和中等职业教育协同发展，只有打好基础才能为高校输送更多的优秀学生，培育出更多的人才。

三、加大乡村振兴力度

　　长期以来，由于西藏自治区城乡区域之间在地理位置、基础条件等方面差距较大，再加上政策性因素等影响，城乡之间、区域之间在居民收入、公共服务、基础设施、生产要素供给等方面差距明显。长期的城乡二元化体制导致城乡发展不平衡。区域之间特别是藏东、藏北、藏西发展都比较薄弱。2018 年末西藏以"神圣国土守护者、幸福家园建设者"为主题，编制乡村振兴战略规划，全区行政村通光纤率达到 98%，农民合作社达到 8364 家，农产品加工企业总产值 42 亿元。实现我国 2020 年全面建成小康社会的目标不仅要在资金、教育、卫生等多方面进行政策扶持，还应深刻认识到新时代社会主要矛盾的特点，以便通过多种形式为困难群众的脱贫工作作出更多努力。

因此全面实施乡村振兴战略，一是要充分认识到实施乡村振兴战略为建设现代化经济体系的关键基础。依据党的十九大的战略部署，在接下来的几年中，需要将破解"三农"困境作为工作重点，借此建立和健全城乡融合发展的体制与机制，并在政策体系的搭建方面始终坚持农业农村的优先发展地位。二是要加快农村集体产权制度改革，巩固并完善农村土地经营制度，让土地承包的"三权分离"能够更好地保障农民群体的经济利益，并以此提升其从事农业生产的主体性与积极性。三是要完善农业生产支持和风险规避体系，在农业生产、技术推广和农产品收购市场化等方面作出更多努力，健全农业防灾抗灾、农产品质量安全检验检测、动物防疫等体系。西藏自治区政府要对其进行指导，构建起适应现代化经济体系的现代农业社会化服务体系，让小农户和现代化农业进行有机结合。切实提升农民生活水平，缩小城乡收入差距，从而有效解决新时代社会主要矛盾。

四、推动形成全面开放新格局

党的十九大报告中指出，开放带来进步，封闭必然落后。2018 年西藏全年进出口贸易额实现 48 亿元，边民互市贸易额增长 1.8 倍，成功举办环喜马拉雅"一带一路"合作论坛、南亚标准化论坛和第十六届中尼经贸洽谈会，西藏的影响力不断扩大。

要坚定不移地推动形成全面开放新格局，一是要深刻认识并准确把握对外开放面临的新形势，推动产业转型升级，加快新旧动能转换步伐，培育竞争新优势，从而在错综复杂的经济环境下抓住机遇、化解挑战。二是要坚持"引进来"与"走出去"并重，优化西藏市场环境，主动参与人才竞争，完善高层次、实用型、技能型人才引进的优惠政策，加大文化、人才交流；加强对国外先进技术的引进力度，重视对国外先进技术成果的消化吸收再创新；鼓励技术创新，培育自主知识产权与品牌，提高自身产品质量，优化出口商品结构，打造国际竞争新优势。三是要依托"一带一路"倡仪，推动环喜马拉雅山经济带、中尼印合作走廊、南亚大通道建设；加快吉隆、普兰等口岸建设，推动日屋、里孜口岸对外开放，加强拉萨综合保税区、吉隆边境经济合作区建设；加大与内地的交往交流交融，积极融入成渝经济圈、大香格里拉经济圈、陕甘宁青经济圈，形成内外联动、双向互济的开放格局。

五、完善充分发挥市场作用、更好发挥政府作用的经济体制

建设高高原现代化经济体系，要坚持社会主义市场经济改革方向，使市场在资源配置中起决定性作用，最大限度地减少政府对市场资源的直接配置以及对市场活动的直接干预，更好地发挥政府的作用，从体制机制上保障我国经济创新力和竞争力不断增强。2019 年，西藏自治区人民政府办公厅印发西藏自治区深化"放管服"改革转变政府职能重点任务分工方案，自治区级政府部门权责减少 43 项，33 证合一，企业开办登记 5 天办结，"证照分离"改革全面推开。

充分发挥市场作用，一是要深入推进简政放权、放管结合、优化服务改革，推进政务服务"一网一门一次"改革，深化商事制度改革，减少微观管理事务和具体审批事项，最大限度地减少政府对市场资源的直接配置，最大限度地减少政府对市场活动的直接干预，打造产权有效激励、要素自由流动、竞争公平有序、企业优胜劣汰的发展环境。二是

要破除信贷、创新、招投标等方面对民营企业的隐性壁垒，构建亲清政商关系，健全企业家参与涉企政策制定机制。三是要激发和保护企业家精神，在市场监管和公共服务过程中，对诚实守信、注重创新、积极履行社会责任的企业实行优先办理、简化程序等"绿色通道"支持激励政策。四是要营造鼓励创新、宽容失败的环境氛围，制定实施支持西藏中小微企业的发展政策。

六、建设现代化金融体系

金融是现代经济的核心，贯穿现代化经济体系建设的各个环节。2018 年年底，西藏自治区本外币各项贷款余额达到 4555.7 亿元，增长 12.7%，金融机构不良贷款率 0.31%。西藏已经基本形成银行、保险、证券等各业并举，全国性与地方性金融机构并存的金融体系，全区经济重点领域金融的有效供给不断加大，金融监管体系得到进一步增强，金融风险总体可控。

建设现代化金融体系主要从以下几方面着手：一是要增强金融服务实体经济的能力。用足用好中央赋予西藏的特殊金融优惠政策，有效支持实体经济发展。金融机构应当提升金融服务的质量与效率，整合并引导各类金融资源向实体行业倾斜，更好地发挥金融对实体经济的支撑作用。二是要建立现代化金融风险防控体系。政府应加强对金融体系的宏观调控能力，规范金融市场秩序；限额内政府债务余额和债务率坚决控制在国家限定范围，逐年减少隐性债务余额；各金融机构风险防范应当多措并举，提高不良资产处置能力，提升对实体经济的支持能动性，共同打造一个规范有序、公平合理的金融市场。三是要建立现代化金融监管体系。丰富金融监管方式与手段，优化金融监管协调机制，完善金融监管法律支撑体系，强化信用风险、流动性风险的实时监测预警和防范，维护金融体系的安全稳定，切实做到金融监管全覆盖，金融监管到位而不越位，更不可缺位。

七、发挥自身优势，坚持精准援藏

西藏的经济社会发展，离不开全国人民特别是承担对口支援的省市、中央国家机关和中央骨干企业的无私援助。2019 年，西藏实施援藏项目 707 个，完成投资 44 亿元。"央企助力西藏脱贫攻坚"活动签约项目 15 个、资金 73.8 亿元。要做好对口援藏轮换，拓展援藏领域，深化人才、智力、科技、产业援藏，加大项目资金落实，确保精准帮扶。要结合精准扶贫，坚持精准援藏，统筹援藏资金和项目重点向脱贫攻坚倾斜，把援藏资金和项目重点用于农牧民、基层和贫困地区。要注重发挥对口援藏省市大型企业专业优势和西藏自身的资源优势，鼓励西藏企业围绕西藏特色优势产业与对口援藏省市企业开展合资合作，变单向援助为双向共赢发展。要通过优化产业结构、强化产业支撑、做大做强特色产业来不断增强自我发展能力。要强化市场"看不见的手"的作用，立足西藏资源优势，统筹谋划，科学布局，大力培育具有地方比较优势和市场竞争力的产业集群。

附录

西藏自治区"十三五"时期
产业发展总体规划

西藏自治区"十三五"时期产业发展总体规划根据党的十九大精神和自治区第九次党代会、区党委九届三次全会和《西藏自治区"十三五"时期国民经济和社会发展规划纲要》编制,主要明确全区产业发展的总体思路、主要目标和重点任务,引导市场主体行为,推动全区产业加快发展。规划期限为2018—2020年,长期展望到2025年。

第一章　发展形势

第一节　发展基础

产业规模不断扩大。2017年,全区生产总值达到1310.63亿元,连续25年保持两位数增长。三次产业结构从2010年的13.5:32.3:54.2调整为2017年的9.4:39.3:51.4,结构进一步优化。

农牧业综合生产能力稳步提升。农牧业生产基础不断夯实,全力推动青稞增产、牦牛育肥工作,青稞良种推广面积达到185万亩,粮食产量突破100万吨,建设牦牛短期育肥示范县7个,农产品自给率明显提高。农畜产品加工企业总产值达到36亿元。

特色工业体系初具规模。2017年,全区工业固定资产投资超过300亿元,同比增长40%以上,其中技改投资同比增长两倍多。设立110

亿元政府投资基金，加快推进旅游文化、清洁能源、净土健康、天然饮用水、绿色建材、高原生态等特色产业发展。全区规模以上工业增加值增长 14.2%，比上年加快 1.5 个百分点。各产业集团组建工作加快推进。

服务业呈多元化发展态势。2017 年，全区累计接待国内外游客 2561.43 万人次，实现旅游总收入 379.37 亿元，分别同比增长 10.6% 和 14.7%。全区金融机构本外币各项贷款余额 4043.64 亿元，比年初增长 32.6%。第二、第三产业从业人员占全区从业人员的比重超过 62%。

产业发展载体不断完善。全区初步形成了具有特色的农畜产品生产基地和农牧业特色产业示范区。拉萨经开区、达孜工业园、昌都经开区、藏青工业园等成为全区工业发展的主要力量。拉萨综合保税区和吉隆国家级边境合作区建设稳步推进。

对外对内开放合作水平稳步改善。积极参与"一带一路"国家战略，推进建设孟中印缅经济走廊、环喜马拉雅经济合作带，全面构建面向南亚开放重要通道。通过对口扶持与其他省份建立了长期密切合作关系，通过中央投资、央企援建等方式引入一批适合西藏发展的项目。

科技创新能力不断提升。2017 年底各类专业技术人员达 8.3 万人、技能型人才达 9.3 万人，分别比 2012 年增加 2.1 万人、3.4 万人。实施八大重大科技专项，青稞和牦牛种质资源与遗传改良国家重点实验室和农口院士专家工作站正式成立。建成拉萨、日喀则、那曲 3 个国家级农业科技园区。农田机械化综合作业率达到 60.2%。国家级高新技术企业、孵化科技型企业等较快成长，在青稞种质资源创制、生物技术育种、盐湖提锂等技术攻关和产业化方面取得重要进展。"十二五"科技进步贡献率达到 40%。

第二节　发展形势

经过多年积累和"十二五"时期不懈努力，我区经济社会发展迈上了一个大台阶,具备后继发力的坚实物质基础和良好社会环境。当前,我区产业发展已进入关键阶段,面临难得机遇,具备良好条件。中央第六次西藏工作座谈会,制定了一系列特殊优惠政策,为我区产业发展提供了强大后援保障。国家加快西部大开发和促进边境地区加快发展为我区经济社会发展提供战略支撑。"一带一路"战略的实施为我区加速对内对外开放提供了广阔空间。供给侧结构性改革的深入推进,为我区加速产业结构调整,实现经济平稳健康发展提供了强大动力。国家实施能源绿色低碳战略、国内居民对绿色安全产品的日益重视为我区清洁能源、绿色食饮品等产业发展提供了巨大的市场机遇。

但同时也应该看到,自治区经济发展的初级性、依赖性、粗放性特征仍然明显。产业总体层次低、规模小、初级特征明显。青稞、饲草、肉奶等农畜产品总量不足,工业企业普遍规模小、效益低、管理粗放、创新能力差,优质文化旅游业资源开发利用不足,金融业主要依靠国家特殊金融政策,投资外溢现象明显。社会投资严重不足,投资边际效应逐步递减。对内对外开放程度偏低,出口市场单一,出口商品竞争力弱,对全区经济增长的拉动作用有限。服务于农村建设的实用型人才严重短缺,高素质和专业技术人才匮乏,专业化的企业经营管理人才欠缺,难以满足区内产业发展需求。

要认清发展大势,牢牢把握战略机遇,积极应对风险挑战,促进我区产业发展迈上新台阶。

第二章　总体要求

"十三五"时期是西藏自治区与全国一道全面建成小康社会的决胜阶段,也是发挥资源和区位相对优势,加快提升产业发展质量和效益的关键时期,必须把握好发展的总体环境,正确处理好"十三对关系",进一步厘清产业发展总体思路,全力推进经济持续健康发展。

第一节　指导思想

按照自治区第九次党代会和区党委九届三次全会的部署，统筹推进"五位一体"总体布局和协调推进"四个全面"战略布局，贯彻落实新发展理念，以处理好"十三对关系"为根本方法，坚持市场作用和政府作用协同发力，坚持产业发展和生态保护和谐共生，以提高发展质量和效益为中心，以推进供给侧结构性改革为主线，以创新驱动为引领，以改革开放为抓手，着力聚焦四条发展路径，大力推动高原生物产业快速发展、特色旅游文化产业全域发展、绿色工业规模发展、清洁能源产业壮大发展、现代服务业整体发展、高新数字产业创新发展、边贸物流产业跨越发展，形成绿色环保、特色鲜明、优势突出、可持续发展的高原现代产业体系，加快实现从资源优势向经济优势转化，为决胜全面建成小康社会提供坚实支撑。

推动自治区产业加快发展，要坚持两条原则。

——坚持市场作用和政府作用协同发力。正确处理好市场和政府的关系，处理好国家投资和社会投资的关系。充分发挥市场在资源配置中的决定性作用，通过完善市场服务体系，优化生产要素配置，促进人力、商品、资金和服务合理流动。充分发挥政府在科学制定经济发展规划、引导市场预期、规范市场行为、加快经济结构转变等方面的推动作用。

——坚持以产业发展与生态保护和谐共生为前提。正确处理好保护生态和富民利民的关系，坚持在保护中开发、在开发中保护的方针，执行最严格的环境保护制度，坚持任何产业发展不能以牺牲生态环境为代价，推动形成绿色发展方式。

第二节　发展路径

聚焦"特色、集聚、整合、开放"的发展路径。

——走特色发展之路。正确处理好发挥优势和补齐短板的关系，突出绿色健康和藏民族文化特色。围绕特色旅游资源，打响"世界第三极""天上西藏"品牌。围绕绿色净土的独特优势，打造净土健康品牌。围绕民族手工业技术改造和新产品开发，藏族音乐、出版、影视、演艺的开发，打造藏民族文化品牌，确立西藏产品在全国乃至世界独特的形象。

——走集聚发展之路。以各类产业园区等平台建设为重点，打造产业发展空间载体。以培育区域经济增长极为目标，实现产业向重点地市、重点园区集聚。推动国有资本重点向战略性、基础性等产业集聚，带动上下游产业发展，带动民间资本投入，打造特色优势产业集群。

——走整合发展之路。以促进要素有序流动、资源高效配置为重点，培育一批具有地方特色、地区优势、支柱作用的企业集团，重点推动西藏国有企业改革重组，积极稳妥发展混合所有制经济，推进国有资本投资运营试点。通过引进、培育和壮大龙头企业，整合区内资源，实施兼并重组，打造以优势龙头企业为领军、中小企业为配套支撑的市场格局。

——走开放发展之路。统筹国际国内两个市场、两种资源，加速产业发展必需的人才、资金、技术等要素流通和商品、服务流通，不断提高对内对外开放水平。积极打造面向南亚开放重要通道，融入国家"一带一路"建设和孟中印缅经济走廊，扩大对外开放领域和范围。密切与周边省区和对口援藏省市、中央骨干企业的经济联系，逐步找准西藏在西部地区产业分工中的战略地位。

第三节　主要目标

力争到 2020 年，特色优势产业实力显著增强，三次产业协调发展，产业发展基础条件明显改善，自我发展能力明显增强。

——产业规模不断壮大，供给能力不断提升。农牧业产业化发展步伐明显加快，主要农畜产品实现基本自给，高原特色农畜产品加工基地基本建成。二产、三产继续保持较快增长，清洁能源体系初步建成，外送水电在建规模超过 1000 万千瓦，太阳能光伏电站并网装机规模达到100 万千瓦。天然饮用水产量设计产能达到 500 万吨。藏药业标准化、集约化、规模化水平不断提升。民族手工业实现精品化、特色化发展。金融业服务和带动能力大幅提升，全区年接待游客达到 3000 万人次、年均增长 10% 以上，旅游总收入突破 550 亿元，社会消费品零售总额快速增长。

——产业集聚度明显提高，产业布局更加合理。各类产业园区、基地基础设施建设日益完善，基本建成布局合理、功能齐全、经济繁荣的藏中南经济带，藏东、藏北、藏西特色优势产业加快发展，高原特色农产品基地、藏民族特色文化产业发展基地、开发开放试验区、经济合作区、综合保税区等产业集聚区等建设成效显著。

——技术创新水平显著提升，科技对经济持续健康发展的支撑作用不断增强。企业创新能力明显提升，创新成为产业发展的重要驱动力，初步建成西藏高原科技创新中心，特色优势产业核心关键技术取得重大突破，部分优势领域研究达到国内领先水平，科技进步对经济增长贡献率显著提高。

——优势品牌不断增加，市场影响力不断扩大。实施品牌发展战略，强化"世界第三极""人间圣地""西藏好水""绿色西藏""净土健康"等名片效应，加强产品品牌培育，开展品牌价值评价，引导企业完善品牌管理，打造一批国内具有影响力的"藏"字头品牌。重点在天然饮用水、高原生物、旅游文化等领域分别培育 1~2 个全国知名品牌。

——开放程度不断提高，对外经贸取得重大进展。面向南亚的基础设施不断完善，体制机制创新取得重大突破，口岸作业区、跨境经济合作区及扩展区、综合保税区等开发开放平台初步建立，口岸经济快速发展。

第三章　发展布局

增强藏中南引领带动作用，促进藏东、藏北、藏西协调发展，强化主体功能区战略约束力，加快培育经济增长极、增长点、增长带，构建核心引领、区域联动、极点支撑的区域经济发展格局。

第一节　优化区域空间布局

根据《西藏自治区主体功能区规划》明确的城镇空间、生态空间、农业空间的总体布局，综合各地市资源优势、区位条件以及产业发展基础，立足不同区域发展定位，因地制宜发展特色产业，推动区域间产业向差异化、特色化、集群化等方向协调发展，主动对接"一带一路"发展战略，选择区位、交通、资源、产业基础等各方面综合条件较好的区域，形成若干特色产业集群，打造"一主一副多点"的产业布局空间形态。

一主：打造以拉萨为主中心的产业发展核心增长极，以拉萨经开区和高新区为依托，着重强化拉萨在全区经济社会发展的引擎和核心增长极作用，形成竞争优势明显的全区产业最大聚集区、西南地区具有较大影响的区域性中心城市。优化拉萨、山南两市生产力布局，统筹推进拉萨山南经济一体化发展，提升区域整体竞争力。

一副：打造以日喀则为副中心的区域性增长极，发挥辐射南亚、带动周边的引领作用。依托珠峰文化及旅游产业、特色农畜产品加工等优势产业，塑造"珠峰"文化旅游高端品牌形象、发挥自治区农业科技示范带头作用。依托吉隆、樟木、日屋等重点边界口岸，充分发挥"一带一路"南亚贸易通道桥头堡作用。

多点：充分挖掘昌都、林芝、山南、那曲、阿里等地资源禀赋特征，大力发展当地特色产业，形成特色产业发展集聚区。

第二节 优化重点产业布局

大力推动高原生物产业快速发展、特色旅游文化产业全域发展、绿色工业规模发展、清洁能源产业壮大发展、现代服务业整体发展、高新数字产业创新发展、边贸物流产业跨越发展，促进产业链上下游协同发展，推进自治区建设重要的战略资源储备基地、重要的高原特色农产品基地、重要的中华民族特色文化保护地、重要的世界旅游目的地、重要的"西电东送"接续基地和面向南亚开放的重要通道。

第四章 重点产业

着力加快建设实体经济、科技创新、现代金融、人力资源协同发展的产业体系，提高经济社会发展质量和效益为中心，大力培育具有地方比较优势和市场竞争力的产业集群，重点发展七大产业。

第一节 推动高原生物产业快速发展

积极发展绿色农牧业、健康农牧业、品牌农牧业，进一步优化特色农牧业产品结构，加大高原作物深加工，做大做优藏药产业，做精做优林下资源开发，打造高原生物产业品牌，力争 2022 年实现产值 300 亿元以上，生产更多高原健康生物制品。

一、积极发展绿色农牧业

以提高农业综合生产能力、市场竞争能力和可持续发展能力为重点，依托优势区域、优势资源，加快调整供给结构，促进优势农牧业优先发展，着力推进现代农牧业进程，打造高原绿色农林畜产品基地和产业带。到 2020 年，粮食产量稳定在 100 万吨以上，其中青稞产量达到 80 万吨以上，蔬菜产量实现 100 万吨；肉奶产量达到 100 万吨；新增 100 万亩人工草地。

1. 发展重点：固基础、扩产能、调结构、打造休闲农业

加强绿色农牧业基础设施建设。推进高标准农田建设，重点实施中低产田改造、耕地地力提升工程。加快蔬菜生产基地、牧区水利、优质饲草基地建设、农牧业信息化基础设施建设。

提高绿色农畜产品的供给能力和产品品质。稳步提升青稞、牦牛、蔬菜等大宗农畜产品的供给能力。大力实施青稞增产工程，着力提高青稞单产，增加附加值、延伸产业链，加强产品营销、加工等，力争到2020年青稞种植面积稳定在360万亩以上，良种覆盖率达到95%以上。大力实施牦牛育肥工程，大幅提高牦牛肉产量，逐步满足区内市场需求，力争到2020年，牦牛数量稳定在450万头左右，形成牦牛繁育、养殖、示范与培训的标准化、规范化的生产体系，牦牛个体生产性能与生产效率总体上得到显著提升。稳步推进黄牛改良，加快奶业基地建设，全面推进藏猪产业发展。通过培育和应用优质新品种，有效提升青稞、牦牛、蔬菜等大宗农畜产品的品质和附加值。

调结构，抓特色，增品种。优化种植业结构，提高油菜、藏药材、特色林果等经济作物比例。研制生产具有保健功能的青稞、有机肉奶、绿色蔬菜、优质果品、珍稀菌类等特色农畜产品。大力开发野生蔬菜、特色花卉、药食同源动植物、珍稀鱼类等方面的特色产品。

打造休闲农业。将农牧业和乡村旅游资源结合，打造以藏中农耕文化、藏东南森林生态景观、藏西北游牧文化与草原生态为特色的休闲体验式农业。重点发展一批集农业生产、农耕文化深度体验、自然风光欣赏、产品加工销售于一体的多元化休闲农业与乡村旅游聚集区和精品线路。

2. 发展路径：促改革、强科技、抓融合，做强农牧业产业化龙头企业

推进农村土地改革，扩大农牧民增收渠道。推进农村土地"三权分置"改革、集体林权制度改革和农村集体产权制度改革工作。创新

土地等资源型资产流转方式，扩大"两权"抵押贷款试点，改革和完善征地补偿机制，让农牧民的土地及草场承包经营权、林地承包经营权、林木所有权、宅基地使用权、集体收益分配权等财产权利得到充分保障，增加财产性收入。

增强科技支撑能力。将促进牦牛育肥、青稞增产作为农牧业科技攻关的重点，建立全区农牧业科技协同创新联动机制，加强农牧业技术攻关，大力推进优势特色农畜产品的品种改良，推广绿色高效种养技术。建立健全集种植业、畜牧业、动物防疫、农机技术服务与农产品质量安全检验检测等于一体的基层农牧业科技推广服务体系和森林病虫害监测防御体系。

推进农牧区三次产业融合发展。积极推动特色农牧业"接二连三"，打通一、二、三产业发展链条，推进"互联网＋"现代农牧业。重点培育一批农畜产品加工领军企业，搭建"线上线下"电商营销平台和农畜产品对内对外市场流通体系。鼓励发展田园式休闲农业和特色旅游村镇。

依托农牧业产业化龙头企业打通产业链各环节。大力支持龙头企业联合种养、加工、物流、销售等产业链各环节经营主体，开展合同、合作、股份联结，引导龙头企业向农畜产品加工区集聚，促进小生产与大市场的有效衔接。鼓励龙头企业延伸产业链条，形成企业集群，支持采用"龙头企业＋合作社＋协会＋基地＋农户"的模式，发展订单农业。

二、发展高原特色农畜产品加工

大力发展具有鲜明西藏特色、生产工艺先进、资源开发优势的农畜产品加工业。延伸产业链条，促进农畜产品加工从初级加工向精深加工转变，提升产品附加值，壮大品牌效应，打造高原特色农林畜产品加工基地。

——发展重点：粮油、肉、奶、林果蔬菜加工等。

粮油加工。整合现有青稞加工企业资源，提升传统工艺水平，拓展青稞系列功能食品与饮品产品种类，扩大加工规模，进一步挖掘青稞的深层次加工增值潜力。通过引进新技术、提高工艺水平，重点加工菜籽油、芥花籽油等高端油料产品。

肉类加工。按照规模化、标准化、现代化的要求，新建、改造屠宰厂，引导龙头企业开展肉制品深加工，开发具有民族和高原特色以及传统风味的腌腊类、风干类等方便休闲肉食品以及各种保健生物制品。

奶类加工。在奶牛养殖优势区，重点发展酥油、鲜奶、酸奶、奶酪等奶制品，鼓励乳品加工企业严格生产标准、提升质量安全水平、打造高端绿色品牌，建立健全奶类收购、保鲜、营销体系。

林果蔬菜加工。鼓励企业开发特色林果产品，加大反季节蔬菜生产和净菜加工力度，重点做好果蔬的清洁、分级、包装等初加工，突出抓好果蔬贮运保鲜技术推广，提高果蔬冷链仓储、物流配送能力。

——发展路径：提升加工能力、提品质、树品牌、培育龙头企业、全面提高产业化经营水平。

提升特色农畜产品加工技术的研发和转化能力。重点支持提高农畜产品附加值的关键技术研发。推广适用的技术和设施装备，支持精深加工装备改造升级。鼓励和支持科研院所、院校与企业共建农畜产品加工研发平台，对副产物进行梯次加工和全值高值利用。

树立品牌化、标准化、净土健康发展理念，打造高原特色、绿色品牌。实施品牌、标准化战略，严控质量安全、加强推介宣传。建立全程质量监控体系，形成一批科技含量高、附加值高、适销对路、知名度高、质量安全过硬的西藏高原特色农畜产品品牌。

培育农畜产品加工龙头企业。培养一批加工能力强、产品附加值高、辐射带动能力强的龙头企业，支持西藏农牧产业投资集团发展壮大。支持龙头企业立足种养加、产供销、农工商一体化，提高核心竞争力。引导龙头企业向农畜产品加工区集聚，形成产业集群。

构建新型农业经营体系，完善龙头企业与农牧民的利益联结机制。

培育农牧民合作社、家庭农牧场、龙头企业、农垦企业集团和社会化服务组织。推动龙头企业与农牧民合作社、家庭农牧场、种养大户开展多种形式的紧密联结与合作，创新农畜产品流通方式。立足区外市场，积极组织、引导我区农畜产品加工企业对接区外企业和市场，加强区外市场开拓。搭建"线上线下"电商营销平台和农畜产品对内对外市场流通体系。建设集"供应物流、生产物流、销售物流"三级物流网络。

三、发展藏药和生物医药产业

充分利用我区独特的中藏药材和生物资源、无污染的自然环境以及丰富的文化资源，传承、保护藏医药文化，围绕藏医药、生物医药、保健品、医疗服务、健康管理、养生保健等领域，以打造藏成药知名品牌为核心，加快生物制药和大健康产业创新发展，拓展藏药和生物医药产业市场空间，将我区建成全国藏医药研发、生产和出口中心和高原生物医药产业创新中心。

——发展重点：藏药材保护与种植、藏药、生物医药和保健品、医疗健康服务。

加快藏药材的保护与规范化种植。对国家和自治区级重点保护的野生药用植物实行禁采、限采、采集多少补种多少和收取资源补偿费制度。加快藏药材种植技术研究和种植基地建设，开展藏药原产地认证。建设大宗药材、紧缺药材和濒危藏药材繁育生产基地。

加强藏药、生物医药及保健品的生产。促进藏药生产技术和产品升级，重点二次开发"三效""三小""五便"（"三效""三小""五便"指药剂的高效、速效和长效，剂量小、毒性小和不良反应小，服用方便、携带方便、生产方便、运输方便和储藏方便）的优良藏药。研究、开发生物制品加工技术、生物成分提取技术，从具有西藏地域特色的植物资源中提取相关成分深加工。

推进医疗健康服务。以自治区藏医院为依托，以预防保健、诊断治疗、康复及健康管理等为重点，结合休闲旅游、民族文化，以藏医药理论为基础，开展一批特色康体保健服务项目，建设医疗保健服务基地。

建设藏医药产业园区，积极引入社会资本，整合西藏中藏药材资源，打造品牌认证平台、研发创新平台以及营销展示平台，推进产业链延伸，提升产品深加工水平。

——发展路径：生产标准化、规模化、加强品牌和营销。

大力提升藏药研发创新能力，推动藏药生产标准化。积极开展藏药筛选、药效评价、安全评价、临床评价、不良反应监测及藏药材、藏成药的生产技术、工艺和质量控制研究。推动行业主管部门和行业协会（学会）开展藏药标准化研究和标准制定。推动企业开展藏药标准化生产体系建设。

整合藏医药资源，培育壮大龙头企业和知名品牌。整合全区藏药生产企业、流通渠道，以资产、品牌、技术、人才为纽带，推动企业兼并重组，加快西藏藏医药产业发展有限公司组建运营，培育藏药生产和流通领域的龙头企业和著名品牌，逐步实现规模化、集团化经营。

加强藏药的营销，提升藏药知名度。积极与国家有关主管部门沟通协调，推进国药准字的藏药在各大医院落地，增加藏药列入国家基本药物目录和国家基本医疗保险药品目录的品种和数量。大力宣传藏医药理论体系及特色、特长。充分利用现代化营销手段，加大对外宣传力度，扩大藏药影响力。

第二节　推动特色旅游文化产业全域发展

着眼打造重要的世界旅游目的地和中华民族特色文化保护地，打好特色牌、走好高端路、建好精品区，结合藏民族优秀文化底蕴与核心要素，全面提升我区旅游文化产品的档次和品位，延伸旅游文化产业链，提高旅游文化综合效益，扩大对外开放，全力塑造"游神圣第三极·享幸福新西藏"旅游品牌形象。

——发展重点：构建"特色、全域、可持续、惠民"的旅游文化产业体系。

开发特色、精品旅游产品和线路。优化旅游产品结构,重点打造一心(以拉萨为中心),两区(林芝国际生态旅游区、冈底斯国际旅游合作区)、三廊(茶马古道、唐蕃古道、西昆仑廊道),四环(东、西、南、北四条精品环线),三道(茶马古道、唐蕃古道、新藏旅游文化廊道),三区(拉萨国际文化旅游城市、林芝国际生态旅游区、冈底斯国际旅游合作区),五圈(珠峰生态文化旅游圈、雅砻文化旅游圈、康巴文化旅游圈、羌塘草原文化旅游圈、象雄文化旅游圈)旅游发展格局。重视对淡季旅游产品开发,重点围绕特色民俗节庆、乡村旅游,开发冬季旅游产品。大力发展以农家乐、藏家乐、休闲度假为代表的乡村旅游产品。针对游客旅游目的性差异,打造一批定制化、个性化的高端旅游产品,开发更多适合大众消费的旅游产品。

积极发展全域旅游。重点推进拉萨市、林芝市、日喀则市和阿里地区普兰县四个国家级全域旅游示范区建设,加快拉萨市城关区、堆龙德庆区和林芝市工布江达县、波密县四个自治区级全域旅游示范区的建设进程。

推动文化创意产业升级。充分发挥西藏歌舞、戏剧表演的鲜明民族特色,打造具有地域和民族特色的表演艺术精品。积极发展会展节庆业,打造一系列具有广泛知名度的会展节庆品牌。利用现代高新技术手段改造提升出版影视业。丰富创意设计产品和相关服务类型,大力发展以数字化生产和网络化传播为特征的文化数字内容产业与相关服务业。

构建生态旅游体系。大力推进符合生态文明要求的旅游体系建设,加强与国内生态旅游机构的交流合作,建设全国生态经济建设示范区。将我区建设成为中国独具特色、个性鲜明的生态旅游胜地。

优化旅游服务、加强宣传和营销力度。提升航空、铁路运载能力,加强全区主要旅游景区连接交通主干线的旅游公路建设,提升景区可进入性。完善旅游咨询、旅游集散、停车场、旅游厕所、旅游安全救援体系、自驾车旅游服务，提升配套设施条件及服务质量。加快发展区内智慧旅游，全面改善游客旅游体验。将政府宣传和企业宣传相结合，着重面向内地发达省市，大力开展新媒体营销、精准旅游营销、重大节事营销，加强"冬游西藏"的品牌和产品宣传。

——发展路径：整合、融合、开放，提升旅游文化产业规模效益。

整合区内旅游文化资源。加强全区旅游品牌和营销整合，鼓励各地市旅行社强强联合，支持西藏国际旅游文化投资集团有限公司加快发展。由龙头企业整合旅游、商贸、餐饮、交通、公共设施等资源，提高关联产业综合服务能力，带动与旅游相关产业同步发展。支持中小旅游企业及业外相关企业参与旅游业"大众创业、万众创新"。适度扩大非公经济在旅游产业结构中的比例。

推动旅游文化产业与其他产业融合发展。积极推动旅游与文化、农牧业、林业、工业、互联网、文化创意、体育、会展等产业以及新型城镇化、美丽乡村建设、精准扶贫融合发展。推进旅游风景道和度假区、旅游产业集聚区、自驾车旅居车营地、研学旅游基地、森林康养旅游基地等新兴旅游业态的建设。深挖藏民族文化的内涵与品牌价值，推动"藏文化＋农牧业"、"藏文化＋旅游业"、"藏文化＋民族手工业（金银铜器生产、木器生产、纺织品生产）"等发展，将文化与艺术、创意设计、动漫影视、新媒体等文化创意产业融合，提升我区文化特色产品的附加值，促进传统产业转型升级。

促进旅游文化创意产业集聚发展。以旅游文化资源富集地和集聚区作为旅游文化产业发展的重点依托区域和空间支点，形成"政府政策＋市场机制＋园区机构＋企业主体"的旅游文化创意产业集群发展模式，推动设立文化创意产业园、影视基地、数字产品基地、高原极限运动体验基地等文化创意产业集聚区。

扩大区域旅游合作。加强区内各地市旅游业合作，推动旅游资源、产品、市场和信息共享，实现旅游业发展的资金流、技术流、客流、消费流、信息流、人才流的畅通。积极融入"一带一路"的战略布局，优化与青藏铁路沿线及周边省份的旅游合作，开展多层次国际旅游合作。

第三节　推动绿色工业规模发展

发挥自治区作为重要的战略资源储备基地的资源优势，坚持有所为、有所不为，支持比较优势明显、市场前景广阔、符合政策导向的产业做大做强，重点推动天然饮用水产业发展；布局好绿色优势矿产业，突出抓好铜、锂等优势矿产品的规模开发；积极发展绿色建材业，推进装配式绿色建材应用，满足建设需要，降低建设成本；支持民族手工业创新发展，促进民族手工业上档次、上水平；发展节能环保产业。

一、大力发展天然饮用水产业

健全天然饮用水资源和环境的保护机制，利用区内水资源丰富优势，以要素整合、品牌培育、完善产业链为重点，突出生态优先、合理定位目标市场，坚持天然饮用水产业差异化发展，把西藏建设成为国家天然饮用水重要供应地。

——发展重点：产品结构多元化、水资源勘查和保护。

按照高端和普通产品层级，建立合理的天然饮用水产业体系。重点开发生产富含矿物质元素的天然饮用矿泉水，引导和支持企业开发生产面向特定用户群体的水产品。横向拓展天然饮用水产业，开发生产具有高原生态资源优势的特色饮品。

水资源勘查。开展天然饮用水水源地周边生态、地质环境等基础信息调查，定期开展水资源质量、数量和利用情况调研，科学评估开采的经济价值与环境影响，明确开发优先次序。

水资源保护。健全天然饮用水水源地环境保护机制，申请国家对西藏天然饮用水实施地理标志保护。

——发展路径：实施市场定位、品牌形象、包装设计差异化，拓展市场销售渠道。

市场定位、品牌形象、包装设计差异化。高端产品重点瞄准消费水平高、市场规模大的一、二线城市、重要商务场所、成功人士、其他特殊群体以及海外市场。一般产品通过上规模，与内地销售企业合作等模式，尽可能降低成本，提高产品竞争力。设计全新、有创造性的包装，与竞争对手品牌形成鲜明的差别，树立西藏天然饮用水水源地独一无二的形象。

拓宽销售渠道。加强与援藏省市的协调对接，利用援藏优势进一步加大宣传推介力度，打开青海、四川周边省份销售市场。加强同内地有实力的具有物流、渠道及技术优势的企业对接。依托天然饮用水电子商务平台，寻求与大型电商合作构建营销体系，抓好整体宣传推介。

完善产业链，提升产业配套水平。着力改善拉萨、昌都、林芝、山南等天然饮用水重点产区的基础设施条件。加快构建包括现代仓储物流、产品质量检验检测、研究开发设计、知识产权在内的天然饮用水产业现代服务体系，形成产业集群。

加强资源整合，促进大中小企业协调发展。重点支持优势和强势企业率先发展。通过联合、兼并、重组或引入国内外战略投资者方式，促进资源和要素向优势企业集中。遴选一批具有一定基础、特色明显、成长快、市场前景好的中小天然饮用水企业，从资金、技术、政策等方面予以支持。

二、大力发展绿色建材业

立足区内市场需求，围绕基础设施建设、城镇发展和农牧区易地搬迁等建设，合理布局建材业新增产能，绿色建材，有效解决建材市场供需矛盾，推动建材业绿色科学规范发展。

——发展重点：新型节能建材、装饰装修材料、新型水泥。

绿色新型建材。重点发展新型墙体材料及轻质、高性能、低能耗的新型建材产品。强化高原用管材领域的技术突破，生产给水、排水聚乙烯管和其他高性能管材。扩大陶瓷材料生产线产能，生产高档陶瓷产品。

装饰装修材料。着力对石材加工、装饰功能的建筑砌块制品等进行技术突破，结合高原气候特点，开发轻质、节能、具有保温耐磨功能的装配产品。

新型水泥。对已规划的水泥建设项目，督促项目落地。淘汰落后生产工艺，在拉萨、山南、昌都、日喀则适度发展新型水泥，保障周边供给。

——发展路径：科学规划，走绿色可持续发展道路。

引进和培育绿色新型建材企业。积极引入具有较强实力新型建材生产企业，鼓励企业加大技术研发力度，开发生产绿色新型建材产品。积极引导传统建材生产企业向生产新型建材转型。推进国有建材企业整合重组，加快组建西藏高争建材集团有限公司。

推进企业清洁生产和资源循环利用。严格执行国家和地区环保标准，推广应用高效除尘技术、烟气脱硫脱硝技术和降低噪声污染等技术。积极引入余热余压回收设备，提升资源综合利用水平。

三、大力发展民族手工业

突出"名、优、特、精、新"等特点，巩固传统产业优势，以唐卡、藏香、藏毯、金属制品加工等为重点，围绕提质升级、塑造品牌、改进工艺、规范标准、人才传承等，着力打造一批民族手工业示范园区，加强传统工艺的传承与弘扬，推动民族手工业创新发展，推动民族手工业上档次、上水平。

——发展重点：唐卡及藏式饰品、藏香、藏式纺织品、藏式家具。

唐卡及藏式饰品。走精品唐卡和以版印唐卡为旅游商品并重发展的道路，打造中国唐卡艺术之都的品牌。发展多方面、多层次、方便易携带的金银首饰、银器酒具、玉石产品等西藏特色旅游产品。

藏香。推动建立藏香生产工艺标准及产品标准体系。围绕民族特需及旅游消费需求，开发香包、香水、香囊、香枕等系列藏香产品。

藏式纺织品。引导藏毯企业提高现代化技术装备水平，实现洗毛、纺纱、地毯纱染色等工序的集中化和专业化生产。开发藏族服饰、围巾、披巾、帽子、桌布、手包、钱包等藏式纺织品，推动藏式纺织品从制造环节向体验环节延伸。

藏式家具。规范藏式家具取材、切割、雕刻、彩绘、组装、上色等制作工艺。申请注册"藏式手工工具"地理标志，加强设计创新，开发符合现代消费需求的新型藏式家居，大力开拓区内外高端家居市场。

——发展路径：强化质量和品牌、创新商业模式、加强传承和人才培养。

推动民族手工业精品化、品牌化。大力提高民族手工业生产工艺和产品设计水平，适当引入现代化工业生产的管理模式，稳步提高产品质量，打造精品。不断挖掘民族手工艺品的文化内涵，打造民族特色品牌。鼓励发展手工业地理标志产品。完善传统工艺、技艺认定保护制度。

创新传统民族手工业商业模式。积极推广定制化生产模式，采取电子商务营销模式，拓宽市场营销渠道，促进与旅游、文化产业相融合，突出民族特色与地域特色。

加强对特色手工艺和传承艺人保护以及人才培养。充分发挥民族手工业行业协会的作用，加强对我区特色手工艺和传承艺人的保护。提高对手工艺传承艺人的奖励标准，制订手工艺传承艺人培养计划。

四、培育壮大节能环保产业

围绕建设重要的生态安全屏障，加强对重点领域节能环保技术改造与加快产业培育相结合的指导，推动再生资源综合利用产业化，加大培育节能环保服务市场的力度，促进节能环保产业加快发展，打造国家生态文明示范区，建设美丽西藏。

——发展重点：节能环保关键技术装备、服务，循环经济。

　　提升节能环保技术、装备水平。筛选经济高效适合西藏自然地理环境的土壤重金属污染修复技术。大力开发适应高寒特点节水和污水处理新技术、新工艺、新设备。推广应用建筑节能新技术新工艺。推广新能源运输装备、节能农业生产设备。

　　建立节能环保服务体系。积极推行合同能源管理、工业第三方治理、环境治理特许经营、合同环境服务等经营模式。支持区内企业加强与区外节能服务机构的合作与交流，培养区内节能技术服务企业，逐步完善节能技术社会化服务体系。

　　大力发展循环经济，深化废弃物综合利用。推动规模化畜养殖废物资源化利用，加大生物质燃料等综合利用技术研发与示范力度，支持发展利用采矿选矿废渣发展新型建材的资源综合利用产品，推动生态工业园和循环经济产业园建设。

　　——发展路径：与重点产业培育相结合，依靠工程和项目拉动，释放节能环保产品、设备、服务的消费需求和投资需求。

　　大力发展与节能环保相关的重点产业。大力推进以水能、太阳能、风能及地热能为重点的非化石能源发电。大力发展新型墙体材料、防水密封材料、保温材料等绿色建材产业。

　　以节能环保项目为牵引抓手，引入环境治理龙头企业。以本地项目为抓手，在草原、土壤、矿山的修复和污水治理等领域，引进国内外行业领先的环境治理企业，支持西藏国土生态绿色化集团有限公司发展壮大，建设产业基地，快速壮大本地节能环保产业规模，不断提升产业技术水平。

　　多渠道争取项目、资金支持。加大环保项目的策划包装，结合中央和西藏的产业政策，增加向有关部委推荐环保项目的数量，加强与援藏省市的合作，争取资金支持，释放节能环保产品、设备、服务消费和投资需求，有力拉动节能环保产业发展。

五、有序发展绿色优势矿产业

　　严格把控生态底线，明确区内矿产种类和储备量，引进和发展绿色开采技术，对锂为主的盐湖矿产，铜、铅、锌等优势资源有计划利用，加强对采矿区环境保护，促进绿色优势矿产业保护性开发。

——发展重点：矿产勘查与采选、矿产资源深加工。

矿产勘查与采选。开展对区内现有矿产存量和质量勘查，加大对铜、锂、铬、锌等优势资源勘查评估力度。在保障区内生态环境前提下有序开采，强化对总量配额指标执行情况监督，促进矿山企业采用先进技术提高矿产资源开发利用。

矿产资源深加工。依托藏青工业园布局有色金属加工和资源综合利用产业基地，对优势矿产资源进行深加工，积极延伸产业链，提升矿产品附加值。推进铜、钼、锌的深加工和以锂为主的盐湖资源开发。

——发展路径：依托龙头企业，实现资源高效利用和绿色发展。

加大优势矿产资源整合力度。科学划分资源整合区块，合理设置矿权。提高矿业开发准入门槛，扶持一批高资质、规模化、集约化的现代矿山企业，关停整合实力不强的企业。依托区内大型矿产企业或引进具有一体化深加工产业链的大型知名企业，借助企业兼并重组和资本运营进行产业战略性重组，加快组建西藏盛源矿业集团，促进矿产资源规模化、集约化开发。

建设绿色矿山，推动优势矿业发展方式转变。按照建设绿色矿山的标准改造原有矿山，制定符合绿色矿山建设要求的设计标准，推动新建矿山按照绿色矿山标准要求进行规划、设计、建设和运营管理。加快绿色环保技术工艺装备升级换代，加大矿山生态环境治理力度，大力推进矿区土地节约集约利用和耕地保护。

第四节 推动清洁能源产业壮大发展

充分利用资源优势，加快能源基础设施建设，优化能源生产消费结构，改善民生用能条件，构建水电为主、多能并举、互联互通的稳定、清洁、经济、可持续发展综合能源体系，积极推进重要的"西电东送"

接续基地建设，进而把自治区打造成为国家清洁能源基地。

——发展重点：水能、太阳能、风能、地热能。

水能。加快内需电源建设，尤其是具有全年调节能力的骨干电源点建设，满足区内用电需求。大力开发区内金沙江、澜沧江、雅鲁藏布江等流域水电资源，加快建设国家清洁能源基地，"西电东送"接续基地和辐射南亚的清洁能源基地。

太阳能。规划建设藏东千万千瓦级太阳能外送基地，鼓励利用既有电网设施按多能互补方式建设光伏电站，加强太阳能热发电和集热利用推广应用。

风能。加强风能资源勘查，推进适用高原的风电机组技术运用，加快推进我区风力发电项目建设。

地热能。重点开发中、高温地热资源，积极开展地热在城镇供暖和工业、养殖（种植）业、旅游业等产业的利用，拓宽地热利用领域。

——发展路径：加快电力外送通道建设，争取国家政策支持。

加强清洁能源外送通道建设。加强能源开发与外送通道统筹规划，加快推进金沙江上游水电基地外送通道建设，提升区内清洁能源外送能力。加快推进藏中电网与昌都电网和阿里电网联网，力争建成覆盖全区的统一电网。依托已建成的川藏联网、青藏联网，形成连接全区各地（市）、同区外青海电网和四川电网的互联互通的电力供应体系。

争取国家进一步加大扶持自治区清洁能源产业发展的政策支持力度，加强与内地省市特别是援藏省市的沟通协调，落实清洁能源外送保障性收购政策。整合资源，组建西藏清洁能源产业集团，加快清洁能源资源开发。鼓励电力交易中心积极参与全国电力交易工作，努力扩大藏电外送规模。

开展清洁能源供暖试点，扩大就地消纳规模。开展光电、光热供暖试点工作。加快城镇清洁供暖建设与改造，制定和完善支持清洁能源供暖的政策。

加强能源资源普查，合理规划开发利用布局和时序。按照鼓励、限制、禁止开发和近、中、远期开发，科学规划全区资源开发布局和时序。协调国家相关部门在流域综合规划中充分吸纳水电规划成果，调整相关自然保护区，为自治区清洁能源发展留出空间。

第五节　推动现代服务业整体发展

积极发展金融服务业，发展第三方支付、互联网金融等新业态，积极发展农业服务业、工业服务业、城市服务业，力争到 2022 年现代服务业增加值达到 500 亿元以上。

一、做大做强金融产业

坚持"保障为主、服务实体"路线，落实中央赋予西藏的特殊优惠金融政策，实现金融与实体产业深度融合，围绕与南亚国家基础设施联通、贸易畅通，加强金融合作，实现资金融通，将拉萨市建设成为面向南亚、辐射全区的现代金融中心。

——发展重点：完善金融体系、坚持普惠金融和绿色金融、建立金融风险防范机制。

完善金融机构和市场体系。健全金融机构，支持西藏股权投资有限公司打造为以金融控股、产业投资等为主业的大型金融控股集团，推动其他金融机构发展。完善货币、资本、保险市场相互协调的多层次金融市场体系。

大力发展普惠金融。建立健全普惠金融服务体系，推进国开行西藏分行和农发行西藏分行设立扶贫金融事业部门。积极推进邮储银行"三农"网点建设。鼓励其他银行、保险机构增设县域网点。鼓励金融机构积极创新普惠金融产品和服务。

支持发展绿色金融。鼓励和倡导金融机构积极开展绿色信贷、发行绿色债券、绿色担保机制、环保产业基金和绿色风险投资基金。

建立金融风险防范机制。完善宏观审慎的金融监管体系，增强对经济发展的研判能力，健全金融风险预警机制。推进金融监管部门与地方金融办、财政、发改委等部门的深度合作。

——发展路径：挖掘政策潜力，推动金融业"创新、融合、开放"发展。

用足用好用活中央赋予西藏的特殊优惠金融政策。正确处理好中央关心、全国支持和自力更生、艰苦奋斗的关系，深入贯彻落实在藏银行业金融机构利差补贴和特殊费用补贴政策。适时开展商业贷款利率浮动试点工作。落实并完善农业保险保费补贴政策。

加强金融制度、产品和服务模式创新，增强金融服务实体经济的能力。借鉴内地金融试验区的经验，探索建设西藏金融创新园区。重视金融与新技术、新产业的深度融合。加快建立多层次多元化投融资渠道，吸引更多民间资本参与我区建设。

实现金融和产业融合发展。大力发展科技金融、能源金融、交通金融、物流金融、绿色金融等产业金融，促进金融与产业深度融合。优化金融资源配置，调整信贷结构，改善金融服务。

建立金融开放格局。加快向内地企业开放，适当降低准入门槛，鼓励和引导民间资本入藏，积极参与西藏金融市场建设。鼓励民间资本参与金融机构重组改造和增资扩股等活动。鼓励金融机构跨区域经营，围绕国家"一带一路"战略，向南亚国家延伸，实现与南亚金融合作的突破。扩大人民币在南亚国家的使用范围，推动中国与周边国家开展跨境保险业务合作。

二、培育壮大新兴服务业

紧密结合一、二产业发展需求，提高为一产和二产服务的广度和深度，促进新兴服务业与现代农牧业、绿色工业、信息化、城镇化有机融合，提升新兴服务业发展层次。

——发展重点：商务服务、科技服务、工程技术服务、养老服务。

发展商务服务业。以拉萨市为重点，以其他市（地）为重要组成部分，聚焦企业管理、中介服务、法律服务等领域，大力发展会计、税务、资产评估、人力资源、法律等服务业，加大对创意设计、管理咨询、品牌营销等服务业的政策扶持力度，推进商务服务业发展。依托拉萨高新区，培育总部经济，发挥总部经济的集聚和扩散效应，带动相关产业发展。

发展科技服务业。建设一批公共技术服务平台，发展第三方检验检测认证服务，提高区内行业技术检测水平。搭建公共数据平台。推动气象、测绘、地震等专业服务机构探索面向社会的服务项目。

发展工程技术服务业。重点发展工程咨询、工程设计和勘查、工程管理等服务。重点培育本地从事工程技术服务的工程公司、设计院、咨询公司、设计师事务所等专业机构。

发展养老服务业。重点开展生活照料、家政服务、医疗康复、精神慰藉、法律援助等居家养老服务，实现养老服务与医疗、家政、保险、教育、健身、旅游等相关领域互动发展。

——发展路径：依托特色产业基础，延伸产业链条。

加强产业联动。面向我区农牧业、藏药、生物制药、旅游文化、新能源、电子信息、节能环保等领域，按照各地市的优势产业，培育以产业链延伸为核心的专业生产性服务企业，扩展生产性服务业的增长空间。

完善政策激励机制。将生产性服务业、养老服务业等列入各地市鼓励类产业目录，适当加大政府资金投入，加大政府对新兴服务业发展扶持力度。

第六节　推动高新数字产业创新发展

深耕区内信息化市场，推动互联网、云计算、大数据、物联网等信息技术在经济发展和社会政务管理等方面的广泛应用和深度融合，为西藏发展"智慧旅游"、"平安城市"、精准扶贫、维稳管控等提供有力支撑，打造智慧旅游试点城市和高原大数据中心试点城市。

——发展重点：大数据、互联网等信息技术应用、行业信息化解决方案、数字内容业。

云计算、大数据、物联网、移动互联网、北斗导航等信息技术的应用。健全自治区信息基础设施，合理布局大数据中心，有效覆盖云计算服务，整合政府数据资源。积极引进和培育本地云计算、大数据服务商，加快建立"互联网＋"产业的支撑服务体系。加快推动移动电子商务、手机出版物、车辆定位等领域的技术研发和应用。

重点行业信息化解决方案。加快"三农"信息服务体系建设。加强跨语言跨终端网络综合信息服务，推动信息化和工业化深度融合，全面推进国家试点企业开展两化融合管理体系贯标，开展智慧园区、智慧工厂、数字化车间试点应用。加快电子政务建设，逐步实现业务向电子政务网的迁移。推动电子商务发展，搭建西藏特色优势产品网上"天路"。

加大藏文软件的推广应用和研发力度，实施西藏文化数字化整理，支持各类出版单位开展互联网出版业务、建设西藏出版资源数据库，推进西藏古籍数字化、西藏民间文艺十套集成数字化和西藏壁画、绘画、书法、唐卡数字化。推动虚拟现实技术在文化、旅游等产业的应用。

——发展路径：以信息化应用为重点，完善产业发展环境。

鼓励现有企业拓展区内市场。紧抓西藏深入推进信息化建设和生产性服务业发展的重大契机，鼓励现有企业通过融资扩大规模，结合区域产业发展需求，延伸产业链，大力拓展区内市场。

改善产业发展环境。全面深化与三大电信运营商的合作，共建业务基地，加入运营商开放平台，建立战略合作伙伴关系，逐步完善区内信息基础设施，增强对产业的支撑力度。

培育骨干企业。与国内知名信息技术服务企业和信息产业科研院所开展合作，培育本地拥有自主知识产权和自主品牌的龙头企业，支持龙头企业通过联合、兼并、收购等方式实现产业整合，促进人才、资金、技术等各类生产要素向龙头企业集中，加快西藏高驰信息产业发展集团有限责任公司组建运营。

<h2 style="text-align:center">第七节 推动边贸物流产业跨越发展</h2>

以共享共用为原则，完善商贸流通体系，发展口岸经济，加快推动内外贸易融合发展，加大交通干线、口岸要镇仓储物流培育力度，积极构建环喜马拉雅经济合作带，将我区打造成为面向南亚开放的重要通道。

一、发展重点：完善边贸内贸流通体系、建设分级物流体系、建设出口商品生产基地

完善商业体系建设。加快形成"中心带动、轴线拓展、层次分工"的中心城区商业空间布局和"便利性商业、体验性商业、辐射性商业"三位一体的市域商业空间布局。优化商业网点空间布局。重点推进商业街区整合工程。

构筑覆盖城乡的商贸市场网络体系。构建"立足地市，辐射全区"的专业市场体系，重点打造以拉萨市为中心，联系七个节点（地市）的专业市场集散带和地市级城乡专业市场体系，构建以连锁经营、共同配送等商业连锁网点经营为主体的现代商业流通方式。

构建分级物流体系。以"服务地市，集散全区，辐射南亚"为目标，构建由"综合物流园区（地市）—物流中心（区县）—配送中心（片区和乡镇）"构成的分级物流体系，形成自治区级、片区级、地区级三级物流节点体系，全面建成覆盖全区的综合物流服务基础设施网络。

加快出口商品生产转运基地建设。建设外贸转型升级示范基地，带动外向型特色产业发展，促进精品特色产品出口。鼓励龙头企业、优势企业联合开展基地建设，带动中小企业"抱团出海"，实现外贸规模扩容和结构升级。

二、发展路径：以电子商务、会展经济、口岸经济，推动商贸物流业创新发展

以电子商务推动商贸流通渠道升级。建设以 B2C 网络购物平台、B2B 商品交易平台、资产电商交易平台和第三方开放平台为核心的我区电商平台体系，加快形成电子商务产业聚集发展，加快西藏商贸物流产业集团组建运营，促进全区商贸流通渠道升级。

发挥会展经济的窗口作用。积极组织各地市招商部门，参加"广交会""西博会""投洽会"等投资洽谈会，推介特色主导产业项目。发挥"雪顿节""藏博会"等我区特色节事活动和品牌投资会展的招商平台作用。

加速发展口岸经济。以综合保税区建设为重要抓手，承接产业转移，推进加工贸易转型升级，形成以吉隆口岸、樟木口岸、拉萨航空口岸为重点，以普兰、里孜口岸为两翼，以日屋、陈塘口岸及亚东乃堆拉边贸通道为支点的口岸开放布局。

第五章　七项行动

推进各类产业加快发展，需要在创新驱动、聚集融合、品牌提升、开放促进、富民增收、人才支撑、绿色环保等方面统筹推进，形成全方位推动产业发展的良好格局。

第一节　创新驱动行动

推动产业发展科技创新。加强高原特色产业的原始创新、集成创新和协同创新。重点实施农作物种业科技创新、粮食和果蔬绿色增产攻关、草畜产品加工等关键技术研发与集成示范。开展光伏发电、风力发电、水风光互补发电、光热利用等新技术的集成、示范和推广研究，开展藏成药经典古方、名方的改进提升和二次开发。

建设产业发展创新载体。推进拉萨高新区升格为国家级，积极对接北京亦庄开发区、泰州高新区等战略合作者，将高新区建设成为西藏区域创新和产业高端化的重要基地。积极创建高原特色突出、创新能力较强的国家重点实验室、国家青藏高原科学数据中心、国家检验和评测中心和产业技术创新联盟。正确处理好高校毕业生政府就业和市场就业的关系，发挥城镇创新载体作用，在各地（市）中心城区进一步加大高校毕业生见习基地和大学生创业孵化基地建设力度，搭建创新创业实践平台，提高高校毕业生就业成功率，增强城镇就业吸纳能力。推进柳梧新区等国家双创示范基地建设，正确处理好城镇就业和就近就便、不离乡不离土、能干会干的关系，在有条件的地市建立农牧民职业技能培训基地中心，构建以地市培训机构为主体、县乡镇培训点为补充、政府和社会相结合的培训体系，提升农牧民工在城镇就业能力。

推动大众创业、万众创新。构建多层次创新创业空间，示范推广创客空间、创业咖啡、大学生创业实践基地等众创空间。加快西藏（拉萨）科技孵化器建设，完善"创业苗圃＋孵化器＋加速器＋园区"全过程的孵化服务链条。借鉴西藏（成都）科技企业孵化器经验，继续积极探索异地孵化模式，解决本地孵化环境欠缺、科技创业群体不足的问题。

第二节　聚集融合行动

培育区域经济增长极。在资源环境承载能力较强地区，加快城镇化进程，建立相互关联和支撑的产业体系，形成区域增长极，推动人口经济布局更加合理、区域发展更加协调。统筹区域协调发展，加快推进藏中南、藏东、藏北、藏西经济区发展，加快拉萨山南一体化发展、推进拉萨—山南—日喀则核心经济区建设，使其成为引领地区经济持续增长的重要支撑力量。推进新型城镇化，完善城镇建设总体布局，统筹拉萨市引领发展、六个中心城镇率先发展、重点县城和特色城镇加快发展。

以玉麦乡为突破口,加快幸福、美丽的边境小康村建设。发展县域经济,鼓励有条件的县建设产业聚集区,提高产业发展水平和就业吸纳能力。

推进产城融合。在各地(市)新城区建设、农牧民搬迁点、小城镇建设中,以规划为引领,以项目建设为抓手,以产业发展支撑新型城镇化,大力实施产业项目,落实基础设施建设项目,推动产城互动共进、融合发展,提高城镇综合承载能力。通过产业发展集聚人才,用科学的用人机制吸引人、留住人,形成城市持续发展的动力。充分依托开发区等平台载体,按照项目入驻、企业发展需求和新型城镇化建设要求,不断完善基础设施,着力提升社会公共服务能力,加快宜居宜业产业新城建设,使开发区成为吸纳就业和促进农业人口城镇化的主要承载区。在边境、交通、江河沿线及发展条件较好地区,培育和建设一批经济社会基础较好、特色产业优势明显、生态环境良好的特色小镇,依托产业发展,更好地发挥稳固边境人口、提升交通枢纽功能、开发优势资源、统筹城乡发展的作用。

建设重点园区。建设一批重点园区,搭建经济发展主要承载平台,加快园区发展投资公司组建运营。发挥国家级园区的龙头引领作用,推进优势项目和企业向重点产业园区聚集,形成与其他园区的互动发展,并带动一批自治区级产业园区做大做强。立足本地资源禀赋和产业优势,统筹区内区外市场与资源,建立地理位置优越、产业基础好、发展潜力大的开发开放试验区、经济合作区、综合保税区、产业合作示范园等。在有条件的边境地区,与周边国家毗邻地区建立经济合作区,合作共赢,共同发展。重点建设日喀则珠峰开发开放试验区、吉隆中尼跨境经济合作区、拉萨和日喀则综合保税区等。加强与对口支援省(市)、周边省(区)的产业合作,积极建设产业合作示范园区,探索发展"飞地经济",推广青藏、川藏飞地园区模式。

加强口岸建设。强化口岸建设,建设内陆开放高地。将口岸建设作为打造内陆开放高地的关键举措，重点建设吉隆口岸，恢复重建樟木口岸，加快发展普兰口岸，积极推动亚东国际性口岸开放，研究开放中尼绒辖口岸，推动中缅边境口岸开放建设，开展帕里口岸开放的相关工作。稳步提升拉萨航空口岸功能，积极申请日喀则、阿里、林芝机场开放。谋划开辟日喀则、拉萨铁路口岸，建设多式联运海关监管中心和多式联运跨国物流通道，将边境口岸报关、查验、联运功能前移至中心城市，探索开通南亚班列，实现与丝绸之路经济带中欧班列的对接，全面提高口岸节点服务边境贸易和国际旅游的能力。

第三节 品牌提升行动

提高农畜产品质量安全。加快自治区、地（市）、县（区）三级农产品质量安全监管、执法机构和检测队伍建设，健全覆盖全区的农畜产品质量安全监管和标准体系，加快推进特色农畜产品标准化生产。加强"区、地（市）"两级农产品源头质量安全可追溯和风险评估体系建设。着力打造一批知名品牌。以无公害农产品、绿色农产品、有机农产品、地理标志产品为重点，加快农产品品牌创建。

提高制造业产品质量。健全技术标准，改造技术装备，推进精益制造，加强过程控制，完善检验检测，为提升产品质量提供基础保障。建立健全产品质量追溯体系。将企业纳入诚信体系建设，建立质量"黑名单"制度。建立健全质量奖励制度。

提高旅游文化产品和服务质量。以旅游标准化建设作为提升景区管理水平和服务质量的重要抓手。探索制定具有西藏特点的星级景区景点创建标准。建立健全旅游服务考核评价体系。研究建立西藏旅游消费土特产市场产品规范。实施旅游文化产业"标准化战略"。

第四节 开放促进行动

提升与周边省（区）互联互通水平。加大与周边省（区）在基础设施建设的合作力度，打造新疆经狮泉河至普兰和吉隆、青海经拉萨和日喀则桑珠孜区至亚东和吉隆、四川和云南经昌都、林芝至亚东和吉隆等面向南亚开放公路大通道。推进川藏大通道建设，加快川藏铁路和高等级公路建设，建设滇藏新通道。提高青藏公路等级，增强新藏公路运输保障能力。推动开通交界市（州）互飞航线。

大力发展外向型经济。加快发展跨境贸易、小额贸易、边民互市贸易。鼓励和支持企业开展境外投资，开展农业、加工业、建筑业、旅游业等对外合作。稳步实施中尼友谊工业园、中尼跨境经济合作区等项目。支持粤藏中南亚班列运营。加快拉萨、日喀则综合保税区建设。鼓励大型企业在资源开发、道路、交通、水利、电力、工程机械等领域"走出去"。引导企业利用优惠原产地规则，利用境外加工资源，提升我区产品的国际竞争力。推动藏文化走出去，扩大文化交流合作。

有序扩大对外开放。积极推动以免签、落地签证为代表的签证便利化，探索实施中尼等互免签证、24 小时通关等措施，开设"旅游专用"通道，简化办证手续和降低办证费用。将自驾车跨境旅游政策纳入与周边国家的双边或多边旅游合作协议。在服从和维护全区稳定前提下，完善进藏批准函制度，有计划分阶段地扩大对外开放范围。

扩大金融业开放。鼓励地方性法人金融机构在区外拓展机构布局。扩大人民币跨境使用，推进跨境人民币结算，建立审批"绿色通道"。加强与南亚周边国家和地区人民币投融资合作。探索符合我区实际的涉外经济发展外汇管理模式。引导和支持国有商业银行和西藏银行在尼泊尔等南亚国家设立分支机构或代表处，提供跨境金融服务。推动在国家丝路基金项下设立"西藏南亚大通道建设基金"，大力支持面向南亚国家互联互通基础设施建设。

第五节　人才支撑行动

加强专业技术人才队伍建设。加强专业技术人才培养平台建设，建立中青年人才跟踪培养机制，发现、培养、集聚高素质专业技术人才、高技能人才，积极申报博士后科研流动站（工作站）和国家级专业技术人员继续教育基地。加强校企合作，联合培养一批企业经营管理、专业技术人才。扎实推进少数民族专业技术人才特殊培养工作。扩大对口支援人才培训工程规模，遴选和支持区内大中型企业的技术、管理人才到东部沿海地区培训学习。完善职业技能培训学校布局，统筹办好各层次、各类型职业教育，加强对技能人才培养。

创新人才引进机制。树立"不求所有、但求所用，不求常住、但求常来"观念，把引进人才和引进项目、引进技术相结合，积极利用人才交流、技术援藏、定期服务、技术开发、科技咨询、兼职、顾问等方式引进国内外高素质人才。建立专业技术人才双向挂职交流机制。加大引进人才激励政策力度，以股权、期权激励等方式，面向国内外引进我区产业发展急缺的研发与技术人才、管理与营销人才。

第六节　富民增收行动

大力发展特色优势产业助力精准扶贫。积极吸引区内外有实力的企业到农牧区，发展与贫困群众增收密切的种养业、农畜产品加工业、建筑建材业、民族手工业和文化旅游业，大力推广"公司（企业、专业合作组织）＋基地＋贫困群众"的产业发展模式，发展壮大农牧区各类产业，为农牧民富余劳动力就近就业提供便利。

将易地扶贫搬迁与产业发展相结合。正确处理好扶贫搬迁向城镇聚集和向生产资料富裕、基础设施相对完善地区聚集的关系，立足资源禀赋和产业基础条件，结合易地扶贫搬迁，建设一批配套设施齐全的特色小镇和特色民族村落，打造扶贫主导产业，让搬迁户就业有岗位，同步推进产业脱贫与全面小康社会建设进程。

抓资金投入促项目落地推进扶贫见效。积极整合各类涉农资金，坚持用好、用活、用足金融扶贫政策，加大扶贫资金投入。鼓励国开行西藏分行、农发行西藏分行等政策性银行加大对农牧特色产业、农牧业生产基地开发与建设、农牧区流通体系建设、易地扶贫搬迁等的信贷支持力度，精准对接产业项目发展。进一步加大产业项目建设力度，确保既定待建项目按时落地，及时发挥效益，保障产业项目辐射带动贫困群众实现小产业短期增收、大产业持续增收。

第七节　绿色环保行动

推进污染防治。发展绿色金融，壮大节能环保产业、清洁能源产业。加强农牧业面源污染治理和矿业、水电产业培育过程中的污染防治。加强清洁生产技术改造，推进重点排污企业深度治理，严格实行污染物排放总量控制。

全面节约高效利用资源。大力发展生态循环农牧业，大力推广节水、节材、节地、节矿技术。推动再生资源综合利用产业化发展。选择部分重点地（市）、县（区）开展国家循环经济示范城市创建工作，加快藏青工业园区和全区各类经济技术开发、重点产业园区循环经济发展。

建立和完善生态补偿制度。鼓励开展水权交易、碳汇交易等试点，探索市场化生态补偿模式。完善森林生态效益补偿、草原生态保护补助奖励机制。探索建立鼓励生态旅游业和生态农林业等低碳产业发展的机制。支持开展生态保护综合改革试验，启动生态补偿示范区建设。

第六章　保障措施

各级政府必须强化履行职责，深入推进重点领域改革，加大政策支持力度，加强政策引导和组织协调，推动本规划全面落实，确保目标任务顺利完成。

第一节　深化改革激发活力

推动政府公共服务制度改革。正确处理好简政放权和地方承接的关系，深入推进行政审批制度改革，做好国务院取消调整行政审批项目等事项的落实衔接，全面清理中央指定地方实施的行政审批事项，取消和下放政府部门行政审批事项。依照《政府核准的投资项目目录》和《企业投资项目标准和备案管理条例》，压缩前置审批环节和审批时限，推进企业投资项目便利化。深入推进商事制度改革。

推动重点领域改革。尽快出台全区深化投融资体制改革实施意见，及时修订发布自治区核准的投资项目目录、自治区企业投资项目核准和备案管理办法。积极探索政府资金市场化运作模式，建立健全以政府产业投资资金为基础，各类社会投资共同参与的投融资机制。稳步推进电力体制改革，进一步落实电力领域"政企分开"，加快实现"厂网分开"。理顺能源建设和成本补偿机制。主动推进金融创新改革试点，开展西藏金融综合改革试验区可行性研究。推动旅游文化业对外开放机制创新，构建政策沟通的有效渠道。

深化"放管服"改革。深化商事制度改革，完善平台和能力建设，提高服务水平，改善投资软环境，规范用好中央赋予的特殊优惠政策。全面实施市场准入负面清单制度，推进"证照分离"改革，重点是照后减证，进一步压缩企业开办时间。加强事中事后监管，推动企业登记注册全程电子化和电子营业执照广泛应用，大幅缩短商标注册周期。推行"一次办到底"。实施"双随机、一公开"（双随机、一公开：监管过程中随机抽取检查对象、随机选派执法检查人员，抽查情况及查处结果及时向社会公开）监管，坚决杜绝假冒伪劣滋生蔓延和执法者吃拿卡要。

推进国企改革。坚定不移地做强做优做大国有资本，加快国有经济布局优化、结构调整和战略性重组，在金融、能源、旅游文化、园区发展、特色产业加工和信息化、建筑建材、矿业、农牧业、林业、商贸、藏医药等领域，加快组建产业集团，发挥龙头带动作用，促进国有资产保值增值，促进特色优势产业加快发展。正确处理好企业增产提效和改善企业职工福利待遇、促进农牧民群众增收的关系。支持民营企业参与国有企业改革、改制和改组，积极稳妥发展混合所有制经济。正确处理好央企在藏资源开发和解决当地农牧民增加收入的关系，充分利用"央企助力富民兴藏"平台，推动西藏国企与央企建立股权和资本纽带管理，借助央企加大全区特色优势产品在内地市场的开发力度，带动特色优势产业健康快速发展，积极促进农牧民增收。

加快民营经济发展。坚持"两个毫不动摇"（毫不动摇巩固和发展公有制经济，毫不动摇地鼓励、支持、引导非国有经济的发展），坚持权利平等、机会平等、规则平等，全面落实全区第二次非公有制经济发展大会明确的政策措施，解决非公经济、民营企业发展的困难和存在的问题，坚决破除各种隐性壁垒。出台促进民间投资意见，强化民间投资奖励机制，稳步提高民间投资规模。支持非公经济和中小微企业发展，帮助提高专业化协作水平和组织化程度。激发和保护企业家精神，增强企业家信心，构建新型政商关系，让民营企业在市场经济浪潮中尽显身手。

第二节　加大支持增强动力

一、加强财税扶持力度

积极争取中央财政资金支持。正确处理好中央关心、全国支援和自力更生艰苦奋斗的关系，加强向国家有关部门汇报衔接，积极争取国家加大对我区基础设施、产业平台和公共服务等领域的投资支持力度；争取国家科研资金投入，支持我区科研院所和企业申报国家级实验室、企业技术中心和工程技术研究中心等；借鉴新疆棉出疆运费补贴经验，争取国家给予西藏特色产品出藏运费补贴，协调交通运输部门，争取降低青藏线铁路返程空车运输资费。

积极落实税收优惠。积极落实国家各项税制改革，全面落实"营改增"和西部大开发相关政策，全面落实小微企业税收优惠政策，全面落实研发费用加计扣除、固定资产加速折旧以及对重点行业领域税前扣除等所得税优惠政策。加大对我区科技创新活动各个环节领域的税收优惠政策落实力度，加快创新型企业抢占科技制高点步伐，激励科研机构、科技人员创新，助力企业有的放矢、枝繁叶茂。

加大财政支持力度。完善政府购买公共服务和产品政府采购机制，支持优先购买中小企业服务和产品。发挥政府采购对产业发展的支持作用，加大对创新产品和服务的采购力。进一步完善以绿色生态为导向的农牧业补贴制度。

完善投融资平台。积极推进政府投资基金的子基金设立工作，按照市场化方式运作，引导优质管理公司、人才和社会资本，带动相关产业发展壮大。

二、加大金融支持力度

扩大企业直接融资。落实好《中国证监会关于发挥资本市场作用服务国家脱贫攻坚战略的意见》，加快培育和引进企业开展引资筹资活动。鼓励我区企业积极上市挂牌。鼓励和支持上市公司采取增发、配股、并购重组、发行债券等方式，扩大融资规模。积极培育发展债券市场，鼓励运用新型债务融资工具，增加企业直接融资渠道。

加强银行信贷扶持。积极争取开发性金融支持。充分利用中央给西藏的特殊优惠金融政策，推动丝路基金、亚洲基础设施投资银行、国家开发银行、中国农业发展银行、中国进出口银行等在产业发展、脱贫攻坚以及面向南亚开放重要通道的建设中发挥重要作用。协调相关金融机构，通过下调项目准备金、延长贷款期限等方式，加强对基础设施、扶贫工程等公共项目的信贷扶持。鼓励商业银行加大小额贷款投放力度，建立完善中小企业贷款的风险补偿奖励机制和小额贷款保证保险制度。

三、完善招商引资配套

完善招商引资促进机制。加强自治区招商引资组织体系建设，根据各地区产业总体布局、优先开发次序和产业链短板，加强各地市间在产业分工、区域协同和定向招商引资的统一规划和协调，建立重大产业项目招商引资和建设管理协调推进机制。完善《西藏自治区招商引资若干规定》，从财政补贴、信贷支持、通关便利、土地供应、户籍迁移、工商登记简化、资源开发优先等方面，给予投资者政策优惠。

提高招商服务水平和项目落地能力。采取投资便利化措施，进一步简化各种手续，建立重大项目申报绿色通道，进一步优化投资项目核准、备案管理程序。加大对重大项目招商引资和建设推进力度，及时跟踪落实重大项目前期工作和实施进度，协调解决项目进程中遇到的困难和问题，完善项目建设责任制和监督检查制度。

第三节　强化实施确保成效

加强组织领导。强化自治区产业建设领导小组在研究制定促进重点产业发展的政策措施、落实产业发展的各项任务、宏观统筹协调解决产业发展中遇到的重大问题、督促工作推进及政策配套落实中的作用，加强对规划实施的督导。各专项推进组依据各自职能和分工抓紧研究制定规划实施具体政策措施，并对规划提出的主要任务落实情况进行监督检查。研究建立重点产业部门联席会议制度，加强地区间、部门间、行业间的协同联动，确保规划各项任务措施落到实处。正确处理好鼓励干部担当干事和容错纠错的关系，发挥各级领导干部在推进产业发展中的特殊作用。

加强统筹衔接。结合西藏本地产业优势，研究具有差异化的产业政策，出台自治区产业发展指导目录。以自治区"十三五"时期国民经济和社会发展规划纲要为统领，以产业发展总体规划为指导，由专项规划支撑，形成定位清晰、功能互补、统一衔接的规划体系。各部门、各地市、开发区（园区）要加强专项规划、地市规划、园区规划与总规划的衔接协调，分解落实总体规划确定的各项目标任务。

加强规划跟踪监测。加强监测评估能力建设和统计工作，强化对规划实施情况跟踪分析。各部门加强对规划相关领域实施情况的评估，并对规划及时进行调整完善。

附件　环境影响评价说明

一、总体说明

（一）评价对象、范围与期限

1. 评价对象为《西藏自治区"十三五"时期产业发展总体规划》。

2. 评价范围为西藏自治区行政辖区，包括拉萨市、日喀则市、林芝市、山南市、昌都市、那曲地区、阿里地区等 7 个地区（市），地理坐标为北纬 $26°51'$ 至 $36°28'$，东经 $78°23'$ 至 $99°08'$，国土总面积 120 多万平方公里。

3. 评价期限为 2018—2020 年。

（二）评价重点

从评价对象、资源环境要素等方面着手，确定规划环境影响评价的重点。

1. 从评价对象上看，评价重点是一、二、三产业的发展目标、发展重点、发展路径和产业布局等。

2. 从资源环境要素上看，基于规划分析西藏的资源环境条件，确定评价的重点包括资源环境综合承载力、大气环境影响评价、水环境影响评价、土壤环境影响评价、固体废弃物环境影响、生态环境影响评价等。

（三）规划概述

《西藏自治区"十三五"时期产业发展规划》主要包括"十三五"时期，产业发展基础与面临的形势、指导思想、发展思路与目标、空间布局、发展重点与路径、主要任务、保障措施等六个部分。

规划提出,全面贯彻落实党的十九大精神,以习近平新时代中国特色社会主义思想为指引,遵循"依法治藏、富民兴藏、长期建藏、凝聚人心、夯实基础"发展原则,践行新发展理念,推进供给侧结构性改革,紧紧抓住国家西部大开发、支持边疆民族地区发展和"一带一路"的战略机遇,聚焦"四地两中心"的总体定位,把"兴业富民"作为基本出发点和落脚点,提高发展质量和效益,坚持"1444"的发展思路,立足资源、政策优势,突出产业特色,补齐短板,加快对内对外开发开放步伐,积极融入周边经济圈,扩大产业援藏的规模和力度,培育新的经济增长点,加快实现从资源优势向经济优势转化,逐步形成基础设施完善、产业布局合理、发展方式科学、优势特色突出、内生动力强劲的高原绿色现代产业体系,为决胜全面建成小康社会提供坚实支撑。

二、环境质量现状评价

(一)区域环境质量现状评价

1. 大气环境质量现状评价

2016 年,全区主要城镇大气环境质量整体保持优良。其中,拉萨市全年环境空气质量优良天数为 313 天,全年有效监测天数占比 85.5%,全国 74 个重点城市中排名第十二位,桑珠孜区、卡若区、巴宜区、乃东区和狮泉河镇环境空气质量达到《环境空气质量标准》(GB 3095—1996)二级标准。六个地(市)行署(政府)所在地城镇空气质量优良率分别为:桑珠孜区 94.5%、卡若区 94.0%、巴宜区 100%、乃东区 97.6%、狮泉河镇 99.7%,而那曲镇受局部地区气候条件和施工扬尘、燃煤的影响,未达到环境空气质量目标考核要求。整体看,全区空气质量整体较好,但由于高原海拔地区生态环境相对脆弱,应对污染的环境自净能力较差。

2. 水环境质量现状评价

2016 年,雅鲁藏布江、怒江、澜沧江、金沙江等主要江河干流水质达到《地表水环境质量标准》（GB 3838—2002）Ⅱ类标准；拉萨河、年楚河、尼洋河等流经重要城镇的河流水质达到Ⅲ类标准；发源于珠穆朗玛峰的绒布河水质达到Ⅰ类标准。羊卓雍错、班公错湖泊水质总体达到《地表水环境质量标准》（GB 3838—2002）Ⅰ类标准；纳木错除氟化物本底超标外，水质总体达到Ⅱ类标准。城市集中式饮用水水源地全区7地（市）行署（政府）所在地城镇的22个饮用水水源地水质保持良好，总体达到《地下水质量标准》（GB/T 14848—1993）Ⅱ类标准或《地表水环境质量标准》（GB 3838—2002）Ⅲ类标准。

3. 生态环境质量现状评价

2016年，全区共有天然草地面积8820.15万公顷，其中，可利用天然草地面积7716.59万公顷；全区现有森林1491万公顷，森林覆盖率12.14%。全区森林面积居全国第5位，森林蓄积居全国第1位；全区湿地652.9万公顷，约占全区国土面积的5.4%。

4. 声环境质量现状评价

2015年，拉萨市环境噪声声源构成中，道路交通、建筑施工、生活娱乐噪声仍占主导地位。拉萨市功能区环境噪声昼夜等效声级范围为：1类区昼间介于39.0~51.3分贝，未超标；夜间介于33.1~48.1分贝，超标率为8.3%。2类区昼间介于39.1~60.1分贝，超标率为0.8%；夜间介于32.2~58.2分贝，超标率为15.3%。

5. 固体废物现状评价

全区固体废物主要为工业固体废物、生活垃圾、农业固体废物和危险废物等，2016年，全区工业固体废物产生量为400.5万吨，7地（市）行署（政府）所在地城镇生活垃圾产生量为55.59万吨，全区67个县城生活垃圾生产量为51.75万吨，全区县级及以上城市生活垃圾处理率为94.11%。

（二）产业发展环境质量现状评价

总体来看，全区坚守国家生态安全屏障的功能定位，限制高污染、高排放、高耗能产业发展，全面禁止引进和发展重污染产业，当前全区产业发展生态环境质量保持良好，各产业发展对环境造成的污染较小。雅鲁藏布江、金沙江等主要江河水质均达到或优于地表水Ⅲ类标准，纳木错、羊卓雍错等重点湖泊水质总体达到地表水Ⅰ类标准，城镇集中式饮用水水源地水质全面达标。重点城镇环境空气质量稳定达到二级标准，无酸雨出现。大部分重要生态区域处于原生状态。土壤环境质量良好。城区声环境质量符合国家标准。辐射环境处于安全状态。

（三）主要环境问题与制约因素分析

1. 区域环境问题

生态环境整体退化的趋势没有得到根本性扭转，自治区约92%的国土面积处于高寒环境，风化、冻蚀作用强烈，水土保持能力差，生态环境整体脆弱；生态环境保护压力大，西藏发展加快，要正确处理发展与保护的矛盾，大量基础设施建设和高强度资源开发活动将加剧生境破碎化、生物多样性减少，贫困地区脱贫与生态保护的矛盾将更加突出；环境基础保障能力弱，环境监管和污染防控支撑不足，环境监测、监察、应急、信息、科研基础能力薄弱，距离国家标准化建设都仍有很大差距。

2. 未来发展面临的环境形势

"十三五"期间，西藏产业发展势头强劲，产业化和城镇化将对环境保护形成挑战，需要从全产业发展、保护性开发的双重角度来布局谋篇，发展西藏产业。

3. 产业发展环境制约因素

主体功能区划将大幅限制西藏产业开发；生态环保建设资金缺口大，也不利于生态保护工作，环保设施建设落后。

三、环境影响分析与评价

（一）大气环境影响预测与评价

西藏大气环境污染主要来自扬尘污染和各类污染物排放，包括建筑渣土扬尘、矿山扬尘、餐饮业油烟、露天焚烧生活垃圾和秸秆等固体废物、工业生产过程排放的各类有机和无机污染物、交通运输工具如汽车、船舶、飞机等排放的尾气、燃煤锅炉排放的烟尘、二氧化硫等。近年来，西藏采取了严控建筑扬尘、严格落实矿产资源开发环境保护措施和生态恢复治理方案、严格行业准入等措施，另外对大气环境影响较大的工业占西藏 GDP 的比重小，各类有机和无机污染物排放不大。因此，总体来看，规划期内，在产业规模不断壮大的过程中，各类污染物对大气的环境质量的负面影响较小。

（二）水环境影响预测与评价

西藏水环境污染主要来自农业畜禽养殖活动、水产品集中养殖，藏药、酿酒、制革、食品加工工业，采矿、采石、采砂活动，危险化学品生产、使用、运输，城镇生活污水排放等可能污染饮用水水体的活动。未来，随着畜禽养殖规模扩大、工业的加速发展、文化旅游等服务业不断增长，产业发展过程中产生的污水排放量将会大量增加，但是由于西藏水环境容量较大，人类活动扰动较小，规划期内各产业发展产生的影响远远小于西藏水环境可利用纳污容量，对水环境的影响很小。

（三）土壤环境影响预测与评价

西藏土壤环境污染主要来自农业化肥和农药的施用，矿山的开采和废弃物堆放，工业废水排放、各类有害气体对土壤的不良影响等。西藏土壤环境总体以原生态为主，农用地面积相对较少，由于西藏全区提出了粮食主产地和蔬菜基地化肥、农药施用量实现零增长的目标，鼓励和引导企业入住工业园区集聚发展，集中建设污染治理设施，防止污染土壤和地下水，严格矿山监控开采活动影响，加大对尾矿库和其他工业废物堆存场所的综合整治力度。规划期内，西藏产业发展对土壤环境的影响在可控制范围内，负面影响不大。

（四）固体废弃物影响预测与评价

西藏固体废弃物污染主要来自工业中的采矿废渣、旅游活动产生

的生活垃圾等。由于，西藏工业规模较小、固体垃圾的处理率均达到
了100%，旅游产生的生活垃圾经"无害化处理"后对环境造成的影
响很小。因此，规划期内产业发展产生的固体废弃物对环境影响
很小。

（五）生态环境影响分析与评价

本规划紧密结合《西藏自治区主体功能区规划》的要求，严格按
照重点开发区域、限制开发区域和禁止开发区域的划分和相关规定，有
效落实自然生态保护工作。重点开发区域是工业化和城镇化的重点地
区，坚持产业集聚发展原则，形成优势产业集群。围绕自治区优势特色
产业，坚持产业链延伸、产业升级的发展方向，运用高新技术改造传统
产业，因地制宜发展各具特色的产业集群，提高区域经济综合实力，实
现集约集聚发展。同时坚持可持续发展模式原则，严格环境准入门槛，
推动循环化改造和资源循环利用，推动清洁生产，强化环境安全监测监
控体系建设，引导产业结构向低碳、循环方向发展。限制开发区域，主
要为农产品主产区、重点生态功能区。要控制开发强度，以修复生态、
保护环境、提供生态产品为首要任务，增强水源涵养、水土保持、防风
固沙等提供生态产品的能力，控制一定限度的旅游开发等。要禁止进行
工业化城镇化开发，提高畜牧、青稞、蔬菜等农产品供给能力，保护耕
地土壤环境，确保农产品供给和质量安全，树立耕地保护和生态保护，
通过实施超载人口向承担重点开发功能的乡镇有序转移、坚持耕地保护
制度、优化农业生产布局，保障西藏本地农产品供给安全。禁止开发区
域，实施强制性生态环境保护，禁止工业化城镇化开发，将游客活动范
围限定在一定的区域和线路之内，严禁开设与禁止开发区保护方向不一
致的参观、旅游项目，引导人口逐步有序转移，实现污染物"零排
放"。同时大力发展节能环保产业和建立完善生态补偿制度。规划期
内，产业发展对生态系统或多或少有一定影响，但在采取严格有效控制
措施后，可将影响降到最低限度。

四、预防或减轻不良环境影响的对策和措施

（一）加强产业环境容量评估

依据重点开发区域、限制开发区域的功能区划，进一步明确全区产业发展重点区域，确定产业集聚区和各级工业园区的发展范围。以水、大气、土地等环境容量评估为基础，分析产业集聚区和工业园区的环境承载力，建立与区域环境承载力相适应的产业布局及规模，即在环境容量大的区域进行重点开发，在环境容量有限的区域实行优化发展，在环境容量超标或者无环境容量的区域实行禁止开发。

（二）加强产业开发过程对生态环境影响评估

评估产业开发过程中对生态环境的影响，主要分析水、大气、噪声、固体废弃物等方面。其中，水资源方面，重点分析农业、工业等耗水量大的行业，制订水资源合理开发利用计划，限制存在水污染项目，加大水污染治理，推动形成各类产业发展水资源利用和污染综合治理制度；大气污染方面，重点管理水泥、矿选等粉尘排放较高的行业，重点监测工业园区和产业集聚区的粉尘、二氧化硫等的大气污染物排放情况；在固体废弃物方面，分析农林和矿山废弃物、建筑垃圾、炉渣等固体废物的资源综合利用状况，推进伴生矿、矿山尾矿、煤矸石、炉渣等大宗固体废弃物综合利用开发，促进固体废物资源化综合利用。

（三）应对措施

项目开发层面，强化项目环境影响防范机制。加强拟建项目环境影响分析，把好环评关，项目立项以环境保护和治理措施作为重要内容，对拟建项目可能造成的环境影响（包括环境污染、生态影响）进行分析和论证，重点加强项目对水、大气、土壤等环境等影响分析，提出防治措施和对策，保护西藏相对脆弱的生态系统。

产业开发层面，建立产业绿色生态开发机制。制定重点生态功能区产业准入负面清单，设置企业准入门槛，严格限制高污染、高排放、高耗能产业，禁止发展重污染产业。实施分区分类产业指导政策，制订鼓

励发展的特色优势产业指导目录，在重点开发区域，支持工业园区建设，鼓励形成产业聚集区。建立生态补偿机制，加大政府公共财政投入，完善森林生态效益补偿、草原生态保护补助奖励机制，鼓励开展水权交易、碳汇交易等试点，探索建立鼓励生态旅游业和生态农业等低碳产业发展的机制。

监管层面，健全生态环境监管机制。加强生态环境监测，建设大气、水、土壤、辐射环境监测网络，实施环境监测执法能力建设、污染源自动监控平台建设、环境信息化建设和环保监管业务用房建设等重点项目工程，建立生态环境数字化监管平台，形成以预防为主的环境风险管控制度，增强突发环境事件应急能力。

考核层面，健全产业绿色发展考核督察机制。建立产业绿色发展目标评价考核制度，考核结果作为自治区、市县党政领导班子和领导干部综合评价、干部奖惩任免以及相关专项资金分配的重要依据。完善产业绿色发展督察制度，对全区各地市政府及环保责任部门开展环境保护督察，完善生态文明建设责任追究制，建立领导干部任期生态文明建设责任制。

五、评价结论

环境影响评价结果表明，《西藏自治区"十三五"时期产业发展总体规划》的目标、定位、发展重点和路径正确且符合相关产业政策、规划和环保等相关要求，空间布局较为合理，生态、资源、经济的承载力能够满足建设繁荣、富裕、美丽、和谐、幸福的新西藏要求。

产业发展产生的环境影响主要表现为农牧业、建筑业、工业、交通运输业、旅游业等生产和服务业活动带来大气污染、水环境污染、土壤污染、固体废弃物等对生态环境造成的破坏影响。在始终坚持"保护与开发相结合，在保护中开发，在开发中保护"的原则，严格执行本评价提出的各项应对不良影响措施的情况下，可以使西藏产业发展做到对自然生态环境的影响减小到最低限度。总的来说，《西藏自治区"十三五"时期产业发展总体规划》在环境影响上是可行的。

参考文献

[1] Khan H, Phang S, Toh R S. The multiplier effect: Singapore's hospitality industry [J]. The Cornell Hotel and Restaurant Administration Quarterly, 1995, 36 (1): 64 – 69.

[2] Deane, Henry. The Contribution of Tourism to the Economy of Ireland in 1990 and 1995 [J]. Tourism Management, 1997 (18).

[3] Kaye. seongseop Kim . Kyu Yoop chung. Convention industry in South Korea Tourism.

[4] Chun ping – Chang, Chien Chiang Lee. Tourism development and Tourism development and economic growth, a Closer look at panels [J]. Tourism Management, 2008 (29): 18 – 192.

[5] Hsieh H J, Kung S F. The linkage analysis of environmental impact of tourism industry [J]. Procedia Environmental Sciences, 2013, 17: 658 – 665.

[6] Brida J G, Cortes – Jimenez I, Pulina M. Has the tourism – led growth hypothesis been validated? A literature review [J]. Current Issues in Tourism, 2014: 1 – 37.

[7] Oh C O. The contribution of tourism development to economic growth in the Korean economy. [J]. Tourism Management, 2005, 26 (1): 39 – 44.

[8] Snieska V, Barkauskiene K, Barkauskas V, The impact of eco-

nomic factors on the development of rural tourism: Lithuanian case [J]. Procedia – Social and Behavioral Sciences, 2014, 156: 280 – 285.

[9] Dritsakis, Nikolaos, Tourism as a long – run economic growth factor : an empirical investigation for Greece using causality analysis [J]. Tourism Economics, 2004, 10 (3): 305 – 316.

[10] Kim H J, Chen M H, SooCheong "Shawn" Jang. Tourism expansion and economic development: The case of Taiwan [J]. Tourism Management, 2006, 27 (5): 925 – 933.

[11] Seghir G M, Mostéfa, Belmokaddem, Abbes S M, et al. Tourism Spending – Economic Growth Causality in 49 Countries: A Dynamic Panel Data Approach [J]. Procedia Economics and Finance, 2015, 23: 1613 – 1623.

[12] None. The impact of the Australian carbon tax on the tourism industry [J]. Tourism Economics, 2015.

[13] Wagner J E. Estimating the economic impacts of tourism [J]. Annals of Tourism Research, 1997, 24 (3): 592 – 608.

[14] Van der Borg J, Costa P, Gotti G. Tourism in European heritage cities [J]. Annalsof Tourism Research, 1996, 23 (2): 306 – 321.

[15] Brida J, Pulina M. A literature review on the tourism – led – growth hypothesis [Z]. Working Paper of Center for North South Economic Research, 2010.

[16] 张存刚. 建设现代化经济体系 [N]. 甘肃日报, 2017 – 10 – 30 (008).

[17] 刘志彪. "现代化经济体系" 的要素是什么 [J]. 领导科学, 2017 (33): 21.

[18] 黄群慧. 建设现代化经济体系的路径是什么 [J]. 领导科学, 2018 (9): 21.

[19] 王志伟. 现代化经济体系: 重大意义与深刻内涵 [J]. 人民

论坛·学术前沿, 2018 (2): 46 – 51.

[20] 胡鞍钢, 张新. 现代化经济体系: 发展的战略目标 [J]. 现代企业, 2017 (11): 4 – 5.

[21] 陈剑. 建设现代化经济体系 提升整体创新水平 [N]. 经济参考报, 2017 – 11 – 09 (008).

[22] 吴晓求. 现代化经济体系的五大构成元素 [J]. 经济理论与经济管理, 2018 (1): 16 – 18.

[23] 张占斌, 孙飞. 建设现代化经济体系 引领经济发展新时代 [J]. 中国党政干部论坛, 2017 (12): 27 – 31.

[24] 宁吉喆. 建设现代化经济体系 [N]. 人民日报, 2017 – 12 – 05 (007).

[25] 毕监武. 读懂主要矛盾 建设现代化经济体系 [N]. 青岛日报, 2017 – 10 – 29 (006).

[26] 迟福林. 从三个维度看现代化经济体系建设 [J]. 中国经济报告, 2017 (12): 31 – 35.

[27] 郑尊信, 孙良柱. 现代化经济体系的特征与建设路径 [J]. 河南社会科学, 2018, 26 (5): 1 – 7.

[28] 李国斌. 关于西藏现代化经济体系建设的思考 [J]. 西藏发展论坛, 2018 (1): 38 – 40.

[29] 西藏自治区统计局, 国家统计局西藏调查总队. 2019 年西藏自治区国民经济和社会发展统计公报 [N]. 西藏日报 (汉), 2019 – 06 – 04 (007).

[30] 齐扎拉. 西藏自治区政府工作报告 [R]. 拉萨: 西藏自治区人民政府, 2019.

[31] 西藏统计局. 西藏自治区统计年鉴 [M]. 北京: 中国统计出版社, 2008—2018.

[32] 厉新建, 张辉. 旅游经济学原理 (第二版) [M]. 北京: 旅

游教育出版社，2008.

［33］宋海岩，吴凯，李仲广．旅游经济学［M］．北京：中国人民大学出版社，2010.

［34］宋泽群．旅游经济、产业与政策［M］．北京：中国旅游出版社，2005.

［35］李中东．区域经济学［M］．北京：经济管理出版社，2012.

［36］唐留雄．现代旅游产业经济学［M］．广州：广东旅游出版社，2001.

［37］高璐．旅游产业地区与经济影响的实证研究［D］．武汉：中国地质大学，2015.

［38］陈莉．旅游业对西藏经济增长的影响研究［D］．拉萨：西藏大学，2017.

［39］张艳珍．基于耦合协调度模型的新疆旅游产业与区域经济发展关系研究［D］．乌鲁木齐：新疆大学，2015.

［40］杜媛媛．旅游产业与区域经济的耦合协调度研究——以舟山市为例［D］．青岛：青岛大学，2016.

［41］张津．山西省旅游产业与区域经济的耦合发展研究［D］．太原：山西财经大学，2018.

［42］钱文中．重视公路建设　发展旅游事业［J］．旅游学刊，1989（1）：47－50.

［43］高楠，马耀峰，李天顺，麻学锋．旅游产业空间集聚识别方法分析及实证研究——以环渤海地区为例［J］．陕西师范大学学报，2012：85－92.

［44］王宁．陕西省旅游产业对区域经济增长拉动效应研究［J］．统计与信息论坛，2012（9）：91－94.

［45］张广海，师亚哲．试析我国区域经济对旅游产业的促进作用［J］．青岛科技大学学报，2017.

[46] 依邵华. 旅游业的负面经济效应分析 [J]. 桂林旅游高等专科学校学报, 2004 (7): 11 – 27.

[47] 王云才. 可持续旅游发展的区域产业合理规模探讨 [J]. 地域研究与开发, 2000 (4): 75 – 78.

[48] 马慧强, 刘美琪, 弓志刚. 北京市旅游经济区域差异实证研究 [J]. 资源开发与市场, 2017 (1): 116 – 124.

[49] 麻学峰, 崔盼盼. 集中连片特困区城镇化对旅游产业成长响应的实证分析——以大湘西为例 [J]. 中央民族大学学报, 2018 (2): 66 – 75.

[50] 张仪华, 王园. 全域旅游产业与区域经济的耦合协调发展研究——以福建省为例 [J]. 技术经济与管理研究, 2019 (1): 95 – 99.

[51] 李金峰, 时书霞. 旅游产业与区域经济耦合协调度实证分析——以丝绸之路经济带甘肃段为例 [J]. 成都师范学院学报, 2017 (6): 70 – 75.

[52] 张苏兰, 邓婉君, 邹泉. 张家界旅游产业与区域经济耦合度分析 [J]. 内江师范学院学报, 2018 (8): 77 – 82.

[53] 王雪纯, 焦黎. 和田地区旅游发展与地区经济发展耦合协调关系研究 [J]. 新疆师范大学学报 (自然科学版), 2018 (1): 1 – 7.

[54] 赵兴军. 旅游产业结构优化与区域经济增长关系 [J]. 社会科学家, 2018 (10): 68 – 74.

[55] 李颖. 区域经济与旅游产业的协整研究——基于安徽省2010—2017年数据的实证分析 [J]. 武汉商学院学报, 2018 (2): 11 – 14.

[56] 刘草杰. 振兴西藏经济 必须发展旅游业 [J]. 西藏研究, 1987 (1): 108 – 109.

[57] 徐嵩龄. 旅游业应是西藏经济的主导产业 [J]. 西藏研究, 2001 (1): 58 – 65.

［58］马守春，马子琦．旅游业促进西藏经济发展的量化分析
［J］．数学的实践与认识，2012（10）：19 – 24.

［59］张阿兰，普布卓玛，德吉央宗．西藏旅游业对区域经济影响
的实证分析［J］．西藏大学学报，2013（4）：18 – 37.

［60］王鲲鹏，何丹，师强，常高敏，白梦实．继续开发旅游资
源，促进西藏经济发展［J］．商业经济，2014（15）：84 – 88.

［61］王熔．提升旅游产业新层次　实现西藏经济跨越式发展
［J］．现代经济信息，2015（12）：428 – 429.

［62］杜成伟．西藏国内旅游发展与经济增长关系的实证研究
［J］．经济发展研究，2018（3）：166 – 168.

［63］徐阳．西藏旅游发展与经济增长、第三产业增长动态关系研
究——基于西藏1981—2015 年数据的实证分析［J］．西藏科技，2018
（4）：22 – 25.

［64］康国华，刘鹏飞，李颜颜，杨丹．旅游产业发展与区域经济
增长的动态关系的定量分析——以河南省为例［J］．河南大学学报，
2018（3）：282 – 291.

后　记

　　本书作为西藏自治区"2011协同创新计划"重点培育和建设项目——西藏民族大学西藏文化传承发展协同创新中心委托课题的最终成果，在各位课题组同仁的积极努力下终于完成并得以公开出版。课题负责人陈爱东教授担任书稿的主编，负责书稿大纲的设计和书稿的总撰修订及部分章节的写作。书稿其余各章分工如下：成都大学商学院李蕴博士承担了书稿导论及第十一章的写作，西藏民族大学毛阳海教授承担了书稿第七章的写作，西藏自治区党校徐志茹讲师承担了书稿第一章的写作，西藏自治区日喀则党校王苑讲师承担了书稿第十章的写作，西藏自治区社科院李雅娟讲师承担了书稿第二章的写作，西藏民族大学财经学院研究生周春君、肖云爽、寇扬扬、向敏华等参加了书稿第三章的写作和资料的收集。

　　在此，我谨代表课题组，对参与本书写作和对本书完成提供帮助的各位领导、同仁等表示衷心的感谢。行百里者半九十，我们将不忘初心，立足新时代西藏特色经济之路，继续探索前行。

陈爱东于陕西省咸阳市西藏民族大学校园

2020年5月7日